全国高校出版社主题出版

国家社会科学基金教育学一般课题（BHA170116）

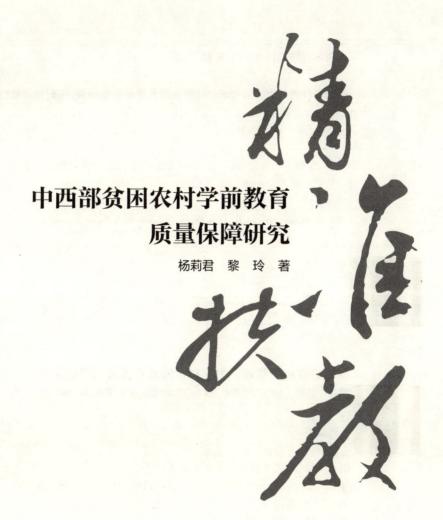

中西部贫困农村学前教育质量保障研究

杨莉君 黎玲 著

湖南大学出版社·长沙

图书在版编目（CIP）数据

精准扶教：中西部贫困农村学前教育质量保障研究/杨莉君，黎玲著. —长沙：湖南大学出版社，2021.7
ISBN 978-7-5667-2131-0

Ⅰ.①精… Ⅱ.①杨… ②黎… Ⅲ.①贫困区—乡村教育—学前教育—扶贫—研究—中国 Ⅳ.①G619.2

中国版本图书馆 CIP 数据核字（2020）第 269118 号

精准扶教：中西部贫困农村学前教育质量保障研究
JINGZHUN FUJIAO: ZHONGXIBU PINKUN NONGCUN XUEQIAN JIAOYU ZHILIANG BAOZHANG YANJIU

著　　者：杨莉君　黎　玲
策划编辑：刘　锋　罗红红
责任编辑：罗红红　欧阳仲元
印　　装：长沙市宏发印刷有限公司
开　　本：710 mm×1000 mm　1/16　**印张**：13.25　**字数**：238 千
版　　次：2021 年 7 月第 1 版　　**印次**：2021 年 7 月第 1 次印刷
书　　号：ISBN 978-7-5667-2131-0
定　　价：58.00 元

出 版 人：李文邦
出版发行：湖南大学出版社
社　　址：湖南·长沙·岳麓山　　邮　　编：410082
电　　话：0731-88822559(营销部),88821173(编辑室),88821006(出版部)
传　　真：0731-88822264(总编室)
网　　址：http://www.hnupress.com
电子邮箱：442666463@qq.com

目　次

精
准
扶
教
：
中
西
部
贫
困
农
村
学
前
教
育
质
量
保
障
研
究

第一章 导论

第一节 问题的提出

一、选题缘由

(一)我国中西部贫困农村学前教育质量堪忧

诸多实证研究证明,有质量的学前教育有益于适龄儿童认知、社会性和学习品质的发展。[1][2] 对于家庭和社会处境不利的儿童而言,有质量的学前教育对其身心健康发展具有强大的补偿功能。[3] 由于经济社会发展的落后,家庭和社会教养观念和能力受限,中西部贫困农村幼儿面临着营养不足、认知和社会性发展落后等风险,经济与社会处境不利带来的早期风险是影响贫困农村地区贫困代际传递的关键因素。发展心理学研究表明,3—6岁是个体语言和社会性发展的关键期,[4] 只有把握住关键期教育才能发挥出最大作用,促进儿童身心发展。错过关键期教育将导致事倍功半的结果。从教育经济学的角度看,早期的人力资本投入能够减少个体成年后的社会消耗,增加社会财富的创造,佩里学前教育研究计划(Perry Preschool Program Study)[5]、詹姆斯·赫克曼(James J. Heckman)[6] 等

---

① 张寰. 美国学前教育弱势补偿机制及其启示 [J]. 陕西师范大学学报(哲学社会科学版),2019(03):149-160.

② CARNEIRO P M, HECKMAN J. Human Capital Policy [J]. Social Science Electronic Publishing, 2003(20):79-100.

③ 胥兴春,胡月,彭进. 处境不利儿童的教育补偿——美国"Title I 学前项目"的发展及启示 [J]. 外国教育研究,2014,41(10):38-46.

④ 凌晓丽. 人工短语结构语法的内隐学习研究 [D]. 上海:华东师范大学,2016.

⑤ BUZZELLI C A. How Human Capital Theory Sells Early Education Short:Revaluing Early Education through the Capabilities Approach [M]. Global Perspectives on Human Capital in Early Childhood, 2015.

⑥ HECKMAN J J, MATZKIN R L, NESHEIM L. Simulation and Estimation of Hedonic Models [J]. Cesifo Working Paper, 2003(1):60-109.

通过追踪实验探讨早期教育投入与儿童长大后学业表现和社会性水平发展之间的关系，得出五岁前所接受的教育能够持久地支持儿童的发展，儿童身心发展的社会回报率与其接受学前教育的质量水平成正比，这种线性关系产生的影响对低收入家庭儿童更为显著。[①] 学前教育的投入能够有效提高贫困地区居民的素质，从而提高社会劳动力的水平，有益于提高整体社会生产力从而阻碍贫困的代际传递。可见，学前教育对个人成长和社会发展具有巨大的促进作用是一个不可否认的事实，[②] 然而这两种价值的实现都依赖于有质量的学前教育。

长期以来，受我国城乡二元结构的经济模式影响，加之自然条件欠佳，中西部贫困农村落后的学前教育质量成为我国学前教育事业的发展瓶颈，严重阻碍学前教育价值的实现。[③] 党的十八大以后，在以习近平同志为核心的党中央的坚强领导下，各地以县为单位连续实施三期学前教育发展三年行动计划，学前教育资源和规模迅速扩大，普及水平大幅提升。2019 年 7 月 24 日国家教育部发布的《2018 年全国教育事业发展统计公报》显示，截至 2018 年底，全国共有幼儿园 26.67 万所，在园幼儿 4656.42 万人，学前教育毛入园率达到 81.7%，"入园难"问题得到有效缓解。但是，区域之间、城乡之间学前教育资源分布不均衡现象依然突出，中西部贫困农村地区还有无园可入的特困幼儿，特别是新建和改扩建的幼儿园存在园舍建设不规范、设施设备不达标、玩教具缺乏[④]、幼教师资不足且资质不合格、班级师幼比超标等问题，[⑤] 无法保障在园幼儿基本的健康和安全；教育内容未能考虑 3—6 岁幼儿的年龄特点和身心发展规律，符合幼儿学习方式的游戏活动时间少，操作材料种类和数量均无保证，课程实施"小学化""成人化"现象严重。[⑥] 贫困农村学前教育基本质量发展不平衡不充分的现状与幼儿及家庭对普及普惠、安全优质学前教育需求的矛盾突出，中

① 韩玉梅，杨晓萍，宋乃庆等. 美国优质学前保教资源获取性测评：内涵、指标与策略 [J]. 学前教育研究，2018（10）：22-35.

② 卢迈，方晋，杜智鑫，等. 中国西部学前教育发展情况报告 [J]. 华东师范大学学报（教育科学版），2020，38（01）：97-126.

③ 吴遵民，黄欣，屈璐. 我国学前教育立法的若干思考 [J]. 复旦教育论坛，2018，16（1）：35-41.

④ 李红霞，张邵军. 西部贫困地区普惠性民办幼儿园扶持政策现状分析 [J]. 基础教育研究，2018（1）. 75-78.

⑤ 刘占兰. 学前教育普及目标有望提前实现 [J]. 辽宁教育，2012（14）：13-14.

⑥ 刘占兰. 农村贫困地区幼儿园教育质量现状与提升建议 [J]. 学前教育研究，2015（12）：13-21.

西部贫困农村较低的学前教育质量成为中长期整个学前教育事业发展的短板。

（二）精准帮扶是保障贫困农村学前教育质量的有效途径

我国中西部贫困农村以革命老区、民族地区、边疆地区居多，其基础设施和公共服务发展滞后、社会文明程度较低，加之自然灾害频发、生态环境脆弱，导致贫困人口占比和贫困发生率高，人均可支配收入低，集体经济较为薄弱。① 此条件下，许多偏远村庄距离乡镇中心幼儿园 20 千米以上，不在大村联合搭建的公办幼儿园辐射范围内，民办普惠性学前教育资源缺乏，幼儿很难依据就近原则进入有质量保障的幼儿园。2015 年相关统计数据显示：我国处于极端贫困的 3597 万人群中 0—6 岁的儿童有 330 万—400 万人。②③ 确保这部分儿童接受有质量保障的学前教育，是一项艰巨的任务。经过国家已经实施完成的两期学前教育发展三年行动计划的推动，学前教育帮扶政策逐渐向这些地区倾斜。由于此类帮扶政策惠及面大、涉及需要帮扶的幼儿多，尚未解决特别困难儿童，如孤儿、家庭经济困难幼儿、家中无人照料的留守儿童和残疾人子女、具有接受普通教育能力的残疾儿童等群体的学前教育问题，需要采取更加精准的帮扶措施，才能确保他们接受有基本质量保障的学前教育。

国家统计局统计数据显示，2017 年全国农村贫困发生率为 3.1%，0—17 岁儿童贫困发生率为 3.9%，儿童贫困发生率高于成年人，贫困对儿童的影响更大。自党和国家实施精准扶贫政策以来，我国贫困村经济取得了巨大的发展，2020 年国家级贫困县已全部脱贫摘帽。有研究认为，相对于产业扶贫等"事后"的再分配帮扶形式，扶助积累人力资本的教育发展有着"前置"预分配帮扶的作用，能从根本上防止贫困的代际传递和返贫。④ 在教育扶贫方面，通过国家实现"两不愁，三保障"⑤ 的精准施策，中西

① 新华社. 中共中央、国务院办公室印发意见支持深度贫困地区脱贫攻坚 [EB/OL].(2017-11-21) [2019-06-15]. http://www. gov. cn/zhengce/2017-11/21/content_5241334. html.
② 吕利丹，阎芳，段成荣等. 新世纪以来我国儿童人口变动基本事实和发展挑战 [J]. 人口研究，2018, 42（3）：65-78.
③ 全国妇联，国家卫健委. 中国贫困地区 0—6 岁儿童营养及家庭养育状况 [R]. 2015.
④ GALIANI S, SCHARGRODSKY E. Property rights for the poor：Effects of land titling [J]. Journal of Public Economics，2010（10）：700-729.
⑤ 2011 年我国颁布《中国农村扶贫开发纲要（2011—2020 年）》，提出农村扶贫开发工作的总体目标是"到 2020 年，稳定实现扶贫对象不愁吃、不愁穿，保障其义务教育、基本医疗和住房，贫困地区农民人均纯收入增长幅度高于全国平均水平，基本公共服务主要领域指标接近全国平均水平，扭转发展差距扩大趋势"。

部贫困地区的义务教育质量得到了有效的保障，^① 职业教育逐渐受到重视。然而，相较于高等教育、职业教育和义务教育，学前教育处于个体受教育阶段的前端，其扶贫功能被普遍认为较弱，因而受到的重视不足。基于对我国今后长时间内消除贫困、防止中西部贫困农村脱贫后再返贫的考虑，早期人力资本的投入成为防止已脱贫农村返贫的长远事业，实施精准的学前教育质量扶助政策因此具有现实的迫切性。

（三）中西部贫困农村的学前教育质量保障机制亟待建立

经济学理论认为，学前教育市场面临着严重的信息不对称与信息不完整问题，市场竞争不能促进学前教育质量的提升，效率优先的资源配置原则也无法关注教育公平。^② 如果任由市场自由配置学前教育资源，贫困地区幼儿会因家庭人力资本成本的限制而不能获得接受学前教育的机会或者只能接受低质量的学前教育，从而导致贫困代际传递的恶性循环。因此，政府需要加强对贫困地区幼儿教育的干预。我国政府针对贫困农村学前教育的现实问题，确定了"以县为主"的学前教育管理体制，并采取倾斜投入新建和改扩建幼儿园、加大贫困农村地区幼儿教师培训力度和改善工资待遇等举措促进中西部贫困农村学前教育质量的提升。这些措施在一定程度上解决了这些地区"入园难"问题，为贫困农村学前教育质量的提升奠定了一定的基础，然而这些措施仍旧不能满足我国中西部贫困农村学前教育质量持续保障的需求。首先，现有政策并未精准把握当下贫困农村学前教育的需求，在投入和监管过程中决策反思和理性分析尚少，质量供给和质量需求结构的错位容易导致资源浪费和降低投入效率；其次，现阶段主导贫困农村学前教育发展的主体是各级政府，力量较为单一，依靠自上而下的行政命令进行贫困农村学前教育质量管理，不能有效地促进贫困农村学前教育质量观念的更新，调动幼儿家庭、村委会和教师等利益相关者参与质量保障的激励政策实施时效果欠佳，通过资源整合激发学前教育质量保障的内生动力不足；最后，由于缺乏高位的法律统筹，现有政策的实施重心偏低、主体责任分散，以专项计划和项目为主的学前教育质量提升政策获得财政支持的时间短，贫困农村学前教育质量的提升尚缺少财政的兜

① 向雪琪，林曾. 改革开放以来我国教育扶贫的发展趋向［J］. 中南民族大学学报（人文社会科学版），2018，38（03）：74-78.
② 崔世泉，袁连生，田志磊. 政府在学前教育发展中的作用：来自经济学理论和实践经验的分析［J］. 学前教育研究，2011（5）：3-8.

底支持。因此，亟须探讨中西部贫困农村学前教育质量保障机制，以确保对贫困农村学前教育质量持续的投入，激发学前教育机构自我保障质量的内生动力，最大限度地整合和利用现有资源，形成自上而下和自下而上的联动质量保障格局。

二、研究意义

（一）理论意义

构建贫困农村学前教育质量保障的机制模型，为学前教育"补偿"价值的实现探寻视角和提供思路。我国对贫困地区学前教育质量保障的研究极不充分，尤其从个体、家庭需求的视角来反观学前教育质量的研究没有受到足够的关注；从兼顾质量和公平的视角来反思和理解贫困农村学前教育质量保障的研究也较为少见。秉承质量和公平兼而有之的价值观念，加强探索符合农村贫困地区发展实际的学前教育质量保障机制，可为我国进一步建立和完善学前教育公共服务体系提供新的研究思路，为全国范围内进一步构建学前教育质量保障体系提供研究基础。

丰富和完善学前教育质量管理的相关理论。保障教育质量是促进儿童健康发展、实现教育公平的强有力手段。学前教育质量的保障即关心基本质量维持的条件，又聚焦在"保基本"的基础上促进质量的发展以满足贫困农村家庭和幼儿日益增长的学前教育质量需求。目前，我国关于教育质量保障的研究大多集中在大中小学，而关于中西部贫困农村学前教育的研究大多集中在存在的问题或困境上，关注中西部贫困农村学前教育质量保障的研究尚少。因此，本研究旨在拓展学前教育质量保障的研究领域，丰富和完善学前教育质量管理的相关理论。

（二）现实意义

为政府制定学前教育质量管理政策提供参考。通过中西部贫困农村学前教育质量保障机制模型和践行路径研究，本研究在分析和反思已有政策以防止其基层走偏的同时，着重探讨如何通过精准摸底、精准投入、精准监管、精准帮扶等措施，缓解中西部贫困农村幼儿及家庭对有质量的学前教育日益增长的需求与学前教育质量发展不平衡、不充分之间的矛盾，并提出通过精准识别了解急需帮扶的幼儿，兜底投入，保障幼儿有园可入，提高人员经费统筹重心支持中西部贫困农村教师队伍建设，开发农村幼儿园课程资源，提出构建中西部贫困农村学前教育质量监管体系等建议，为政府制定多元保障主体共同参与的学前教育质量管理制度提供决策参考。

三、核心概念界定

（一）精准扶教

精准有非常精确、准确之义。本研究中精准扶教指精准帮扶中西部贫困农村学前教育，确保其达到基本质量要求，有如下三层含义：精准选择帮扶地区、精确瞄准目标和精准解决问题。

"精准选择帮扶地区"是指本研究选择帮扶的地区为 2017 年被认定的国家级贫困市（县/区），其中湖南省的古丈县、泸溪县，湖北省的建始县、恩施市，云南省的寻甸县、临沧市临翔区，宁夏回族自治区的盐池县、同心县共八个市（县/区）被认定为该年的国家级贫困市（县/区）研究样本。

"精确瞄准目标"指满足中西部贫困农村幼儿和家庭基本的学前教育需求，而不是不顾实际地追求高质量。基于我国农村学前教育发展不充分不平衡的现实，在贫困农村尚存在公办园辐射不到、民办园不愿意去的问题，尚存在部分未能接受有基本质量学前教育的"末端"特困幼儿。确保偏远地区这部分幼儿能接受有基本质量的学前教育，是打通学前教育公益普惠的"最后一公里"，是实现"幼有所育"的关键一步。本研究通过对中西部贫困农村学前教育质量需求的调研，瞄准其学前教育质量最薄弱的维度，探讨如何进行精准施策。

"精准解决问题"指探讨构建中西部贫困农村学前教育质量保障的动态机制。当前，在国家三期学前教育发展三年行动计划的推动下，中西部贫困农村学前教育质量开始好转，但是，静态的政策倾斜和社会公益项目的扶助只能在短时间内缓解贫困农村学前教育眼前资源不足的问题，并不能从根本上确保其基本质量，因此本研究探究的主要内容是中西部贫困农村学前教育质量动态的长效保障，其内容包括精准摸底、精准投入、精准监管和精准帮扶的措施，以及支配这些措施协同运作的机制。

（二）中西部贫困农村

我国东、中、西三个部分的划分主要依据行政区域的地理位置和经济发展水平两个不同的维度。本研究参考国家统计局关于东、中、西部的划分，即中部地区包括 6 个省：山西、河南、安徽、江西、湖北和湖南。西部地区包括 12 个省（自治区、直辖市）：内蒙古、广西、重庆、四川、贵州、云南、西藏、陕西、甘肃、青海、宁夏和新疆。① 中西部贫困农村是指位于我国中西部，且为 2017 年国家认定的国家级贫困县（家庭人均年收入少于 2300 元）的农村地区。根据中共中央办公厅、国务院办公厅印发的《关于支持深度贫困地区脱贫攻坚的实施意见》，对深度贫困地区脱贫攻坚工作作出全面部署，这些地区多为革命老区、民族地区和边疆地区，基础设施和公共服务发展滞后、社会文明程度较低、生态环境脆弱，自然灾害频发，贫困人口占比和贫困发生率高，人均可支配收入低，集体经济薄弱。

（三）学前教育质量

关于学前教育的内涵，目前国内外尚无统一的界定。国际上一般认为：能够唤起学龄前儿童学习兴趣，给学龄前儿童提供学习经历和体验，有助于其身心健康发展的一切活动都可以称之为学前教育。② 根据对幼儿实施教育时间和形式的不同，我国对学前教育的界定有广义和狭义之分。广义的学前教育指儿童从出生到入小学前所接受的教育，如刘焱认为学前教育是促进 0—6 岁儿童身心全面和谐发展的各种措施的总和。③ 顾明远认为对出生至入学前儿童的教育称为学前教育，对 3—6 岁儿童的教育称为幼儿教育。④ 狭义的学前教育指儿童入小学前所接受的幼儿园教育，如张焕庭认为学前教育等同于幼儿园教育，指幼儿在进入小学之前在幼儿园所接受的教育。⑤ 本研究中的学前教育指的是狭义的学前教育，即以托儿所和幼儿园为主要形式的学前教育机构，根据一定的培养计划，聘请专职人员对 3—6 岁学龄前儿童实施的保育和教育活动。

"质"有物质、质地和性质之义。唐代刘禹锡《砥石赋》：有客自东，遗我越砥，圭形石质，苍色腻理"。⑥《论语·卫灵公》："君子义以为质，礼以行之。""量"最初的意思为计量物体多少的容器，后引申有数目、标准规格和限度之义。因而"质量"通常被界定为产品或服务满足规定和潜在需求的特征总和。⑦ 对于学前教育质量的含义，不同研究者有不同的理

① 林强英. 我国财政专项扶贫资金绩效评价问题研究 [D]. 福州：福州大学，2018.
② 梁志燊. 学前教育学 [M]. 北京：北京师范大学出版社，1998：2.
③ 刘焱. 学前教育原理 [M]. 沈阳：辽宁师范大学出版社，2006：23.
④ 顾明远. 教育大辞典：第二卷 [M]. 上海：上海教育出版社，1990：155.
⑤ 张焕庭. 教育词典 [M]. 南昌：江西教育出版社，1988：190.
⑥ 徐中舒. 汉语大字典 [M]. 武汉：湖北辞书出版社，1992：3393.
⑦ 郭良菁. 以"系统"思路解决学前教育质量的保障与提升问题 [J]. 学前教育研究，2013（09）：8-14.

解和阐释。王敏认为学前教育质量是学前教育活动满足幼儿身心发展需要和其他相关主体（政府、社区、举办者、家长、教师等）需要的特性。[①]其中，满足学前儿童身心发展需要是学前教育质量的内在价值体现，满足其他相关主体需要则是学前教育质量的社会价值体现。原晋霞认为，学前教育质量是学前教育满足幼儿身心健康发展需求的程度。[②]周欣认为，学前教育质量包括结构性质量、过程性质量和结果性质量三个方面。[③]结构性质量是指学前教育机构中的条件性要素，包括园舍设备、班级规模、师幼比、教师资质、教师薪资、教师培训等方面；过程性质量包括材料投放与使用、课程、生活与保健、师幼互动、家园共育、班级管理与情感氛围以及儿童在环境中的体验等方面；结果性质量是学前教育机构对儿童的影响，包括身心健康、认知与探究、语言与交流、社会性与情感、美感与表现等方面。[④]

要想对学前教育质量作出定义，首先要明确所持有的质量观。目前，对学前教育质量观有三种取向。一种质量观偏向于工具理性，此种质量观认为学前教育质量是客观存在的结果，可以对其进行操作性定义并能使用固定标准进行测量；另一种质量观偏向于价值理性，此种观点认为学前教育质量是学前教育利益相关者根据其文化和社会价值观建构和生成的过程，具有主观性、多变性和多元性；还有一种属于综合的质量观，认为学前教育质量是根据一般的标准、特定的主体需求与情境生成的过程和结果的统一。本研究根据国内外学者的观点以及现实的考察，秉承第三种质量观探讨学前教育质量，即学前教育质量是主客体的统一，在追求促进幼儿发展"内在价值"的前提下，一方面，学前教育质量的定义不能偏离实证测量结果的质量要素；另一方面，学前教育质量的界定不能忽略不同利益相关者在不同文化和社会价值观念下的质量诉求。

综合以上观点，本研究认为学前教育质量是指国家、社会、托幼机构、家庭等为满足幼儿对人身安全、健康、心理安全感和通过活动认识环境事物的需求所提供的条件、过程和结果，具体体现在幼儿园办园条件、

① 王敏. 教育质量的内涵及衡量标准新探 [J]. 东北师范大学学报（哲学社会科学版），2000（2）：20-23.

② 原晋霞. 构建有质量的学前教育基本公共服务体系 [J]. 教育学术月刊，2013（01）：84-88.

③ 周欣. 建立全国性学前教育质量监测体系的意义与思路 [J]. 学前教育研究，2012（1）：23-27.

④ 杨莉君，彭荣. 论过程性的学前教育基本质量评价观 [J]. 湖南师范大学教育科学学报，2017，16（06）：110-115.

精准扶教
：
中西部贫困农村学前教育质量保障研究

师资、教育环境、资源开发、幼儿园活动安排和实施过程、幼儿身心发展等方面。

（四）保障

"保"有保卫、保持和依靠的意思。① "障"有遮蔽、防范防止和捍卫的意思。② 保障：①指起保护障蔽作用的事物。《左传·定公十二年》："且成，孟氏之保障也。"亦指防御工事。《资治通鉴·卷一百七十五》："隋主患之，敕缘边修保障。"②保卫。宋叶适《守御录》："不惟郡人当安不忘危……而况於保障行御之臣乎?"③保证，如：保障供给。③ 结合对"保障"内涵的理解，我们认为"学前教育质量保障"的含义阐释应包括如下要点：学前教育质量保障是人们基于对学前教育活动的质量预期目标的，这是学前教育质量保障的前提，而这个质量预期目标设定的主体具有多元性；学前教育质量保障是一个持续的质量管理和调控过程，只有通过多主体的共同协作，采用适宜方式和手段（考察、评估、督导等），从而达到质量的预期；④ 在学前教育质量保障中，过程管理产生的各种信息，必须向质量目标的设定主体公开，并与质量目标进行对标分析，这是学前教育质量保障的价值意义；学前教育质量保障最终还需要通过上述流程和步骤激发学前教育的活力，促进质量不断地改进与提升，满足幼儿和家庭对学前教育质量的需求，这是质量保障的终极目的。⑤

因此，本研究认为贫困农村学前教育质量保障是维持学前教育质量的政策、态度、行为以及运行机制的总和，能确保贫困农村地区学前教育机构在条件、师资、教育环境、资源开发、一日活动安排和实施过程、家长工作等方面满足幼儿对人身安全、健康、心理安全感和通过活动认识环境事物的需求以及家庭对学前教育质量的合理需求。

学前教育质量并非达到既定目标之后就处于一劳永逸的停滞状态，而是需要人们持续地探讨和提升。学前教育质量保障是一个动态的质量提升过程，既要认识到分阶段达成质量目标和质量标准的重要性，更要重视学前教育机构内部对质量不断提升的信念，形成不断改进和提升学前教育质

---

① 汉语大词典编写组. 汉语大词典简编（上）[M]. 上海：汉语大词典出版社，1998：375.

② 辞源修订组. 辞源（上）[M]. 北京：商务印书馆，1988：4155.

③ 汉语大词典编写组. 汉语大词典简编（上）[M]. 上海：汉语大词典出版社，1998：377.

④ 韩楚云. 美国基础教育质量保障研究：以马萨诸塞州为例 [D]. 西安：陕西师范大学，2017.

⑤ 祝新宇. 基础教育质量保障：区域研究的视角 [M]. 北京：教育科学出版社，2016：18.

量的行动。现阶段贫困农村学前教育质量保障不同于高质量保障，有着"兜底线""保基本"和"促提高"的功能，具体是指在特殊情况下，即当幼儿正处在不利的处境中或是意外处于不利的处境时，家庭和幼儿依然能够获取具有基本质量保障的学前教育；另外，能确保家庭和社会不同阶层子女所接受的学前教育质量是在基本质量的"底线"上随着日益增长的需求而不断提升的。

第二节　文献综述

一、研究梳理

（一）国外研究

1. 学前教育对弱势儿童发展的干预功能研究

相关研究通过探讨学前教育对弱势儿童成长过程的干预作用，证明有质量的学前教育对弱势儿童语言、社会性和学习能力的发展具有补偿功能。Mc Cartney 等研究了儿童保育质量在预测各种语言和学习成果方面是否更能使低收入社区儿童受益，发现高质量的托儿服务能使儿童减少因为贫困对入学准备和语言技能方面造成的负面影响。Lynne Vernon-Feagans 等认为有质量的学前教育对农村低收入社区儿童的学习和发展尤其重要，因为在这些社区尤其是低收入家庭，高质量的儿童保育服务较少，致使儿童的学业落后风险更高。[①] Barnett 探讨了学前教育对弱势儿童发展的干预功能产生的原因，认为早期认知、社交技能、成功愿望、家庭支持和教师期望的影响是学前教育影响终身发展的重要机制。Margaret Burchinal 等认为高质量学前教育和低质量学前教育的不同之处在于高质量的项目配备了受过良好教育、对儿童发展有敏锐反应能力的教师，他们在儿童发展和早期学习教育学方面有着丰富的学习和培训经历；管理者倾向于了解并支持早期学习中的最佳实践，提供有意义的专业发展和强大的课堂支持；通过教师指导和儿童自主参与的活动（许多是以游戏为基础的活动）的良好组合，支持高标准的教学和学习；教室里充满吸引儿童的教学材料，提供各种各样有趣的教育体验。资源匮乏的家庭环境中的幼儿可以通过获得高

---

① GALLAGHER K C, KAINZ K, FEAGANS L V, et al. Development of student-teacher relationships in rural early elementary classrooms [J]. Early Childhood Research Quarterly, 2013, 28 (3)：520-528.

质量的学前教育来为较差的认知、语言和社会性发展提供补偿。^①

然而，学前教育干预功能的实现是有前提条件的。儿童保教环境的质量在幼儿早期发展中起着重要作用，其重要性超越了家庭的经济地位和人口特征。^② 但是，托幼机构保教质量与儿童发展结果之间的线性关系存在阈值，^③ 低于该阈值的保教活动与幼儿发展结果无关。学前教育质量必须达到一定的阈值才能影响儿童的发育，即年幼儿童只有在参加一定数量符合质量标准的课程活动的基础上，才有可能在更高质量的课程中获得较好的发展，^④ 质量水平低的活动不能起到促进儿童发展的作用，且对儿童未来的学业成绩预测作用较小。

2. 乡村学前教育研究

西方的乡村学前教育研究立足于乡村幼儿园和社区之间复杂的相互联系，创造性地将乡村幼儿园嵌入社区，促进了乡村幼儿园教育功能的实现，尤其是为贫困地区幼儿园的质量保障提供了可行性路径。20 世纪中叶，美国学者温德尔·拜瑞（Wendell Berry）较早提出以地域为中心的乡村教育发展哲学，进入 21 世纪之后，美国学者格林沃尔德（David A. Gruenewald）、生态批判教育学家鲍尔斯（C. A. Bowers）、史密斯（Gregory A. Smith）、索贝尔（David Sobel）等学者的研究推动了地化教育理念在各类教育机构中的应用。随着城镇化的逐渐发展，相对于发达地区，贫穷地区和乡村地区由于缺乏自我变革的机会和资本，面临城市转移污染的生态危机和人才资源外溢的窘境。^⑤ 鲍尔斯等提出，乡村地区的生

---

① BURCHINAL M，XUE Y，AUGER A，et al. Testing for quality thresholds and features in early care and education [J]. Monographs of the Society for Research in Child Development，2016 (2)：46-63.

② STEVEN B W，MARGARET B，KATHY T，et al. The Effects of Preschool Education：What We Know，How Public Policy Is or Is Not Aligned With the Evidence Base，and What We Need to Know [J]. Psychological Science in the Public Interest，2009 (2)：49-88.

③ FRANCES C，ELIZABETH P，MARGARET B，et al. Adult outcomes as a function of an early childhood educational program：An Abecedarian Project follow-up. [J]. Developmental Psychology，2012 (4)：1033-1043.

④ BURCHINAL M，FEAGANS L V，VITIELLO V. et al. Thresholds in the association between child care quality and child outcomes in rural preschool children [J]. Early Childhood Research Quarterly，2014 (1)：41-51.

⑤ MCINERNEY P，SMYTH J & DOWN B. 'Coming to a place near you?' The politics and possibilities of a critical pedagogy of place-based education [J]. Asia-Pacific journal of teacher education，2011 (1)：3-16.

态危机呼唤与其自然系统的持续能力相适应的教育模式和文化思维。美国的大卫·奥尔（David Orr）、温德尔·拜瑞等学者倡导基于"生态区域主义"视域的乡村教育发展哲学，通过反思城市化和工业化带来的教育危机来讨论和建立区域性乡村教育可持续发展的方法论。Ray Barnhardt 等认为，城市标准的幼儿园课程和操作材料不能满足幼儿对本土价值观和本土生活经验的需求，造成了幼儿对文化适应不连续的"震荡"。[①] 凯尔德·赫南等认为标准化的学习会阻碍儿童整体性世界观的发展，将打破儿童根植于生活和本土人际关系的经验获得，而强迫他们把注意力分散到对新奇的知识获取上，从而失去不同学习领域相互之间渗透及与周围生活世界的联系。[②] 因此，对于乡村教育的实践应更加关注地方知识、资源和文化。Ben Van Gelderen 认为澳大利亚宗教教育与查尔斯·达尔文大学（Charles Darwin University）共同创办的乡村初任教师教育项目较为典型地突出了乡村教育的本土化实践，该项目针对澳大利亚北领地偏远的土著地区的新教师群体，以实现教师入职以后的"自我成长"（growing our own）为目标，构建师范类院校、宗教教育、乡村社区以及学前教育机构的多主体互动网络，推动了现代化课程、儿童学习活动以及社区教育、本土文化之间的衔接。[③]

3. 乡村学前教育质量保障研究

明确以优先普及乡村学前教育为基本战略，通过强化政府职责，实行以增加财政投入、公办学前教育资源为主、推行国家项目扶助弱势群体等方式大力推动农村学前教育普及和质量提升，是不同国家和地区诸多学者通过研究达成的共识。[④] Sue Docket 和 Bob Perry 提出澳大利亚南部在 8 个乡村和偏远地点将学龄前儿童纳入国家乡村和偏远地区学校方案一体化的方式来普及学前教育。英国在 2007 年《儿童计划：构建更加美好的未来》战略规划中提出了实行教育优先区计划，保障乡村偏远地区贫困家庭 2 岁

精准扶教：中西部贫困农村学前教育质量保障研究

① BARNHARDT R, KAWAGLEY A O. Indigenous knowledge systems and Alaska Native ways of knowing [J]. Anthropology & education quarterly, 2005, 36 (1): 8-23.

② HERNÁN C. Problematizing the relationship between rural small schools and communities: Implications for youth lives [J]. Alberta Journal of Educational Research, 2014, 60 (4): 643-655.

③ GELDEREN B V. 'Growing our own': A 'two way', place-based approach to Indigenous initial teacher education in remote Northern Territory [J]. Australian and International Journal of Rural Education, 2017 (1): 14.

④ 朱璟. 幼儿园教育质量监控系统的构建策略研究 [D]. 长春：东北师范大学, 2013.

儿童接受每周 15 小时的免费学前教育。① Anita Silvana 和 Patrick Gautier 通过行动研究，深入诊断克罗地亚农村学前教育的问题，认为人口迁移、社会专业和职业结构不良、远离城市等因素影响了克罗地亚乡村教育学前教育质量的提高。通过剖析地方当局对乡村学前教育的投入、公正的学前教育质量观念以及幼儿园与家庭距离的远近，阐释了受教育机会、教育质量和学前教育机构的能力对乡村学前教育的影响，并建议要通过残疾儿童项目、战后综合征儿童项目以及民族社区项目专项扶助本国学前教育质量的提升。Dr. Mohammad Khalid 调查印度北部勒克瑙区家庭经济水平在贫困线下 3—5 岁幼儿的营养状况和患病率，并分析其母亲的学历和教养行为，认为贫困家庭幼儿保教的质量与母亲的认知水平和是否掌握如何在家进行正确的保健、迅速获取当地医疗保健的能力有关。约翰内斯堡威特沃特斯兰德大学的 L. Richter 通过分析学前教育免费年政府政策的制定和执行，得出政府主导是学前教育质量保障的关键因素，政府应继续改善因种族隔离而形成的种族主义政策来缓解处境不利的儿童入学准备的情况，从而创造一个公平竞争的未来社会。

4. 学前教育质量的评价标准研究

结构性质量和过程性质量占评价总体的权重应如何分配一直是学前教育质量保障标准研究探讨的问题。已有研究探索学前教育过程性质量与儿童发展结果之间是否存在非线性关系，并通过对这些假设关系的验证进一步研究潜在的有意义的阈值。② Burchinal 和 Kainz 在一项关于公立幼儿园学前教育项目的研究中，建立线性模型和二次项模型，探究班级中教育活动质量与儿童社会性发展及学业成绩的关系，得出只有当教育质量达到一定的阈值时，才能观察到儿童教育效果改善的结论。在教育质量得分的较高范围内，阅读技能与教育质量之间的联系最为密切。Burchinal, Vandergrift, Pianta 和 Mashburn 使用分段回归分析来确定与儿童的学业、语言和社交技能相关课程的特定阈值。他们发现了阈值效应对教学质量和情绪气氛分量

① Department for Education. Early Years Educator (Level 3): Qualifications Criteria [R]. Department for Education, 2013.

② ZASLOW M, ANDERSON R, REDD Z, et al. Quality Dosage, Thresholds, and Features in Early Childhood Settings: A Review of the Literature. OPRE Report 2011-5 [J]. Administration for Children & Families, 2010 (8): 27-37.

表的影响，① 例如在中等质量和高质量的教室中，教学质量与表达性语言、阅读和数学技能的关联比在低质量的教室中更强。在高质量的课堂上，情绪气氛对社交能力的预测也比在中等质量和低质量的课堂上对行为问题的预测更积极。因此，质量的结构性指标被认为通过质量的过程指标与儿童的结果间接相关。美国国家儿童健康与人类发展研究院分析证实了教学质量是语言促进社会性发展的中介框架，发现了教师培训和课堂比例通过过程质量到儿童社会认知能力的路径。Kennedy 认为有质量的学前教育依赖于有质量的活动和课程，而高质量的活动必须贯穿在儿童的学习过程中，如积极参与活动、在操作中学习、阅读、讨论和故事复述等。Miller 和 Murnane 认为到目前为止，还没有研究在结构性质量指标中确定与 ECERS-R 或其他过程质量度量相关的阈值。然而，在小学早期进行的研究表明，结构性质量指标上存在阈值，尽管此类研究确定的阈值相对于结果性质量指标而不是过程性质量指标。在小学阶段，许多研究发现，教师的经验年限与学生成绩之间存在一个上限阈值，即教师的经验年限与学生的成绩的关系在教学的前五年最为密切，而在五年之后则趋于平稳。假设成绩测量的阈值与过程性质量测量的阈值相似，教学经验与 ECERS-R 之间存在正相关关系，但这种正相关关系仅限于最初几年。

5. 学前教育质量评价和改善系统研究

国外对学前教育质量保障系统的研究聚焦于美国质量评价和改善系统（QRIS）和澳大利亚质量评价框架（QIAS），其中对 QRIS 中质量评价指标、支持和改善质量的方法、各州因地制宜的评价方式的研究尤为关注。Schaack 认为 QRIS 设计目的是用于经济合作与发展组织（OECD）对成员国治理的评价机制，而在学前教育方面很大程度上依赖于对儿童护理项目质量的多维评估。② Zellman 和 Perlman 通过实地调研美国各州已经构建的 QRIS 系统，发现其真实的功能为评价和改善儿童保育环境中与儿童积极

① BURCHINAL M，VANDERGRIFT N，PIANTA R，et al. Threshold analysis of association between child care quality and child outcomes for low-income children in pre-kindergarten programs [J]. Early childhood research quarterly，2010，25（2）：166-176.

② BOLLER K，TARRANT K，SCHAACK D D. Early Care and Education Quality Improvement：A Typology of Intervention Approaches [J]. Mathematica Policy Research Reports，2014，5（2）：32-35.

认知、社会性发展、习惯养成等相关的内容。[①] Kirby 认为尽管各州对儿童看护中心的具体评分标准不尽相同，但 QRIS 指标都包括结构性质量指标，如师幼比、幼儿教师教育和专业培训等，以及各州根据当地具体情况和多年学前教育管理经验所留下的关键指标。早期儿童保育研究网络的多数研究认为，学前教育的结构性质量很容易监测，可以通过国家儿童保育许可证或其他政策杠杆进行调控，但只与儿童发展的结果有一定的关系。结构性质量被假定为提供条件，以促进对儿童发展结果更有利的教育和保育活动的开展，如与儿童一日生活密切相关的过程性活动。相反，过程性质量变量更直接地与儿童发展的结果相关，并能更有效地衡量儿童在早期护理和教育环境中的实际经验。Malone 认为过程质量指标的测量成本更高，因为它们需要直接观察，并且不容易被策略控制。由于成本的原因，QRIS主要由结构性质量指标组成，但几乎所有的指标都包含对课堂环境的评估，该评估以一种全球性的方式捕获过程性质量的各个方面。Smith 和Schneider 认为 QRIS 强调与质量管理体系相关的导师或督学使用质量评分来指导与教师一起的现场教育活动，[②] 并将教师和管理人员的专业发展内容定位于有助于满足更高质量水平的领域。Schaack 认为应把高质量评级作为激励质量改进的一种策略，例如质量评级经常被用于允许或限制一个项目获得额外服务和资金流，用于奖励接受儿童保育补贴的儿童获得不同水平的补偿的项目，以及向教师发放奖金。

（二）国内研究

1. 中西部农村学前教育质量研究

目前，中西部农村学前教育质量的研究主要聚焦于农村学前教育质量的现状，并从投入和管理两方面研究质量提升的路径。整体来说，我国农村学前教育普及率低于城市，质量水平较低，与当今经济社会的发展要求

---

① GAIL Z, MICHAL P, NHUAN L V, et al. Assessing the Validity of the Qualistar Early Learning Quality Rating and Improvement System as a Tool for Improving Child-Care Quality [J]. Rand Corporation，2008：404.

② SMITH S, ROBBINS T, SCHNEIDER W, et al. Coaching and Quality Assistance in Quality Rating Improvement Systems：Approaches Used by TA Providers to Improve Quality in Early Care and Education Programs and Home-Based Settings [J]. National Center for Children in Poverty，2012 (01)：22-28.

不相适应。^① 农村学前教育机构存在硬件设施简陋、课程活动设置随意、师资队伍不稳定且素质偏低等现象。^② 农村幼儿园之间的恶性竞争激烈、"小学化"倾向严重、政府管理缺位等难题更是严重制约了农村学前教育的发展。^③ 我国中西部农村学前教育质量普遍存在投入不足、基本设备与卫生条件不达标、教师专业水平有限等问题，毛入园率高的地区学前教育的主要矛盾已由追求入园机会的公平转向追求教育质量的公平。继相关学前教育政策颁布实施以后，我国农村学前教育也随之发生了可喜变化：幼儿教师数量、在园幼儿数量以及学生平均教学及辅助用房面积逐年增加；教师的积极性有了一定的提高；农村幼儿园教育质量逐渐受到重视，管理体系不断完善。^④

2. 学前教育质量保障研究

(1) 学前教育质量保障的背景

学前教育质量对幼儿身心发展的意义、学前教育质量的构成要素和判定方式、学前教育质量的现实状况，以及提升学前教育质量的路径四个方面的研究构成了学前教育质量保障研究的背景。^⑤ 钟秉林、李敏认为高质量的早期教育可以促进儿童认知和社会性发展，为儿童入学学习和终身发展奠定良好基础，对于处境不利的儿童和家庭来说尤为重要。^{⑥⑦} 罗妹、李克建认为地域和内部结构不均衡是我国当前学前教育质量面临的现实问题，一方面，城乡学前教育质量差异显著，城镇化水平越高的地区，学前教育质量越高，^⑧ 反之则越低；另一方面，过程性质量水平明显滞后于结

① 刘占兰. 农村学前教育是未来十年发展的重点：《规划纲要》确定普及学前教育的重点与难点 [J]. 学前教育研究，2010 (12)：3-6.

② 刘晓红. 我国农村学前教育发展中的问题、困难及其发展路向 [J]. 学前教育研究，2012 (03)：30-33.

③ 严仲连，何静. 我国农村学前教育政策的实施现状与执行策略 [J]. 东北师大学报（哲学社会科学版），2012 (05)：196-200.

④ 卢迈，方晋，杜智鑫，等. 中国西部学前教育发展情况报告 [J]. 华东师范大学学报（教育科学版），2020，38 (01)：97-126.

⑤ 杨晓萍，李敏. 焦点与转向：我国学前教育质量研究述评 [J]. 教育研究，2016，37 (04)：74-80，104.

⑥ 钟秉林. 发展学前教育要坚持抓好普及与提高质量并重 [J]. 中国教育学刊，2014 (03)：5.

⑦ 李敏. 学前教育机构质量督导研究 [D]. 重庆：西南大学，2016.

⑧ 罗妹，李克建. 基于全国 428 个班级样本的学前教育质量城乡差距透视 [J]. 学前教育研究，2017 (06)：13-20.

构性质量的水平。^① 李召存认为要积极寻求文化回应性的学前教育质量评价，考虑更广泛相关利益者对学前教育的价值诉求和文化观念，从对质量的水平鉴别转向对质量的文化理解。^② 杨晓萍、周文婕等认为从客观评价的角度来理解学前教育质量，其构成要素包括结构性要素、过程性要素和结果性要素，基于多元化视角的多主体评价越来越受到欢迎，注重评价过程的联动、倡导评价的质量提升功能、不断优化评价的信度与效度等成为普遍共识。

(2) 学前教育质量保障的理念

国内学者围绕学前教育质量保障的文化背景、价值取向和话语权等问题，对我国学前教育质量保障体系的构建进行了方向性探讨，促进我国学前教育质量保障理念在理想的"最优"与现实的"次优"的张力中不断更新。杨晓萍、李敏认为对学前教育质量标准的探讨不能脱离教育情境和主体诉求，学前教育质量保障研究应由静态片面的因子分析走向动态整体的机制分析，关注影响学前教育质量保障的社会文化生态；^③ 杨晓萍、周文婕等认为学前教育质量话语应实现技术理性主义与意义生成主义的和合构建，学前教育质量保障的目标在达到可测量标准的同时，应注重满足多主体的需求，不断深化对学前教育质量的多元价值的认识。^④ 马雪琴、杨晓萍强调学前教育质量的保障依赖自下而上的质量文化，机构内部对质量的承诺和信任是学前教育质量提升的内生动力，主张通过优化学前教育机构内部的自治、加强内外的沟通和交流、赋予教师专业发展的自我效能感和自主权等进行质量保障。^⑤ 在学前教育质量保障理念阐释不断深化和多元化的同时，有研究致力于现实原则下的质量保障目标观研究，如郭良菁认为在学前教育规模问题得到缓解的情况下，学前教育质量保障应分步骤进行，多数地区目前的目标确定为"确保基本质量均衡"，通过质量提升的

---

① 杨莉君，彭荣. 论过程性的学前教育基本质量评价观 [J]. 湖南师范大学教育科学学报，2017，16 (06)：110-115.

② 李召存. 探寻文化回应性的学前教育质量评价 [J]. 教育研究，2017，38 (04)：64-71.

③ 杨晓萍，李敏. 焦点与转向：我国学前教育质量研究述评 [J]. 教育研究，2016，37 (04)：74-80，104.

④ 杨晓萍，周文婕，杨雄. 走向和合：学前教育质量话语的转向 [J]. 教育评论，2017 (11)：3-7.

⑤ 马雪琴，杨晓萍. 学前教育质量保障与实现路径：基于质量文化的视角 [J]. 河北师范大学学报（教育科学版），2019，21 (05)：114-119.

目标来约束不断扩大的学前教育数量规模所耗费的政策成本，以质量的公平实现学前教育的真正公平；① 刘昆、郭力平、钟晨焰提出为了提高学前教育质量，我国应基于"过程性质量"理念开发国家性学前教育质量标准和评价工具，强调学前教育评估的有效性验证，政府、学术、市场力量融合，协力促进我国学前教育质量的提升。②

（3）发达国家和地区学前教育质量保障的经验

国内研究者通过对比分析发达国家（地区）学前教育质量保障的法律、制度、标准和方法，为我国学前教育质量保障及弱势群体的学前教育补偿提供了经验与启发。赵彦俊梳理了自 20 世纪 60 年代以来美国联邦政府和州政府为提高学前教育质量采取的措施，认为美国从教师质量保障，学前教育评估、激励与问责，学前教育科研立法保障，家庭指导与服务体系四个方面进行学前教育质量提升。③ 严仲连、斯维特拉娜·索科洛娃认为办园物质条件规范、办园规模适宜、一日活动组织因地制宜是俄罗斯乡村学前教育有质量的重要体现，俄罗斯乡村学前教育质量的提升主要得益于俄罗斯政府历来重视学前教育公平的传统，通过立法保护幼儿接受学前教育的权利，政府主导的教育公共服务到位及政府正视学前教育发展的城乡差异并采取公平的补偿政策等质量保障措施。④ 宋丽芹从福利国家的背景分析了挪威的学前教育质量保障制度，认为建立普惠性的学前教育供给制度、鼓励多元协同的供给、明晰学前教育管理主体的责权、建立制度化的财政投入标准、以目标为导向构建质量保障体系是我国保障学前教育质量应借鉴的经验。⑤ 员春蕊研究澳大利亚政府的学前教育质量保障举措，通过对比不同阶段政府的地位、角色和职责，梳理出澳大利亚联邦政府主要通过认证、标准和评估等方式影响和提升学前教育机构质量。⑥ 董素芳

① 郭良菁. 以"系统"思路解决学前教育质量的保障与提升问题［J］. 学前教育研究，2013（09）：8-14.

② 刘昆，郭力平，钟晨焰. 美国学前教育质量评级与提升系统：实施现状及面临的挑战［J］. 外国教育研究，2016，43（05）：110-128.

③ 赵彦俊. 美国学前教育质量保障体系架构摭探［J］. 现代教育管理，2012（11）：115-119.

④ 严仲连，斯维特拉娜·索科洛娃. 俄罗斯农村学前教育质量保障的经验［J］. 比较教育研究，2013，35（06）：82-86.

⑤ 宋丽芹. 挪威高质量普及学前教育的制度保障及启示［J］. 外国中小学教育，2019（04）：10-18.

⑥ 员春蕊. 澳大利亚联邦政府学前教育质量保障发展研究（1983—2014）［D］. 长春：东北师范大学，2015.

分析澳大利亚《学前教育及儿童保育国家质量框架》的产生背景、过程及主要内容，认为该质量框架既注重国家主导学前教育质量保障的干预，又鼓励形成市场对质量的调节和竞争机制，质量标准操作性强。[1] 钱雨对发达国家和地区政府的学前教育机会、学前教育财政投入、学前教育质量督导与评价等主要政策、文件与法规进行了比较与分析研究，梳理出世界各国学前教育政策的变革趋势，从"公平"和"质量"角度反思我国学前教育政策。[2] 王晋研究澳大利亚学前教育质量保障体系，总结出其具有遵循机构自愿认证原则、联邦政府进行高位的统筹管理、注重第三方认证机构的专业性考察、认证程序严谨、鼓励家庭和社区作为利益相关者参与、善于不断优化质量保障体系等特点。张寰从运行机制的角度分析美国学前教育弱势补偿政策，认为国家立法和投入、实施学前教育补偿计划的保障机制，注重父母参与、课程设置与监管、教师培训的实现机制和逐级问责、信息公开透明的责任机制确保了学前教育弱势补偿政策的有效性。[3] 彭泽平、姚琳通过香港关于学前教育政策的分析，得出我国香港地区政府重视机构内外质量保障运行的协同效应，实行双向联动的学前教育质量保障；强调机构内部的质量保障功能，对内负有进行学前教育质量管理的全面责任，倡导自我评价、自我提升的理念；质量评价和管理兼顾"问责"与"改进"的功能，形成"以评促建"的质量保障文化。[4]

（4）我国学前教育质量保障的路径

我国学前教育质量保障路径，经过了从重视管理及评价机制到重视保障主体多元化的过程，研究重心从讨论政府为单一主体的行政管理保障模式向探寻多元主体共同保障的路径转变。王声平、杨晓萍认为我国的学前教育质量保障应研制国家层面的质量标准和操作性强的评价指标，加强政府对学前教育质量监管的同时构建机构内部的质量保障体系。[5] 秦金亮研

① 董素芳. 澳大利亚《学前教育及儿童保育国家质量框架》的产生、内容与特点 [J]. 学前教育研究，2013（02）：14-20.

② 钱雨. 公平·质量·反思：全球化视野下的学前教育政策研究 [M]. 南京：南京师范大学出版社，2015.

③ 张寰. 美国学前教育弱势补偿机制及其启示 [J]. 陕西师范大学学报（哲学社会科学版），2019，48（03）：149-160.

④ 彭泽平，姚琳. 香港学前教育质量保障体系的构架及其特征分析 [J]. 学前教育研究，2010（11）：56-60.

⑤ 王声平，杨晓萍. 构建学前教育质量保障体系的国际经验及其对我国的启示 [J]. 外国中小学教育，2017（05）：51-58.

究了保障适龄儿童接受基本而有质量的学前教育的政策与机制，提出学前教育政策要重视园所基本设施的投入、生均投入、课程资源、教师素质等要素质量的同时，还要通过诊断性、发展性评价的过程性质量来提升学前教育质量。① 质量保障的政策和机制既要重视托幼机构整体质量规范标准的门槛效应又要关注聚焦幼儿学习状态的过程性质量。梁小丽等认为师资水平是学前教育质量保障的关键，基于贵州普及学前教育进程中的调查，研究农村幼儿教师质量保障机制，提出应以时间为维度，从《本科教学质量保证标准》的幼儿教师培养质量、《幼儿园教师专业标准》的幼儿教师入职质量、教师质量构成维度的幼儿教师发展质量三个方面完善农村幼儿教师质量保障机制。② 许浙川、姚伟认为，学前教育质量保障须建立以中央政府为首席的共同体，扩大质量保障的主体力量，采取质量问责和质量提升并重的保障思路。③

（5）学前教育质量评价标准

学前教育质量保障离不开对于学前教育标准和评价工具的研究，我国学者开展了一系列全国性或区域性的学前教育质量检测标准研制工作，为教育行政部门监测幼儿园的保教质量、幼儿园自我评估、园所的保教质量以及家长了解幼儿园保教质量信息提供了指导性意见和参考工具。2010 年开始，中央教育科学研究所编制《幼儿园教育质量评价手册》，从幼儿园总体状况访谈、幼儿班级状况考察评定和教师对幼儿半日活动安排的观察三个方面介绍了专业化的学前教育质量评价体系。2012 年国家颁布《学前教育督导评估暂行办法》，提出"坚持运用发展性教育评估理念，对省域学前教育发展过程和进步程度实施监测与评估，省级要建立学前教育发展督导评估与年度监测制度"。厦门市保教质量监控研究成果《幼儿园保教质量监控指导手册》由卫生保健与安全、环境、课程管理、集体教学活动、自主游戏、教研工作六个模块组成，包括幼儿园保教质量评价的指标、标准和评价的具体操作方法，探索区域性学前教育质量监测。刘占兰基于调研开发了一套幼儿园教育质量评价工具，并使用该工具对我国 12 省

① 秦金亮. 基于证据的学前教育需求与质量研究［M］. 北京：北京师范大学出版社，2018.

② 梁小丽，樊婷婷. 农村幼儿教师质量保障机制研究：基于贵州普及学前教育进程中的调查［M］. 成都：西南交通大学出版社，2019.

③ 姚伟，许浙川. 构建学前教育质量保障体系的国际趋势研究［J］. 东北师大学报（哲学社会科学版），2019（01）：148-153.

市幼儿园教育质量的现状进行了较大规模的研究。刘焱等在借鉴英国幼儿学习环境评量表（ECERs-R）和 ECERs-E（ECERS-R 修订版）指标构建的基础上制定了《幼儿园教育环境质量评价量表》，包含物质环境的创设、人际互动、生活活动和课程四个领域共 25 个项目。李克建、胡碧颖 2014年制定的《中国托幼机构教育质量评价量表（试用版）》（CECERS）主要用于评价幼儿园的保教质量。贺红芳以湖南省幼儿园保教质量为样本研制了幼儿园保教质量监测标准，确定了结果性指标、过程性指标和结构性指标三个一级指标下的保教质量监测标准。[①]

3. 教育精准扶贫研究

（1）教育扶贫的理论探讨

学界目前对教育扶贫机制的探讨，主要集中于教育扶贫的内在驱力和外在制度两个方面。探讨教育扶贫内在原理的研究，比较关注与制度相关的"人"的因素，如刘军豪、许锋华阐释了"扶教育之贫"和"教育扶贫"的内在关系，认为扶助教育发展是精准扶贫事业的一部分，教育具有扶贫功能的原因在于人是教育与贫困的连接点。[②] 郭晓娜利用阿玛蒂亚·森提出的"可行能力"的理论框架，探讨了教育阻断贫困代际传递功能发挥的价值和机制，认为教育具备激发人"劳动、思考、获得自信"等可行能力的作用，从而提高贫困人口自我脱贫的可能性。[③] 谢治菊将教育阻断代际贫困的五个步骤与人类认知发展从低到高的五个认知阶段对应，认为在学前教育阶段，神经认知能够阻断贫困代际传递的主要逻辑是基于学前儿童发育的关键时期及其可塑性特征。[④] 傅安国、吴娜等从激发内生动力的视角探讨贫困地区的心理扶贫，通过健全贫困人口家庭心理疏导功能、设立专业的社区心理扶助岗位等措施精准干预。[⑤]

聚焦教育扶贫制度理论构想的研究，偏向于关注教育扶贫的实现路径

[①] 贺红芳. 幼儿园保教质量监测标准的研制：以湖南省为样本 [D]. 长沙：湖南师范大学，2016.

[②] 刘军豪，许锋华. 教育扶贫：从"扶教育之贫"到"依靠教育扶贫"[J]. 中国人民大学教育学刊，2016（02）：44-53.

[③] 郭晓娜. 教育阻隔代际贫困传递的价值和机制研究：基于可行能力理论的分析框架 [J]. 西南民族大学学报（人文社科版），2017，38（03）：6-12.

[④] 谢治菊. 教育五层级阻断贫困代际传递：理论建构、中国实践与政策设计 [J]. 湖南师范大学教育科学学报，2020，19（01）：91-102.

[⑤] 傅安国，吴娜，黄希庭. 面向乡村振兴的心理精准扶贫：内生动力的视角 [J]. 苏州大学学报（教育科学版），2019，7（04）：25-33.

分析。如代蕊华、于璇从理念、方式和制度等方面剖析教育扶贫的现存困境，提出发挥政府公共服务的核心作用、采取从粗放转向精准的治理举措、构建多元主体共同参与的教育扶贫治理路径。① 李兴洲、邢贞良认为，我国教育精准扶贫的理念转变体现在由追求教育的地点公平转向追求教育过程的公平，即精准扶教的核心内容应指向教育质量。② 姚松、曹远航对我国教育扶贫的政策工具进行计量分析，梳理出教育政策文本中关于扶贫的政策工具主要为五类，以落实、必须、禁止等为代表的命令型工具，以投入、资源、待遇等为代表的激励型工具，以培养、培训、教育为代表的能力建设型工具，以改革、改善、整改为代表的系统改革型工具，以鼓励、学习、宣传为代表的劝诫型工具；这些扶贫政策涉及的主体有基层政府、教师、学生等。③

（2）教育精准扶贫的实践探索

教育精准扶贫的实践探索，主要是研究如何利用现代信息技术确保精准配置资源和监控成效，旨在提高教育扶贫的执行效率和社会效益。马健云、陈恩伦等对比分析了以网点建设和资源输送为特征的资源型教育扶贫模式、以提升信息技术能力为抓手的功能型教育扶贫模式、以信息技术与教学整合为导向的跨界协同教育扶贫模式各自的优点和不足。④ 封清云、郭炯、郑晓俊等研究了大数据对教育扶贫政策决策的支持路径，认为通过大数据的技术手段绘制片区教育质量与资源分布地图，可动态监管不同教育机构的办学条件与资源配置。如对学前教育阶段适龄儿童的地理分布以及人口密度数据进行可视化呈现，能有效解决新建或扩建幼儿园的选址和建设问题；精准定位特困幼儿，帮助教育决策者了解各地特困幼儿数量的动态变化从而对亟须帮扶对象进行精准识别、精准施策和扶助措施的精准落实。⑤ 与利用技术确保精准投入和监管不同的是，有研究开始探讨教育

① 代蕊华，于璇. 教育精准扶贫：困境与治理路径［J］. 教育发展研究，2017，37（07）：9-15＋30.

② 李兴洲，邢贞良. 我国教育扶贫的理论与实践创新研究［J］. 中国教育发展与减贫研究，2018（02）：7-20.

③ 姚松，曹远航. 新时期中央政府教育精准扶贫政策的逻辑特征及未来走向：基于政策工具的视角［J］. 湖南师范大学教育科学学报，2019，18（04）：73-80.

④ 马健云，陈恩伦. 我国教育扶贫政策的执行困境与治理路径［J］. 教育与经济，2019（06）：10-17.

⑤ 封清云，郭炯，郑晓俊. 大数据支持的甘肃省教育精准扶贫科学决策研究［J］. 电化教育研究，2017，38（12）：21-26.

精准扶贫已实现的学校或机构模式,如赵晨、陈思、曹艳等通过追踪研究"一村一园"项目对贫困地区儿童学业发展的长效影响,得出村级学前教育存在成本低、效率高的特点,能够有效支持和干预低收入家庭幼儿的成长。①

二、研究述评

国内外已有的关于学前教育质量保障理论框架和实现路径的研究、关于贫困农村学前教育质量现状和提升策略的研究为本研究提供了宝贵经验,带来启迪的同时也留下了广阔的研究空间。

(一)经验总结的研究较多,解决实际问题的研究偏少

以往研究多为通过总结和梳理学前教育质量保障的国际经验,为我国学前教育质量保障寻求参考和借鉴,而较少关注我国学前教育质量保障的客观条件及不同客观条件下学前教育质量保障的具体形态。关于发达国家和地区提高学前教育质量的政策保障、学前教育教师准入资格、学前教育机构质量认证等方面的对比研究很多,国际学前教育质量保障经验对促进我国学前教育质量的整体提升有一定的借鉴意义,但是由于国情迥异,我们无法生搬硬套。

国内关于学前教育质量保障的研究集中于探讨学前教育质量保障的内涵、学前教育质量保障的重要性及评价保障结果的关键指标体系构建、学前教育质量评价的工具以及在此基础上所选择的学前教育质量评价方法。这些研究认为可通过对质量的监控和评价来保障和提升学前教育质量,在理论上为幼儿园教育活动的开展、一日活动的组织等过程提供了科学引领,同时通过系列研究成果不断影响着我国各级学前教育政策的基本理念,成为学前教育质量提升的方向引领和理论依据,此类基础研究对于学前教育质量的提升具有十分重要的指导意义。然而,其仅仅把握了影响学前教育质量某一方面的因素或质量保障的某一环节,关于能够持久保障学前教育质量的具体可行举措尚少。

(二)现状描述的研究较多,理论结合实际的研究偏少

目前关于贫困农村学前教育质量现状的研究较多,这些研究主要围

① 赵晨,陈思,曹艳,等. 教育精准扶贫:"一村一园"计划对农村儿童学业成绩的长效影响研究 [J]. 华东师范大学学报(教育科学版),2020,38(02):114-125.

第一章 导论

绕我国末端学前教育资源分配状况、幼儿园办园状况、幼教师资队伍的专业性如何、农村幼儿发展的困境等内容进行探讨，并通过分析目前贫困农村学前教育质量面临的普遍问题，就事论事提出解决问题的办法。此类研究为贫困农村学前教育质量提升政策的制定提供了重要的参考，同时也能为贫困农村幼儿园办园质量的提升提供方向性的启迪。但是，在现状描述和问题诊断之前，往往缺乏对农村学前教育质量应如何界定的内容以及较少探讨贫困农村真实的质量需求，指向解决现实问题的农村学前教育质量保障缺乏强有力的理论支撑。质量保障是一个将理论运用于实践并能对实践产生积极影响的系统工程，对保障行动的指导并不等于保障本身。尤其是现阶段我国学前教育质量水平存在明显的地域和城乡差异，不同社会生态背景下学前教育质量保障的目标和方法不尽相同，笼统的学前教育质量保障理论和框架对质量提升的指导意义有限。因此，在一定理论探讨的基础上，须深入探究学前教育质量保障的不同层次水平及与之相对应的社会生态文化，从关注理论层面的质量保障"是什么"到关注行动层面的质量保障"怎么办"，唯有将已有学前教育质量保障的理念和方法付诸实践，才能达成学前教育质量提升和促进教育公平的目标。

（三）自上而下的干预研究较多，直击保障机制的研究偏少

以往研究视角多为自上而下的"诊断"与"指导"，自下而上的"激励"视角则较少。农村学前教育质量的研究视角多以问题诊断和提升指导策略的灌输为主，国家标准的官方型学前教育质量话语以及行业标准的专家型学前教育质量话语较少关注农村学前教育相关主体的真实体验和能动性。后续的学前教育质量研究有必要从国家的视角转向公民的视角，从专家指导的视角转向家庭和幼儿需求分析和体验的视角，进一步着眼于学前教育质量多方参与的信息沟通和监管机制的构建，研究和识别学前教育主体的真实利益诉求，[1] 对现有的政策效果进行反思和调整，并激励和引导家庭及社会积极参与学前教育质量保障过程。

精准扶贫背景下的教育研究多集中于对贫困地区义务教育资源的分配、义务教育管理与问责制度的建设及义务教育质量均衡等内容，涉及贫

---

① 杨晓萍，李敏. 焦点与转向：我国学前教育质量研究述评 [J]. 教育研究，2016，37 (4)：74-80，104.

困地区学前教育质量的研究尚少。因此，本研究将重点聚焦于贫困农村学前教育质量保障的机制，一方面通过自下而上的研究思路弥补贫困地区学前教育质量已有研究的不足，另一方面通过直击质量保障的原理和规律，为改变贫困农村学前教育质量不高的现实提供启示和方法。

第三节　研究设计

一、研究目标

本研究在厘清中西部贫困农村学前教育保障内涵的基础上，明确中西部贫困农村学前教育质量保障的价值取向，对贫困农村学前教育质量保障进行现实透视和制约因素剖析。依据已有研究的启示和现实需求，厘清中西部贫困农村学前教育质量保障的要素，理顺多元保障主体之间的责权关系，构建贫困农村学前教育质量保障机制的模型，并据此探寻中西部国家级贫困农村学前教育质量保障的实现路径。

二、研究内容（图1-1）

（一）是什么：理论探讨

1. 贫困农村学前教育质量保障的内涵和发展阶段

主要探讨贫困农村学前教育质量保障的价值取向、对象和目标，明晰学前教育质量保障的主要阶段和不同任务。

2. 贫困农村学前教育质量保障的理论基础

从教育公平理论视角阐释贫困农村学前教育质量保障的目标追求；从新公共服务理论视角阐释贫困农村学前教育质量保障的价值立场；从协调论视角阐释贫困农村学前教育质量保障方法论。

（二）怎么样：现实透视

1. 中西部贫困农村对学前教育质量的需求和满意度研究

以贫困农村幼儿家长对学前教育质量的需求和满意度为切入点，以自下而上的视角探寻如何进行学前教育质量保障。

2. 中西部贫困农村学前教育质量保障举措和现有问题

以对中西部贫困农村各学前教育主体基层政府教育行政人员、一线幼儿园园长及教师访谈为视点，结合田野调查，探析保障贫困农村学前教育质量已采取的措施，以及贫困农村现有的学前教育质量保障的成效与问题。

（三）为什么：问题审思

结合现实透视，探析中西部贫困农村学前教育质量保障的条件之困、观念之困和制度之困。

（四）怎么办：实现路径

1. 中西部贫困农村学前教育质量保障的构成要素、主体责权与运行机制研究

从静态的视角厘清贫困农村学前教育质量保障的构成要素，从关系的视角明确贫困农村学前教育质量保障的主体责任，从动态的视角构建贫困农村学前教育质量保障的运行机制。

2. 中西部贫困农村学前教育质量保障的实现路径研究

中西部贫困农村学前教育质量保障的实现路径以现有实证研究、国内外贫困农村学前教育质量保障的经验总结为基础，从合理满足家长对学前教育质量的需求、引导教师质量观念的科学转变以及采取质量保障的措施三个方面阐述中西部贫困农村学前教育质量保障的实现路径。

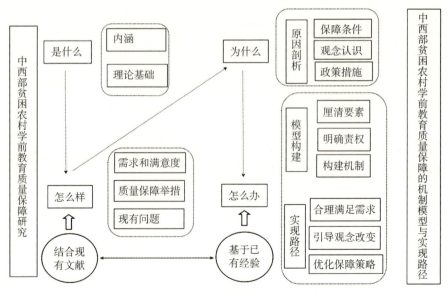

图 1-1　研究内容

三、研究方法

（一）访谈法

访谈法是一种研究性交谈，指研究者通过与研究对象有目的的会谈，直接从研究对象处获取资料的方法。[①] 半开放式访谈是访谈法的一种形式，指研究者向研究对象提出一部分既定的问题，然后使用更深入和详细的启发式提问以得到额外信息的方法。[②] 本研究采用目的性抽样法，以中西部地区 4 个省份（自治区）的 8 个国家级贫困县（区），包括湖南省湘西自治州古丈县、泸溪县，湖北省建始县、恩施市，云南省寻甸县、临沧市临翔区，宁夏回族自治区盐池县和同心县为样本，设计《贫困农村学前教育质量保障访谈提纲（幼儿教育管理人员）》（见附录一）、《贫困农村学前教育质量保障访谈提纲（园长和教师）》（见附录二）及《贫困农村幼儿家长对学前教育质量的需求访谈提纲》（见附录三）3 份半开放式访谈提纲，对中西部贫困地区幼儿教育行政人员、园长和幼儿教师、幼儿家长进行半开放式访谈。其中《贫困农村学前教育质量保障访谈提纲（幼儿教育管理人员）》主要访谈中西部国家级贫困县（区）的各级各类教育行政人员，了解样本县及其乡镇、村采取了哪些措施保障贫困农村学前教育质量；《贫困农村学前教育质量保障访谈提纲（园长和教师）》用以访谈贫困农村幼儿园园长及教师，了解幼儿园采取了哪些措施保障园内保教质量；《贫困农村幼儿家长对学前教育质量的需求访谈提纲》聚焦贫困农村幼儿家长对学前教育质量的需求，访谈不同地区幼儿家长对学前教育质量的需求，并追问其原因，以此作为问卷调查研究的补充。

1. 对家长的访谈

采用目的性抽样的方法，分别从 8 个样本市（县/区）各选取 5 名共计 40 名幼儿家长作为研究对象进行半开放式访谈，了解贫困农村幼儿家长对学前教育质量的需求，访谈对象基本信息编码如表 1-1 所示。运用小组访谈、一对一面谈和电话访谈等方式，不断询问家长对其子女所上幼儿园质量的需求、需求归因、对学前教育质量的期望等问题；辅助使用非参与式

---

① 田文文. 大学生心理健康教育课程的实效性调查研究：基于积极心理学视角 [D]. 西安：西安电子科技大学，2019.

② 王翠. 大学课堂中的 SPOC 教学模式构建与应用研究：以河北大学计算机学院"数据结构"课程为例 [D]. 保定：河北大学，2016.

观察法，了解贫困农村幼儿家长对学前教育质量的需求和期望。

表1-1　参与访谈家长基本信息表

省（自治区）	市（县/区）	编码	访谈形式	时长/分钟	职业	幼儿所在园所性质
宁夏回族自治区	盐池县	F-1	一对一面谈	23	农民	村幼教点
		F-2	小组访谈	50	个体经营户	乡镇中心幼儿园
		F-3	小组访谈		待业	村幼教点
		F-4	小组访谈		司机	小学附设幼儿园
		F-5	一对一面谈	30	在外务工人员	民办普惠性幼儿园
	同心县	F-6	一对一面谈	27	待业	村幼教点
		F-7	小组访谈	60	待业	乡镇中心幼儿园
		F-8	小组访谈		个体经营户	村幼教点
		F-9	小组访谈		农民	小学附设幼儿园
		F-10	一对一面谈	25	农民	民办普惠性幼儿园
湖北省	建始县	F-11	一对一面谈	24	自由职业者	村幼教点
		F-12	小组访谈	78	自由职业者	乡镇中心幼儿园
		F-13	小组访谈		待业	独立村办园
		F-14	小组访谈		农民	小学附设幼儿园
		F-15	小组访谈		在外务工人员	民办普惠性幼儿园
	恩施市	F-16	一对一面谈	24	司机	村幼教点
		F-17	小组访谈	80	个体经营户	乡镇中心幼儿园
		F-18	小组访谈		农民	村幼教点
		F-19	小组访谈		在外务工人员	小学附设幼儿园
		F-20	小组访谈		小学教师	民办普惠性幼儿园
湖南省	古丈县	F-21	小组访谈	30	农民	小学附设幼儿园
		F-22	一对一面谈	25	自由职业者	民办普惠性幼儿园
		F-23	小组访谈	65	个体经营户	村幼教点
		F-24	小组访谈		小学教师	乡镇中心幼儿园
		F-25	小组访谈		在外务工人员	独立村办园

续表

省 （自治区）	市 （县/区）	编码	访谈形式	时长/ 分钟	职业	幼儿所在园所性质
湖南省	泸溪县	F-26	电话访谈	30	待业	小学附设幼儿园
		F-27	小组访谈		自由职业者	民办普惠性幼儿园
		F-28	小组访谈	54	个体经营户	村幼教点
		F-29	小组访谈		农民	乡镇中心幼儿园
		F-30	一对一面谈	40	农民	村幼教点
云南省	临沧市 临翔区	F-31	小组访谈		农民	小学附设幼儿园
		F-32	小组访谈		待业	民办普惠性幼儿园
		F-33	小组访谈	60	个体经营户	小学附设幼儿园
		F-34	小组访谈		农民	小学附设幼儿园
		F-35	一对一面谈	30	农民	民办普惠性幼儿园
	寻甸县	F-36	一对一面谈	20	自由职业者	村幼教点
		F-37	一对一面谈	24	自由职业者	乡镇中心幼儿园
		F-38	小组访谈		农民	村幼教点
		F-39	小组访谈	45	农民	乡镇中心幼儿园
		F-40	小组访谈		农民	村幼教点

2. 对幼教管理人员的访谈

采用目的性抽样方法，分别从 8 个样本县（区）各选择 4 名共计 32 名幼教管理人员作为访谈对象，基本信息如表 1-2 所示。综合使用一对一面谈、小组访谈、电话访谈等方式，就各地学前教育质量保障的已有举措和所面临的困难进行详细询问。

表 1-2 参与访谈幼教管理人员基本信息表

省（自治区）	市 （县/区）	编码	访谈形式	时长/分钟	职务
宁夏回族 自治区	盐池县	O-1	一对一面谈	30	县学前教育股长
		O-2	一对一面谈	24	县师资科科员
		O-3	电话访谈	30	县教育局副局长
		O-4	一对一面谈	32	幼教科科员

省（自治区）	市（县/区）	编码	访谈形式	时长/分钟	职务
宁夏回族自治区	同心县	O-5	小组访谈	61	县学前教育股长
		O-6			县学前教育股长
		O-7			县师资科科员
		O-8			县教育局副局长
湖北省	建始县	O-9	一对一面谈	35	幼教科科员
		O-10	一对一面谈	40	县学前教育股长
		O-11	一对一面谈	25	县师资科科员
		O-12	一对一面谈	45	县教育局副局长
	恩施市	O-13	一对一面谈	30	幼教科科员
		O-14	小组访谈	60	县（区）学前教育专干
		O-15			县学前教育股长
		O-16			县师资科科员
湖南省	古丈县	O-17	小组访谈	70	县教育局副局长
		O-18			县师资科科员
		O-19			县（区）学前教育专干
		O-20			幼教科科员
	泸溪县	O-21	一对一面谈	30	县学前教育股长
		O-22	一对一面谈	26	县学前教育股长
		O-23	一对一面谈	40	县师资科科员
		O-24	电话访谈	30	县教育局副局长
云南省	临沧市临翔区	O-25	一对一面谈	50	县（区）学前教育专干
		O-26	小组访谈	55	县教育局副局长
		O-27			幼教科科员
		O-28			县学前教育股长
	寻甸县	O-29	一对一面谈	25	县（区）学前教育专干
		O-30	一对一面谈	30	县师资科科员
		O-31	一对一面谈	35	县教育局副局长
		O-32	一对一面谈	35	幼教科科员

精准扶教

：

中西部贫困农村学前教育质量保障研究

3. 对幼儿教师的访谈

采取目的性抽样的方法，在 8 个国家级贫困县（区）中分别选取 5 名共计 40 名幼儿教师进行访谈，访谈对象基本信息及编码如表 1-3 所示。

表 1-3　参与访谈幼儿教师基本信息表

省（自治区）	市（县/区）	编码	访谈形式	时长/分钟	园所性质
宁夏回族自治区	盐池县	T-1	小组访谈	45	民办普惠性幼儿园
		T-2	小组访谈		小学附设幼儿园
		T-3	小组访谈		民办普惠性幼儿园
		T-4	小组访谈		村幼教点
		T-5	一对一面谈	20	乡镇中心幼儿园
	同心县	T-6	一对一面谈	20	独立村办园
		T-7	小组访谈	40	小学附设幼儿园
		T-8	小组访谈		民办普惠性幼儿园
		T-9	小组访谈		村幼教点
		T-10	电话访谈	30	乡镇中心幼儿园
湖北省	建始县	T-11	小组访谈	40	村幼教点
		T-12			小学附设幼儿园
		T-13			民办普惠性幼儿园
		T-14	电话访谈	30	小学附设幼儿园
		T-15	一对一面谈	25	小学附设幼儿园
	恩施市	T-16	小组访谈	60	民办普惠性幼儿园
		T-17			村幼教点
		T-18			乡镇中心幼儿园
		T-19			村幼教点
		T-20			乡镇中心幼儿园
湖南省	古丈县	T-21	一对一面谈	25	村幼教点
		T-22	小组访谈	60	小学附设幼儿园
		T-23	小组访谈		民办普惠性幼儿园
		T-24	小组访谈		村幼教点
		T-25	小组访谈		乡镇中心幼儿园

省（自治区）	市（县/区）	编码	访谈形式	时长/分钟	园所性质
湖南省	泸溪县	T-26	一对一面谈	25	村幼教点
		T-27	小组访谈		小学附设幼儿园
		T-28	小组访谈	45	民办普惠性幼儿园
		T-29	小组访谈		小学附设幼儿园
		T-30	一对一面谈	35	小学附设幼儿园
云南省	临沧市临翔区	T-31	一对一面谈	30	民办普惠性幼儿园
		T-32	小组访谈		村幼教点
		T-33	小组访谈	65	乡镇中心幼儿园
		T-34	小组访谈		村幼教点
		T-35	小组访谈		乡镇中心幼儿园
	寻甸县	T-36	一对一面谈	25	小学附设幼儿园
		T-37	小组访谈		民办普惠性幼儿园
		T-38	小组访谈		小学附设幼儿园
		T-39	小组访谈	50	小学附设幼儿园
		T-40	小组访谈		村幼教点

4. 对幼儿园园长的访谈

采取目的性抽样的方法，在 8 个国家级贫困市（县/区）中分别选取 3 名共计 24 名幼儿园园长进行访谈，访谈对象的基本信息如表 1-4 所示。

表 1-4　参与访谈园长基本信息表

省（自治区）	市（县/区）	编码	访谈形式	时长/分钟	园所性质
宁夏回族自治区	盐池县	P-1	小组访谈		民办普惠性幼儿园
		P-2	小组访谈	45	小学附设幼儿园
		P-3	小组访谈		小学附设幼儿园
	同心县	P-4	一对一面谈	20	独立村办园
		P-5	小组访谈	40	民办普惠性幼儿园
		P-6	小组访谈		民办普惠性幼儿园

精准扶教：中西部贫困农村学前教育质量保障研究

省（自治区）	市（县/区）	编码	访谈形式	时长/分钟	园所性质
湖北省	建始县	P-7	小组访谈	40	村幼教点
		P-8	小组访谈		小学附设幼儿园
		P-9	小组访谈		民办普惠性幼儿园
湖北省	恩施市	P-10	小组访谈	60	民办普惠性幼儿园
		P-11			村幼教点
		P-12			乡镇中心幼儿园
湖南省	古丈县	P-13	一对一面谈	25	村幼教点
		P-14	小组访谈	60	小学附设幼儿园
		P-15	小组访谈		民办普惠性幼儿园
	泸溪县	P-16	一对一面谈	25	村幼教点
		P-17	小组访谈	45	小学附设幼儿园
		P-18	小组访谈		民办普惠性幼儿园
云南省	临沧市临翔区	P-19	一对一面谈	30	大村联合办园
		P-20	小组访谈	65	村幼教点
		P-21	小组访谈		民办普惠性幼儿园
	寻甸县	P-22	一对一面谈	25	小学附设幼儿园
		P-23	小组访谈	50	民办普惠性幼儿园
		P-24	小组访谈		村幼教点

　　我们于访谈开始之前征求研究对象是否同意录音的意见。为完整和准确地记录访谈内容，在获得研究对象同意的情况下，利用录音笔或手机录音软件对访谈过程进行录音。若研究对象不同意录音，我们对访谈内容进行笔头记录。访谈结束后整理有效录音共 47 小时，文字共计 7.8 万字，登录文字输入 Nvivo11 进行辅助分析，并对访谈资料中的意义单元进行逐条编码。其中家长的类代码为 F（family），教育行政人员的类代码为 O（official），园长的类代码为 P（principal），幼儿教师的类代码为 T（teacher）。将各类研究对象按阿拉伯数字 1-40 编码，如编码 Y-P-1-1 代表云南省研究对象编码为 1 的园长访谈内容中的第一个意义短语，编码 N-T-2-2 代表宁夏回族自治区研究对象编码为 2 的幼儿教师访谈内容中的第二个意义短语，以此类推。

本研究寻找和捕捉研究对象的"本土概念"，利用扎根理论的初始、聚焦和轴心三级编码程序对访谈资料进行编码：第一步，逐行分析访谈文本资料并抽取意义单元，给出一个概念为打散的每个意义单元命名，完成初始编码；第二步，记录和整理初始编码同一类别中出现的编码个数，凝练出现频数较高的意义单元概念，通过比较的方法把归纳和聚焦的概念进行抽象形成范畴，完成聚焦编码；[①] 第三步，寻找范畴之间以及范畴和概念之间的相关关系，对选择的轴心类别进行再次凝练，并选择一个主轴范畴，从而将分析集中到与该主轴范畴有关的代码和概念之间，并建构相应理论。为保证编码的信度与效度，该研究进行了编码的一致性考察，由两位研究者共同商定节点名称，[②] 并对所有研究资料分别编码。

（二）问卷调查法

首先，分析国内外已有学前教育质量评价指标，结合家长需求访谈结果构建贫困农村幼儿家长对学前教育质量满意度的指标体系，编制初始问卷。基于地区方便的原则，采用目的性和方便抽样法发放初始问卷。在对初始问卷项目进行分析的基础上，形成《贫困农村幼儿家长对学前教育质量满意度调查问卷》，以云南省寻甸县、湖北省建始县的 200 名幼儿家长（幼儿的父亲或母亲）作为正式问卷信效度检验的调查样本（表 1-5 所示）。预测试和信效度检验问卷采用网络问卷星的形式发放，委托样本县幼儿教师将问卷链接发送至班级家长微信群，家长通过手机填写问卷并提交。

表 1-5　信效度检验被调查对象样本构成（单位：名）

家长类别	县名		总计
	寻甸县	建始县	
公办	35	50	85
民办	56	59	115

其后，基于方便的抽样原则，采用目的性抽样方法，以中西部地区湖南（湘西自治州古丈县、泸溪县）、湖北（建始县、恩施市）、云南（寻甸县、临沧市临翔区）、宁夏（盐池县、同心县）4 省（自治区）的 8 个国家

① 张亚妮，程秀兰. 基于"学习故事"的行动研究对幼儿园教师实践智慧生成与发展的影响 [J]. 学前教育研究，2016（06）：50-59.

② 张亚妮. 论幼儿园教师实践智慧生成：以"学习故事"行动研究为进路 [D]. 西安：陕西师范大学，2016.

级贫困市（县/区）为样本，调研贫困农村家长对学前教育质量的满意度，每县发放问卷 200 份，其中公、民办幼儿园家长各 100 份，8 个市/县/区共计发放 1600 份问卷，回收有效问卷 1452 份，调查对象基本信息（表 1-6 至 1-10）。正式问卷一部分于研究者走访调研过程中以纸质档的形式现场发放，在离园时间段将纸质档问卷发放给幼儿家长回家填写，并委托幼儿园园长统一收回；另一部分问卷通过问卷星平台以电子档形式发放，委托样本县幼儿教师将问卷链接发送至班级家长微信群，家长通过手机填写问卷并提交。

表 1-6　调查对象所在地区的基本情况

地区	数量/名	构成比例/%
古丈县	178	12.3
泸溪县	190	13.1
建始县	180	12.3
恩施县	189	12.4
同心县	179	12.3
盐池县	181	12.3
寻甸县	175	12.1
临沧市临翔区	180	12.2

表 1-7　调查对象性别的基本情况

性别	数量/名	构成比例/%
男	602	41.5
女	850	58.5

表 1-8　调查对象文化程度的基本情况

文化程度	数量/名	构成比例/%
初中及以下	361	24.9
高中（中专）	679	46.8
大专	248	17.1
本科	159	11.0
硕士及以上	5	0.34

表 1-9　调查对象家庭年人均纯收入的基本情况

家庭年人均纯收入/元	数量/名	构成比例/%
2300 以下	310	21.3
2300—3200	760	52.3
3201—4100	234	16.1
4101—5000	133	9.2
5000 以上	15	1.0

表 1-10　调查对象所在园所性质的基本情况

园所性质	数量/名	构成比例/%
乡镇中心幼儿园	371	25.6
大村联合办园	271	18.7
普惠性民办幼儿园	337	23.2
非普惠性民办幼儿园	207	14.3
小学附设幼儿园	112	7.7
村幼教点	154	10.6

四、技术路线

2018 年 6 月至 9 月查阅文献资料，搜集学前教育政策文本和质量评价工具，梳理国内外相关研究。访谈学前教育专家及农村幼儿教师，编制初始的调查问卷和访谈提纲，进行调研的方案设计。

2018 年 9 月至 12 月进行初始问卷的预测试，在使用的过程中不断修订问卷和访谈提纲。通过继续查阅文献，收集和分析已有学前教育政策文本，撰写开题报告。

2019 年 1 月至 6 月完成 4 省共计 8 个国家级贫困市（县/区）的调研，整理访谈资料，进行问卷结果数据的输入，分析中西部贫困农村学前教育质量保障的现状。

2019 年 7 月至 12 月建构贫困农村学前教育质量保障的要素系统，分析各要素之间的关系，根据要素系统的运行机制模型因地制宜探寻贫困农村学前教育质量保障的实现路径。

2020 年 1 月至 6 月不断修改完善，准备结项鉴定。

本研究以实证的范式，采用质量结合的方法进行资料的收集和分析，技术路线如图 1-2 所示。

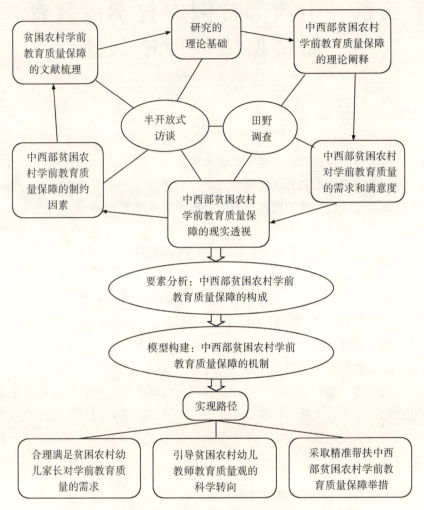

图 1-2　中西部贫困农村学前教育质量保障研究技术路线

第二章　中西部贫困农村学前教育质量保障的理论基础

理论是一项研究的起点，任何一项研究活动的进行都离不开理论基石。理论本身具有积累和存储知识成果的作用，理论之间的相互渗透与差异，为社会实践的顺利开展提供启发。只有建立在扎实而贴切的理论基础之上，研究的价值才能稳固，研究的过程才能经得起考证。

第一节　教育公平理论

美国"公立学校之父"霍拉斯·曼（Horace Mann）认为"教育是实现人类平等的伟大工具，它的作用比任何其他人类的发明都要大得多"。在霍拉斯·曼对教育意义的评价中，我们可以看到一个隐含的信息，即教育是实现人类平等的工具之一，[①] 人们试图通过努力追求教育的公平来谋求人类的平等。然而，随着时间的推移，人们对教育公平能促进社会平等的功能理解各异。虽然公平和教育并没有必然的联系，但是作为一项重要的社会实践活动，政治哲学、经济学和伦理学可以为教育公平的理解和阐释提供视域。

一、教育公平的不同理论阐释

（一）经典的教育公平

不同历史背景下人们对教育公平的理解不同，在侧重点各异的教育公平理论中，科尔曼（Colema）、胡森（Torsten Husen）、帕森斯（Talcott Parson）及罗尔斯（John Rawls）等的教育公平观点最能为社会问题的分

---

① 王凌霞，马晓红. 城乡教育公平的伦理价值分析 ［J］. 中学政治教学参考，2016（06）：40-42.

析提供启迪。[①]

美国约翰·霍普金斯大学（Johns Hopkins University）著名的社会学家科尔曼于1966年向美国国会提交名为《关于教育机会平等》的报告，他在该报告中阐述了一个颠覆美国政府和民众长期以来根深蒂固的种族观点，认为以黑人和印第安人为主的弱势种族群体，存在一种低效能的自我认知，具体表现为他们缺乏改变自己前途的自信和控制自身发展的力量。这个报告推动了美国消除种族不平等的思想革新和社会运动。科尔曼也致力于促进美国社会消除种族隔离制度，并将这种变革的希望寄托于教育的变革，提出教育机会均等的观点：政府应承担为所有适龄儿童提供有质量的免费教育机会，引导学校开设通识性课程；政府为儿童提供的入学机会和内容在一定范围内是无明显差别的、均等化的。科尔曼认为"教育是促进人类平等的伟大平衡器"[②]，对教育机会公平理论呼吁"为了平等的反歧视"，推动了美国社会逐步强制合并不同种族和等级的学校，教育政策中开始有意识地强调教育资源应向处境不利的弱势群体大幅度倾斜。

胡森通过对"平等"和"权利"内涵的阐释分析教育的起点、过程和结果公平，教育起点公平是指所有儿童具有接受教育的权利，不能因为种族、家庭经济情况、性别、居住地等因素而剥夺部分儿童受教育的权利；教育过程公平是指每个儿童都有平等接受教育的机会，这些机会包括能够有利于儿童发展的一切校内外的条件，如教学条件、课程内容和课后活动等，应尽量克服家庭经济收入和地理位置对儿童教育的制约，确保教育机会公平；教育结果公平指在有差异的基础上，不同的儿童都能够最大限度地获得学业成就。教育起点、过程和结果的公平是彼此推进的，任何一个环节的不公平都会影响到整体的教育公平。在胡森看来，教育的平等并不是机械地要求教育资源的均等，而是有条件的"公平"。他认为教育平等的实现并非以机会完全相等的形式去对待每一个学生，[③] 这种对绝对公平的追求不具有现实性，反而会加剧人与人之间的不平等。具有不同背景的儿童应被提供有差异的平等机会，政府和社会特别要注重保障那些处境不

① 杨思帆. 处境不利儿童教育补偿政策的理论基础、国际经验及本土策略：基于美国、印度两国教育政策的分析 [J]. 西南大学学报（社会科学版），2017，43（05）：82-88.
② 周洪宇. 教育公平论 [M]. 北京：人民教育出版社，2010.
③ 易红郡. 西方教育公平理论的多元化分析 [J]. 湖南师范大学教育科学学报，2010，9（04）：5-9.

利儿童群体接受补充教育的机会。^①帕森斯从社会功能的角度探讨教育公平问题，他认为社会公平的重要体现是"整合"，即将个人或群体吸纳进来达到社会团结。^②教育公平既是社会公平的基础，也是社会公平的一部分。教育从"职业训练"和"通识教育"两方面促进不同个体社会参与能力的平等，从而具备公平地参与社会生活的可能性。教育对于社会的作用在于为人们创造多元价值背景下的文化共性，使得社会在日益分化的过程中依然具有实现整合的可能，^③而社会吸纳更多的人或群体组成团结而动态稳定的内部结构依赖于教育的推力。^④因此，教育具有为社会处境不利人群赋能的使命，通过提升他们参与社会生活的能力从而成为动态稳定社会结构的构成要素。

罗尔斯在其代表作《正义论》中提出了公平正义的两项原则，即平等自由原则、机会公正平等和差异原则。^⑤这两项原则从分配伦理的角度阐释了社会的公平和正义，他认为社会合作的结果是利益和风险并存，社会成员平等地享有社会分配的基本权利，同时也承担了相应的社会义务。社会资源和机会平等地供所有人竞争，补偿利益的不平等分配仅针对社会中部分最少受惠者。^⑥罗尔斯最早明确地提出了教育公平的"补偿原则"，社会应向所有人平等地分配基本权利和义务，但经济和社会有差别的平等能给每个人，尤其是给那些处境不利的社会成员带来补偿，从而促进社会更高层次的平等。^⑦在设计公共政策时，目标应该是提高社会中状况最差的人的福利。社会中特定群体如受种族压迫群体、贫困群体或患病群体在分配收益最大时，如果一个社会能使处于恶化条件的社会成员的收益增加，那么这种社会状态就比其他的社会状态要好，他的这一理论被称为"最大

① 杨思帆. 处境不利儿童教育补偿政策的理论基础、国际经验及本土策略：基于美国、印度两国教育政策的分析 [J]. 西南大学学报（社会科学版），2017，43（05）：82-88.

② 易红郡. 西方教育公平理论的多元化分析 [J]. 湖南师范大学教育科学学报，2010，9（04）：5-9.

③ 熊春文. 论教育公平与社会公平：基于帕森斯理论视角的一个反思 [J]. 中国教育学刊，2007（07）：5-10.

④ 塔尔科特·帕森斯. 社会行动的结构 [M]. 南京：译林出版社，2008.

⑤ 约翰·罗尔斯. 正义论 [M]. 何怀宏，何包钢，廖申白，译. 北京：中国社会科学出版社，2009.

⑥ 易红郡. 西方教育公平理论的多元化分析 [J]. 湖南师范大学教育科学学报，2010，9（04）：5-9.

⑦ 约翰·罗尔斯. 正义论 [M]. 何怀宏，何包钢，廖申白，译. 北京：中国社会科学出版社，2009.

精准扶教

：中西部贫困农村学前教育质量保障研究

最小准则"。根据罗尔斯提出的社会收益分配原则，只有关注社会弱势群体，如贫困家庭的儿童、孤儿、留守儿童和残障儿童等处境不利群体的学前教育，才能利用有限的资源分配促进学前教育事业的发展，真正维护社会的公平和正义。[①]

（二）动态的教育公平

1. 马克思的正义观和动态的教育公平

卡尔·马克思（Karl Heinrich Marx）从人性的角度提出遵循需要原则的正义观，他认为任何一种体制在它们通过一般规则而运作的意义上都是不公平的，因为这些规则都完全忽视了个体之间的差异，而需要原则关照了人的平等。[②] 基于历史唯物主义的角度，他曾在《德意志意识形态》中提出"正义在于合乎其所属的生产方式"，即"只要与生产方式相适应、相一致就是正义的；只要与生产方式相矛盾就是非正义的"。[③] 而历史唯物主义的生产和劳动是以促进人发展为目的，[④] 因此诸多研究马克思主义思想的学者将其阐释为，正义是合乎人性的，即正义合乎人自觉的有创造性劳动的需求，满足人生存和自我实现的需要。在马克思那里，符合人需求的正义具有动态的特点，与奢侈的脱离生产力水平的需求是不同的，需要通过特定历史条件下的生产制度和其他客观社会条件来说明它的合理性。

政治学、经济学和社会学视域下的教育公平，都把教育作为社会发展和稳定的工具，而政治哲学视角下的教育公平关注工具价值和内在价值统一的"教育善"。因此，衡量教育公平的标准摆脱了由外向内的社会制度或意识形态的桎梏，转向关注不同历史阶段人的需求。教育公平的时代性和历史性，体现在不同社会条件下其具体内涵、表现形式和达成途径均有所不同。当前，通过不断的供给侧结构性改革，进一步扩充优质的教育资源和优化教育资源在不同区域、城乡之间的分配结构以谋求整体而宽泛的教育公平十分必要。但是新时期人民日益增长的对有质量教育的需要与教育质量不平衡不充分之间的结构性矛盾成为教育领域的主要矛盾，教育关注质量导向的内涵式发展路径，逐渐取代以扩大规模为目标的外延式发展路径。规模扩大阶段的教育公平理论的内涵和表现形式受社会生产力水平

① 孙艳艳. 儿童与权利：理论建构与反思 [D]. 济南：山东大学，2014.

② 葛水林. 权利·贡献·需要：马克思对自由主义正义理论的批判及其超越 [J]. 湖北社会科学，2013（10）：5-8.

③ 马克思，恩格斯. 马克思恩格斯文集：第 3 卷 [M]. 北京：人民出版社，2006.

④ 王新生. 马克思是怎样讨论正义问题的？[J]. 中国人民大学学报，2010，24（05）：62-70.

的影响，聚焦于外部资源投入的数量、追求分配地域均衡、依靠指标化的评价标准。随着历史的需要，教育公平的内涵在不断丰富和发展；教育公平的实现形式需要转型；特别是要能回应人民群众对于教育的期待从"有数量"到"有质量"、从"合规范的质量"到"合需求合发展的质量"的根本转变。①

2. 承认正义和动态的教育公平

人们往往根据经验认为，政府运用公共权力对教育资源进行分配，教育的公平与否在于这种分配符合教育权利平等原则的程度。在追求公平正义的社会期许下，政府是"以维护教育权利平等为根本，以监督约束教育权力使用为保障，以科学分配教育资源为方法"来作为教育政策制定的参照的。② 然而，对于复杂系统的教育来说，物质资源只能作为条件支持的外部保障，教育的内核是人与人灵魂的碰撞和唤醒，关怀、尊重、信任、接纳等为教育提供最原始的能量，而仅仅依靠资源分配的平等不能影响到教育的内部资源的供给。③ 德国著名社会理论家阿克塞尔·霍耐特（Axel Honneth）认为，公平和正义的终极目标仅指向消除分配的不平等是不够的，应是达到人际间避免羞辱或蔑视，获得自我尊严的能动及他人承认的尊敬的平等。霍耐特的承认理论关注的是教育情境中具体的个体的人，而不是把教育当作调和不同群体和阶层、不同身份受教育者之间关系的工具。④

如果说教育公平是学前教育质量保障构建的价值基础，那么付得起、可获取和质量有保障则是公平价值基础下的实践目标和路径，付得起、可获取的教育在量上体现着教育的公平，而质量有保障则作为教育公平的价值内涵。霍耐特的观点昭示着教育并不是促进社会公平的工具，教育对于社会公平的意义在于教育作为社会活动本身有着促进人发展的功能，在教育权利和机会不平等的前提下，功利化地追求教育结果的公平往往只是暂时有效，教育只有缩小人与人之间的能力差距、促进人树立自我的尊严和发挥能动性、获得人际间的价值承认，才能实现教育质量的价值从而达到

① 程天君. 以人为核心评估域：新教育公平理论的基石：兼论新时期教育公平的转型 [J]. 华东师范大学学报（教育科学版），2019，37（1）：116-123，169-170.

② 王举. 教育公平：教育政策合法性的价值前提 [J]. 当代教育论坛，2015（01）：58-61.

③ 冯建军. 后均衡化时代的教育正义：从关注"分配"到关注"承认" [J]. 教育研究，2016，37（04）：41-47.

④ 阿克塞尔·霍耐特. 为承认而斗争 [M]. 胡继华，译. 上海：上海人民出版社，2005.

理想中的"教育善"。

二、价值基石：保障每一名适龄幼儿接受有质量的学前教育

（一）满足贫困农村幼儿和家庭对有质量学前教育的需求

罗尔斯提出的"最大最小"原则启迪着我们，追求学前教育的公平正义就是要关注社会弱势群体所接受学前教育的机会和质量。通过保障每一名幼儿接受有基本质量学前教育的权利，以学前教育的公平促进社会的公平。但是，在学前教育质量保障的过程中，政府即使掌握了统一的学前教育质量话语权和评价标准，也不能无视对不同文化背景下"什么是有质量的学前教育"和"需要什么样的学前教育"的现实观照，并且片面地给贫困地区学前教育贴上一个"落后"与"低质"的标签。故而讨论价值导向的同时，须厘清贫困农村学前教育质量保障具体的目标参照。

为贫困农村家庭和社会积累人力资本是学前教育质量保障的外在目标的体现。"乡村振兴"战略明确了治理乡村的基本路径即创新乡村治理体系，走乡村善治之路。贫困农村学前教育质量保障是创新农村治理的重要着力点之一，属于"预防型治理模式"，能够通过为未来社会培养合格的公民而实现人力资本的积累。对于家庭而言，提供有质量的学前教育的短期价值在于能够解除农村劳动妇女"育儿难"的后顾之忧，其长远价值在于提高家庭人口在生产的质量，阻断贫困的代际传递。对于贫困农村社会而言，为学前儿童和家庭提供有质量的学前教育有利于提高人口素质，助力贫困农村社会的可持续发展。总之，学前教育质量保障外在目标的实现过程即不断满足贫困农村家庭和社会对未来公民养育和教育需求的过程。

提供基本的资源和条件以促进贫困农村幼儿健康成长是学前教育质量保障的内在目标。资源分配均衡和机会平等只是质量保障的第一步，质量保障的内在目标应立足于满足幼儿对人身安全、健康、心理安全感和通过活动认识环境事物的基本需求，尊重、关怀和理解的姿态倾听不同主体对学前教育质量的诉求、了解学前教育的文化背景，关注学前教育中关怀、自尊、人格等质量[1]，追求贫困地区学前教育质量保障过程中的承认正义。学前教育的质量观从政府视角的内适型的知识改变命运、外适型的提高人才培养质量转向符合家庭需求和个体幼儿成长需求的价值追求，进一步促进学前教育信息对称，保障家庭对学前教育质量的知情权、引导家长等学

---

① 贺翠香. 承认与蔑视：霍耐特的社会批判理论评析［J］. 现代哲学. 2007（03）：67-72.

前教育主体进行观念更新，通过信息互通、价值共享、赠权赋能等途径保障中西部贫困农村学前教育的质量，[①] 从而实现动态的、承认意义上的教育公平。

那么，应如何理解我国现阶段贫困农村学前教育基本质量的标准？由于幼儿及家长生存和发展的多元需求受到社会的制约，需求不是能被无止境满足的，不能脱离不同地区不同经济发展水平和具体所处的历史条件，同一代人的学前教育需求的满足途径又具有共性，因而我国贫困地区学前教育质量的标准是根据我国目前的社会经济发展水平提出的。国家为规范学前教育发展，先后颁发和修订系列法规文件，如 2012 年颁发的《3—6岁儿童学习与发展指南》、2012 年颁发的《幼儿园教师专业标准（试行）》、2012 年颁发《托儿所幼儿园卫生保健工作规范》、2015 年颁发的《幼儿园园长专业标准》、2016 年新修订的《幼儿园工作规程》、2019 年修订的《托儿所幼儿园建筑设计规范》，这些法规文件对全国范围内学前教育质量的关键指标如儿童发展状况、幼儿教育机构准入标准、师资教育水平标准与教师专业发展、班额与师幼比标准、课程与活动要求等的最低要求作出明确的规定。此类规定和标准的研制经过了大样本的调研和行业专家的严格论证，体现了我国当前学前教育的基本规范和最低质量要求，也可以说国家现行的学前教育政策法规的相关要求，在一定程度上就是中西部贫困农村学前教育基本质量底线。

（二）合规范的基本的学前教育质量是贫困农村教育发展的目标

对于学前教育基本质量的理解：具有普惠、兜底、保基本的质量标准是一个不断动态变化的范畴，是指在我国现有学前教育发展目标和方向的基础上（以《3—6岁幼儿学习和发展指南》为参考），辩证地理解基本质量的绝对标准和相对标准，既要关注基本质量标准的社会制约性，即社会经济发展水平对学前教育基本质量的影响；又要关注教育主体的需求。学前教育服务的需求主体除了幼儿，另一个重要的主体是家庭。从家庭需求评价学前教育的基本质量，其基本质量的标准是相对的。不同的幼儿家长有不同的基本教育需求，其对学前教育基本质量标准的认识受到个人偏好、学识水平、立场和角度的影响。但是，这并不代表学前教育的质量要求没有最低标准，学前教育基本质量的需求受到社会发展水平的制约。学

---

① 张卫伟. 论人民"获得感"的生成：逻辑规制、现实困境与破解之道：学习习近平关于人民获得感的重要论述 [J]. 社会主义研究. 2018（06）：26-30.

前教育的基本质量标准是动态的，我们要充分发挥主观能动性，追求学前教育基本质量的不断提高；学前教育的基本质量标准是有起点的，这个起点能够满足幼儿和家庭的基本需求，我们要以这个起点为参照，开始追求更高质量的学前教育，谋求公共学前教育质量的最大化。

学前教育的质量保障是一个促进学前教育质量的发展从依靠外在力量的规范，到依靠内在自觉力量发展的动态过程，在这个过程的前两个阶段，政府都处于主导的地位。也就是说，政府在这两个阶段的作用都应为学前教育质量的发展提供支持，具体来说第一个阶段的帮扶是确保学前教育"量"的满足，政府通过以地区为单位的支持和帮扶解决"入园难"的问题，支持是基本的物质保障和具有基本规范的价值引领；第二个阶段是确保学前教育质量的基本规范，政府应把质量保障的目标瞄准幼儿园，支持是通过管理和评价的手段，维持学前教育质量发展的动力，促发学前教育质量内部保障的活力；第三个阶段是在规范基础上追求学前教育的高质量，最大限度地满足幼儿的身心发展需要。学前教育质量保障是一个循序渐进的过程，我国中西部贫困农村学前教育基本质量尚处于第一阶段到第二阶段的过渡区。因此，以规范办园和教育过程来确保基本质量是当下的价值追求，应重点探讨政府如何充分发挥公共服务的职能，帮助和引导贫困农村学前教育从"量"的基本满足转向"质"的规范。学前教育质量保障目标的发展阶段如表2-1所示。

表2-1　学前教育质量保障目标的发展阶段

发展阶段	第一阶段	第二阶段	第三阶段
阶段特点	从无到有 （"量"的满足）	从有数量到规范 （达到基本质量）	从规范到有质量 （优质）
质量观念	合规范	合需求	合发展

根据表2-1对学前教育质量观和质量保障发展阶段的梳理可知，学前教育质量的保障应基于对幼儿的身心发展需求、家庭需求和现有的社会经济发展水平的综合考量。当学前教育质量更多地受社会经济发展水平影响时，则主导的质量观念是合规范的；当学前教育质量更多地受家庭需求的影响时，则主导的质量观念是合需求的；当学前教育质量更多地受幼儿身心发展需求的影响时，则主导的质量观念是合发展的。学前教育质量中西部贫困农村学前教育基本质量的保障，其内在的标准在于满足中西部适龄

幼儿身心发展的基本需求和幼儿家庭对学前教育质量的需求，外在的标准就是达到我国学前教育政策法规中对学前教育的办园条件、设施设备、师资配备、课程、幼儿发展评价等的最低要求。由于国家学前教育政策法规中对学前教育的最低要求的制定基于广泛而深入的调研，既考察了我国现有社会经济水平条件下的学前教育的发展要求，又考虑了我国各地幼儿发展的现实状况和需求，具有兜底的规范性，虽然内在的参照没有具体的操作性标准，但外在的规范性标准与内在的发展及需求的标准具有内在的一致性。因此，本研究所秉承的学前教育质量观念是合规范、合需求及合发展的统一。

第二节　新公共服务理论

一、新公共服务理论概述

美国著名的行政学家罗伯特·B. 登哈特（Robert B. Denhardt）经过观察和分析发现，传统的公共管理忽视了个人对公平愿望的要求，这必然削弱政府公共行政的能力，也意味着政府对捍卫社会的民主和公平政治职责的逃避，不利于政府达到道德水准的履职。哈登的判断和分析具有扎实的理论基础，首先是源自亚里士多德在《政治学》中提出的公民权的重要性，他认为要理解国家的性质，必须考察公民权的属性，国家是公民组成的实体；[①] 卢梭认为公民权是一种包含有对社区及成员的承诺、对公共事务的参与水平以及把公共利益置于个人利益之上的生活方式；美国林肯总统在葛底斯堡演讲中呼吁：要使这个国家在上帝的庇佑之下得到新生的自由，要使那民有、民治、民享的政府不致从地球上消失。美国政治哲学家迈克尔·桑德尔（Michael Sandel）认为：用一定的程序来维护公民权利是政府的职责所在，政府应引导和帮助公民有意愿和能力为自身的利益作出正确的判断和选择。于上述观点相一致，金和斯迪沃斯主张公共管理者应当寻求更有效的回应，相应地提高公民的信任度，公民应当被分享权威和减少被控制。总而言之，在民主社会，除了众所周知的"顾客"角色，公共服务的消费者更重要的身份是"公民"。

基于对上述公民权理论的理解，哈特夫妇汲取社区和市民社会的模

---

① 亚里士多德. 政治学［M］. 西安：西北大学出版社，2016.

型、组织人本主义和组织对话的理论依据，为政府的新公共服务提出了七大原则：

1. 政府的职责是服务而非掌舵

此条原则概括了新公共服务理论背景下政府公共管理职能的本质，即政府的职责不是使用社会赋予自身的公共权力实现对社会发展方方面面的控制，而应为满足社会和公民合理的诉求提供条件，引导和帮助公民有序参与社会活动，谋求社会共同利益的最大化。

2. 公共利益是目标而非副产品

公共管理者和公民的共同责任是谋求社会的公共利益，社会的公共利益并不是政府统治公民的副产品而是政府和公民共同的目标。新公共服务理论认为，政府的作用将赋予和激发公民无所顾忌地表达自身诉求与建议的意识，营造平等的对话环境，公共管理者与公民共同决策发展的方向。

3. 政府应战略地思考，民主地行动

能满足公共需求和达成公共利益的政策文本，经过集体协同努力的讨论过程，才能够提高执行的效益和效率。为了实现共同的愿景，在具体的政策计划执行和实施过程中，需要激发各方的力量，引导公民成为执行过程的"参与方"。

4. 政府应服务于公民而不是顾客

公共管理者服务的对象是承担社会责任的公民而非进行交易的顾客，这就强调政府并不是单向满足公民的需求，而是需要与公民合作，激发公民的责任意识和引导公民形成科学的观念，着眼于更长远的公共利益。

5. 政府的职责并不是单一的

政府的领导功能不仅涉及用正确的方法进行服务，它还应引导公民的价值导向，做有意义的服务工作。政府的领导功能的实现不可避免地与人类崇尚的价值观，如自由、平等和正义有关。[①] 在这种价值观驱使下通过政府的领导功能引领，让人们共同努力就他们希望朝向的方向作出选择，这样的选择不可能仅根据一种对成本和收益的理性计算而作出，[②] 他们需要对人类的价值观进行认真仔细的斟酌和权衡，尤其是当公民和公共管理

---

① 谢新水. 公共领域合作的初始条件和发展变量：一个定性研究 [J]. 中国行政管理，2010 (03)：118-123.

② 珍妮特·V. 登哈特，罗伯特·B. 登哈特. 新公共服务：服务，而不是掌舵 [M]. 丁煌，译. 3 版. 北京：中国人民大学出版社，2016：105.

者共同制定公共政策时，必须这样做。① 新公共服务理论诠释了政府职责的现实性和复杂性，从而提醒和督促政府在公共权力执行过程中努力体现服务意识、讲究循证，克服自身的有限理性。

6. 公共管理的准则是重视人而不只是生产率

新公共服务理论注重对公共管理者内在积极性的调动，强调赋予公共管理者和被服务者人文关怀。如果公共管理者片面地追求生产率而忽视了人的感受和体验，那么就违背了公共管理的初衷，不能激发公民持久参与社会活动的热情，从而阻碍了社会共同利益的实现。

7. 超越企业家身份，重视公民权和公共事务

在一定时期内，社会发展由一个阶段进入另一个阶段的过程中，政府演变成利益博弈的重要参与者，与社会组织和公民一起面对和解决社会所面临的共同挑战。在民主决策需要的推动下，政府不能像企业家一样成为驾驭议程的主导力量，应担任"经纪人"的角色，引导多元价值主体共同交流商讨公共问题的解决方案，促成利益相关者共同参与公共问题的决策。②

二、立场选择：政府应承担帮助贫困农村幼儿健康成长的责任

政府具有行使社会公共服务的权力，通过优化公共产品质量满足社会全体公民的需求，为社会提供公平优质的公共服务是其职责所在。③ 从经济学的角度看来，学前教育是准公共产品，④ 具有很强的正外部性。⑤ 幼儿教育在给个人带来巨大利益的同时，也能给社会创造巨大效益。政府作为公共利益的代表者和公共权力的执行者，担负着二次分配国家经济收入的义务和职责，能支配财政收入和整合公共资源，因此理所当然成为贫困农村学前教育质量保障的主体，而且应该在学前教育质量保障系统中居于首席，在学前教育质量管理和保障的过程中发挥主导作用。公益性和普惠性是贫困农村学前教育质量保障的核心追求，政府有责任担当中西部贫困农

① 孟艳. 公务员角色的重新定位：基于登哈特的新公共服务理论 [D]. 长沙：湖南师范大学，2010.

② 珍妮特·V. 登哈特，罗伯特·B. 登哈特，新公共服务：服务，而不是掌舵 [M]. 丁煌，译. 3 版. 北京：中国人民大学出版社，2016：165-168.

③ 刘祖云. 当代中国公共行政的伦理审视 [M]. 北京：人民出版社，2006：32-34.

④ 崔世泉，袁连生，田志磊. 政府在学前教育发展中的作用：来自经济学理论和实践经验的分析 [J]. 学前教育研究，2011（05）：3-8，39.

⑤ 吴雅杰. 试论教育的正外部性及政府作用 [J]. 民族教育研究，2009，20（01）：17-21.

村学前教育质量保障过程中的资源管理员、学前教育政策和法规执行的监督者、家庭与幼儿以权利和民主为基础展开对话的促进者，通过扮演社区参与学前教育质量保障的催化剂以及基层领导等角色来为学前教育质量保障系统服务。

保障中西部贫困农村学前教育基本质量，政府应明确自身作为公共服务者的角色。新公共服务理论意味着政府要从公民的多样化需求出发，以需求为导向提供多样化的公共服务。[①] 在新公共服务理论，对公共事物的主导权是基于价值产生的，这种主导权并非由政府单个主体独有，而是在整个机构中并且与社区共享的。这种公共管理机构角色认识的变化对于公共管理者所面临的各类挑战和肩负的责任具有深远的意义。了解特定条目的要求和管理特定条目的资源是公共管理机构掌握信息的第一步。为增加服务的效率和质量，公共行政官员除了要熟悉和管理自己权力之内能够支配的资源，还要充分挖掘能够支持和辅助工作的相关资源，并引导社区和公民参与到这个过程中。[②] 公共行政官员既不能控制社区和公民的想法，也不能做出自利的决策从而充当谋求共同利益的"经济"人。[③] 学前教育质量的内涵是不断发展变化的，贫困农村学前教育质量保障不能以达到某一标准的阈值为目标，而忽视了质量水平的发展性。政府部门在进行质量管理和问责活动中，应树立质量改善的价值导向。质量改善工作的开展须以质量问责的结果作为直接依据，质量问责和质量改善都是政府进行公共服务时所采用的手段，在质量问责与质量改善相互交织的过程中，达到质量改善和提升的最终目的。因此，政府在主导贫困农村学前教育质量保障的过程中，应树立和发展与时俱进的意识，而并非仅仅只是自上而下地进行评估诊断和质量问责。

第三节　协同理论

一、协同理论概述

"协同"一词来自希腊语，协同思想的产生历史悠久，但其正式作为

---

① 屈智勇，何欢，张秀兰，等. 从企业/社区服务到国家公共服务体系：学前教育的政府责任 [J]. 北京师范大学学报（社会科学版），2011（06）：106-113.
② 周雯. 新公共服务视角下的行政文化建设 [J]. 经营管理者，2016（9）：279-279.
③ 曹雁飞. 政策研究、配置与支持：学前教育政策分析的立场 [J]. 北京教育学院学报，2018（02）：8-12.

成体系的协同理论则形成于 20 世纪 70 年代，由当时联邦德国斯图加特大学教授赫尔曼·哈肯（Hermann Haken）所创立。协同理论主要探讨趋于失衡的开放系统如何发挥内部的协同力量，通过保持与外界持续地展开物质或能量交换，促成自身结构在不同状态下的动态平衡。协同理论认为形态各异的社会和自然系统，即使属性各异，但在整体的背景下，不同子系统之间仍存在着相互影响、相互合作的关系。协同理论采用统计学和动力学相结合的方法，通过对不同领域的分析，描述各种系统和现象从无序到有序转变的共性，探究事物新旧结构转换过程中的共同规律。协同理论主要依据的原理如下：

1. 序参量

序参量是协同理论中基础的概念，哈肯用序参量的变化来解释社会和自然系统有序演进的过程和机制。假如社会和自然系统演化过程中受到一系列因素的影响，在诸多影响因素中存在一个经历了从无到有状态的参量，那么这个参量达到一定的阈值就能够指示新结构形成的进程并能够预测新结构的稳定程度，[①] 哈肯把这个参量命名为序参量。序参量并非系统中某个单独起着主导作用的子系统，而是表征大量子系统集体运动的宏观模式，并且能够指示各子系统演化有序和预测其程度。序参量的产生经历了系统内部诸多子系统相互磨合与竞争的过程，反过来它通过发挥支配或役使各子系统的作用，以此来驾驭社会和自然系统整体演化发展的方向和进程。

2. 协同效应

协同效应是指不同子系统在复杂而开放的整体系统中持续运动，经过相互竞争和磨合而产生的程度不一的集体效应。在形态各异的自然系统或社会系统的运动和演化过程中，都受到宏观意义协同效应的影响。协同效应是驱动系统由失衡到平衡、从无序到有序变化过程的内部力量。在受到外来能量的影响或内部物质的聚集状态接近某个临界点时，复杂而开放的整体系统产生于子系统的协同效应趋会显现。这种各子系统之间的协同效应能促进大系统从旧的整体结构到新的整体结构发生质变，跨过临界点后从无序中产生的某种有序结构，新的整体结构内、外能量达到动态平衡而呈现稳定的状态。

---

① 谭长贵. 关于系统有序演化机制问题的再认识［J］. 学术研究，2004（05）：40-45.

3. 伺服原理

伺服原理是用来阐释系统内部各不同特点的子系统之间关系的理论，它通过描述系统内部稳定因素和不稳定因素间的相互作用来反映系统的自组织过程，如快变量服从于慢变量、序参量控制着子系统的运动。伺服原理使系统的临界状态易于被理解，整体结构在趋近不稳定点或将要达到突变的某个阈值时，整体结构的运动和内部序列往往由少数单个变量组成的集体变量即序参量决定，[①] 而系统其他变量的行为也将受到这些序参量支配。

学前教育质量是一个影响幼儿发展的复杂系统，系统里各个要素对幼儿的身心发展起着重要的作用。已有研究把学前教育质量指标分为结构性质量、过程性质量和结果性质量，并通过实证研究证明结构性质量是过程性质量的基础，过程性质量和结果性质量是学前教育质量的重要维度。在三种不同性质的质量结构中，虽然过程性质量对幼儿的身心发展影响的作用最大，但过程性质量只有与结构性质量和结果性质量共同达到一定程度下的质量状态时才能形成学前教育质量系统的序参量，支配着学前教育对幼儿发展的影响。因此，在贫困农村学前教育质量保障的过程中需要树立协同的质量观，结构性质量要素是学前教育质量保障系统的基础，过程性质量要素是学前教育质量保障系统的关键，结果性质量要素是学前教育质量保障系统的重要组成部分。三种质量要素在相互的影响下分别达到各自的阈值，才能促使学前教育行为对幼儿的身心发展产生正向的功能，其关系如图 2-1、图 2-2 所示。

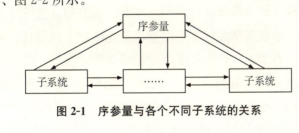

图 2-1　序参量与各个不同子系统的关系

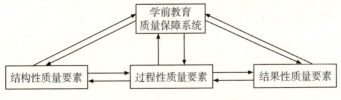

图 2-2　学前教育质量与各个要素的关系

---

① 杨建平. 政府投资项目协同治理机制及其支撑平台研究［D］. 徐州：中国矿业大学，2009.

二、方法论引领：激发和整合多方面力量形成协同保障机制

从协同视角看，当前中西部贫困农村学前教育质量保障问题即协同系统中的"无序状态"，中西部贫困农村学前教育质量保障从不完善到完善的过程即系统发生的一次从"无序"到"有序"的变化，越过临界状态的质量保障要素系统形成子系统之间的协同运动，即宏观上形成质量保障的新结构。但新结构的诸多子系统又会由于无序运动产生新的混乱，使整体系统进入另一种类型的临界点。

贫困农村学前教育质量保障需要各个要素的协同作用，政府是影响子系统要素相互作用的序参量。政府通过协同多方力量，对贫困农村学前教育质量保障起主导作用，并通过影响其他要素发挥间接作用。市场、社会和家庭等子系统作为被主导因素，是"伺服变量"。政府、教育行政部门、幼儿园、家庭等子系统构成开放的学前教育保障系统，政策、管理、投入和师资水平等作为可以被操作的参量，利用学前教育保障系统中各个不同要素或子系统彼此竞争和协同的作用，为系统重新尝试寻找维持有序结构和稳定状态的可能性阈值。① 结构优化后的学前教育保障系统各个集体变量产生新能量，系统内部能量出现交换后的盈余，② 从而在整体上持续地推动贫困农村学前教育质量保障体系的建立。

贫困农村学前教育质量保障是一个多子系统协同作用的结果。首先，贫困农村学前教育管理需要纵向协同，国家、省市和县各级政府需发挥各自不同的功能，承担贫困农村学前教育质量保障的管理责任；县、乡镇和村各级政府承担着学前教育质量保障的执行责任，当下一级政府力量不足时，上一级政府应树立补位意识。③ 其次，贫困农村学前教育管理在执行上需要横向协同，基于我国当下区县对学前教育负主要责任的管理体制，县级各政府部门对学前教育质量的保障在分工负责的同时应建立联席制度，财政、人事、教育、公安、工商等部门应保证相互间信息的畅通；贫困农村学前教育质量保障需要各主体的合力，政府、教育行政部门、家庭和幼儿园应通力合作。完善贫困地区留守儿童服务设施体系建设，为留守

---

① 郑巧，肖文涛. 协同治理：服务型政府的治道逻辑 [J]. 中国行政管理，2008 (07)：48-53.

② 郑恒峰. 协同治理视野下我国政府公共服务供给机制创新研究 [J]. 理论研究，2009 (04)：25-28.

③ 洪秀敏，庞丽娟. 学前教育事业发展的制度保障与政府责任 [J]. 学前教育研究，2009 (01)：3-6.

儿童提供生活托管、心理辅导、家庭教育指导等服务，建立外出就业母亲相关的支持政策。重视学前教育多元主体需求的合理满足，拓宽贫困农村学前教育主体表达利益诉求的方式和渠道，尊重贫困农村幼儿家长对学前教育扶助政策措施的参与权、知情权和监督权，[①] 最大限度地调动幼儿家庭、村委会参与贫困农村学前教育质量保障的积极性。

---

① 张翔，刘晶晶. 教育扶贫瞄准偏差与治理路径探究：基于政府行为视角分析 [J]. 现代教育管理，2019（03）：51-55.

第三章 中西部贫困农村对学前教育质量的需求和满意度

——以对幼儿家长的访谈和调查为视点

以需求原则为核心的正义观认为，正义的社会把人看作需要而非权利的承载者，[①] 人们应该积极地去了解人及其需要，进而去关怀、爱护他们，向他们提供帮助。[②] 实现"办人民满意的教育"，精准提升中西部贫困农村学前教育质量，追问不同利益相关者对学前教育质量的价值期望和诉求非常必要。[③] 幼儿家长作为学前教育的重要"参与方"和"利益相关者"，其对学前教育质量的需求能否得到合理满足是衡量学前教育发展水平的关键指标之一。

第一节 中西部贫困农村幼儿家长 对学前教育质量的需求

不同幼儿家长拥有不同的学前教育质量观，并在质量观的影响下形成各自对学前教育质量的不同需求。家长对学前教育质量的需求，指在适龄儿童有园可入的基础上，家长为了达到对幼儿发展某种程度的期许，

---

① 布坎南（Allen E. Buchanan）在阐释马克思的正义观时认为，把人当作权利的承载者，就是"把自己当作人际冲突的潜在一方，在冲突中，就有必要明确自己的权利并为自己认为正当的要求而'奋争'"。

② 葛水林. 权利·贡献·需要：马克思对自由主义正义理论的批判及其超越 [J]. 湖北社会科学，2013（10）：5-8.

③ 杨晓萍，李敏. 焦点与转向：我国学前教育质量研究述评 [J]. 教育研究，2016，37（04）：74-80，104.

对幼儿园办园条件、教育内容、教育过程和教育结果的属性及价值的需求。中西部贫困农村幼儿家长对学前教育的需求具有多元性、表面性、经验性和发展性等特点。[①] 虽然，家长不是完全意义上学前教育的"顾客"，但消费者需求模型能够为分析家长对学前教育质量的需求提供一定的启发。

由日本东京理工大学教授狩野纪昭（Noriaki Kano）提出的 KANO 模型是营销学中常用来分析消费者需求指标的模型。KANO 模型呈现出消费者需求指标的三个不同水平，即基本型需求、期望型需求和兴奋型需求，与此对应的产品质量指标分类分别为基本因素、绩效因素和激励因素。[②] 其中，基本型需求是消费者要求产品"必须有"的属性、功能或服务。期望型需求是消费者认为所提供产品的功能和属性层次比较高，[③] 但并不是"必须有"的某些属性、功能或服务，部分持期望型需求的消费者自身并不完全了解，但由于其他原因消费者依然渴望得到这些属性、功能或服务。[④] 兴奋型需求是消费者为体验产品使用或接受服务过程所产生的惊喜，对产品出乎意料属性、功能或服务的要求。在实际操作中，生产者和经营者首先要不遗余力地满足消费者的基本型需求，确保消费者提出的问题得到妥善的解决，使消费者认为生产者和经营者努力地为自己做好了他们义务之内的事情。经营者应尽可能地满足消费者的期望型需求，给消费者提供优秀的服务或功能，使产品的功能与属性因标新立异而获得市场竞争力，从而树立良好的口碑。生产者和经营者在提高消费者的忠诚度时，会有针对性地瞄准消费者没有意识到的需求，力争为消费者提供意想不到的产品使用体验。

参考 KANO 模型，结合对访谈资料的编码过程，得出中西部贫困农村幼儿家长对学前教育质量的需求主要集中于首要需求、基本需求、核心需求和发展需求四个方面（表 3-1）。

① 杨莉君，黎玲. 精准扶教：合理满足贫困山区对学前教育质量的需求 [J]. 湖南师范大学教育科学学报，2019，18（06）：100-106，115.

② WIND J, RANGASWAMY A. Customerization: The next revolution in mass customization [J]. Journal of Interactive Marketing，2001（1）：13-32.

③ 葛峥. 以互动体验为核心的智能化教学辅具设计研究 [D]. 北京：北京理工大学，2016.

④ 陈波波，齐佳音，黄逸珺，等. 对 KANO 模型中质量要素评价倾向判定方法的改进 [J]. 北京邮电大学学报（社会科学版），2007（02）：51-54.

表 3-1　家长需求轴心与聚集编码的过程

聚焦编码			轴心编码
质量需求	需求归因	愿景	
照顾幼儿的生活，减少家长后顾之忧（F-3-11，F-7-12，F-8-1，F-19-3，F-31-3）	父母外出打工或整日下地劳作，幼儿无人看管（F-1-2，F-14-5，F-32-4，F-40-6）	延长农忙季节幼儿在园时间（F-8-4，F-3-5，F-16-2，F-20-2，F-37-10）	首要需求
办园条件无安全和卫生隐患，教师要称职有爱心（F-1-10，F-3-2，F-18-6，F-29-5，F-31-2）	有好的设施和卫生状况才能保证质量；新教师熟悉幼儿太慢，教师流动频繁（F-4-7，F-7-8，F-11-3，F-29-3，F-35-5）	有干净卫生的自来水，教室宽敞明亮，幼师稳定负责任（F-2-5，F-13-4，F-19-1，F-29-5，F-36-3）	基本需求
幼儿打好读写算知识基础，学习唱歌、跳舞、画画等技能（F-2-5，F-13-4，F-19-1，F-29-5，F-36-3）	幼儿打好扎实的知识基础，为上小学做准备，通过学习艺术技能锻炼胆量（F-3-4，F-12-2，F-19-6，F-28-5，F-37-4）	幼儿在学好基础知识的同时，加强特长训练（F-6-5，F-22-4，F-28-1，F-33-5，F-38-5）	核心需求
学的东西贴近幼儿生活，有本地特色（F-12-6，F-23-8，F-25-3，F-36-5，F-40-4）	目前教学内容与农村生活一点关系也没有，幼儿陌生且不感兴趣（F-1-5，F-4-6，F-11-7，F-26-3，F-40-3）	利用民族、民间游戏和贴近生产生活的内容展开教学（F-3-8，F-20-7，F-27-5，F-30-8，F-38-6）	发展需求

一、首要需求：照顾幼儿的生活，减少家长的后顾之忧

首要需求是指家长对学前教育质量最迫切的需求。我国中西部贫困地区气候恶劣，自然环境脆弱，如我国云南省与缅甸接壤的边境线一带，地貌以山地和高原为主，广布的喀斯特地貌导致土壤贫瘠、岩层保水性能差，水土流失严重。脆弱的生态环境仿佛一道天然的阻碍，在一定程度上限制了人们的生产与生活。我们在走访山区一自然村时发现，去县城和集镇打工的农民，起早贪黑地来回奔波于将近二十千米的崎岖山路上。经访谈了解到，留在村里务农的勤劳村民，每天仿佛在与大自然博弈，气候干旱时引水灌溉、雨水泛滥时排水抗洪是他们田间劳动的常态。双季作物收种交替时节，许多家庭由于忙于抢收抢种，孩子天蒙蒙亮就被送到了幼儿园，等太阳落山时才被结束一整天田间劳作的父母接回家。多数幼儿家长

平时如同"甩手掌柜",他们只关心每个月有多少天能把孩子送到幼儿园从而减少劳作或打工的后顾之忧,并没有意识到要关注幼儿在园生活的状态和进行家园沟通,只有孩子偶尔出现安全事故时才会询问老师原因和强调确保孩子安全的诉求。

> 这个时候晚熟(冬)小麦开始灌浆,天干的年头我和她妈每天都要抽水浇麦,家里奶奶帮忙栽烟苗,更没时间管(她)。幼儿园要是周末也能去就好了。
>
> ——F-35,2018-05-10

> 小孩子放到幼儿园,我们就省心多了,每天接送一下用不了多长时间。教孩子这事自己也学不会,老师反正比我们在行,送过去总得学点东西。
>
> ——F-39,2018-04-12

贫困农村地区艰难维持生计的家庭,没有时间和精力关注年幼子女的教育问题,有的家长对子女的教育甚至存在"心有余而力不足"的茫然。由于育儿经验与育儿能力的缺乏,年轻家长对孩子接受学前教育意义的认识有限,尚不能通过亲子互动把握幼儿的兴趣需求和成长需求,只能无奈地沿袭着祖辈流传下来的教育经验。在偏远山区,赚钱养家和教育好孩子被家长认为是"无论付出多大努力都不可兼得"的事情。相比多花时间和心思在关注孩子的家庭教育上,他们更偏向于选择通过拼命劳动创造相对宽裕的经济条件,争取让孩子上"更好"的幼儿园和学校。于是他们埋头下地劳作和外出打工,即使在家也少有时间陪伴孩子。他们送幼儿入园的初衷是减少自己劳作的后顾之忧,同时把教育孩子的责任完全交给幼儿园和幼儿教师,希望幼儿园保障幼儿的安全,幼儿教师照顾好幼儿的生活,使幼儿少生病或者不生病。

二、基本需求:办园条件无安全和卫生隐患,教师要称职有爱心

基本需求指家长对学前教育质量必不可少的需求。我们通过实地调研发现,贫困农村地区的自然村幼儿园或幼教点鲜有新建的园舍,多数由富余或废弃的村小教室改造而成。这些经过改造而来的幼儿活动室,大小和比例受到原有小学教室构造的限制,空间狭小,且里面还须摆放原先小学

使用的"大号"桌椅，供幼儿午睡用的床铺则被挤在角落里高高垒起。狭窄的活动空间影响了正常的一日生活活动。开餐前，教师只有将课桌椅全都搬移至走廊，并且组织幼儿在活动室外用餐，才能为在室内放置午睡床铺腾出足够的空间。但在走廊上用餐，饭菜容易被风吹凉，家长们担心孩子吃了会生病；午睡时孩子上厕所需要走到活动室外，家长担心孩子没穿外套容易感冒。

就怕冬天风大，小孩子吃饭又慢，在走廊上吃饭（饭菜）一盛到碗里就变凉了，拉起肚子来可不是好事。

——F-11，2018-12-27

跑大老远去上厕所，没用外套兜一圈很容易着凉。幼儿园应该就近配个洗手间，到外面上厕所孩子也容易走丢。

——F-20，2018-11-12

充足的活动空间、完备的生活设施设备和安全的生活环境是家长认为幼儿园必不可少的条件。幼儿园只有具备这样的条件，才能保障幼儿安全、健康地成长。事实上，为规范幼儿园的条件配备，国家对幼儿园办园条件有明确的规定，比如教育部 2016 年修改颁发的新版《幼儿园工作规程》特别增加一章专门强调幼儿园的安全。尽管法规有要求，但由于现实所迫，贫困农村地区幼儿园依然面临着房舍条件简陋、活动场地狭小、班级没有配套厕所等基本设施不完善的困境，有些幼儿园的生活环境和设施设备甚至存在安全隐患，幼儿家长对学前教育质量的基本需求由于长期得不到满足而变得日益强烈。[①]

贫困农村地区家长信任和依赖踏实负责、平易近人的幼儿教师，幼儿园如果具备合格的师资，他们更乐意、更放心送孩子入园。家长认为幼儿年龄小，缺乏自我照顾和保护的意识和能力，需要依靠成人无微不至的关心爱护。把孩子送到幼儿园，意味着幼儿教师就必须承担起照顾和教育孩子的责任。处事细致、责任心强的幼儿教师能够给幼儿无私的关爱，踏实稳定的幼儿教师经过长期的相处熟悉了幼儿的个性和需求，因而更受家长和幼儿的喜欢。面对具备专业素养的幼儿教师数量缺乏、流动性大的现

---

① 杨莉君，黎玲. 精准扶教：合理满足贫困山区对学前教育质量的需求 [J]. 湖南师范大学教育科学学报，2019，18（06）：100-106，115.

实，贫困农村地区家长通过质朴的语言，表达出对称职稳定的幼儿教师的迫切需求。

> 娃娃班上的老教师在管孩子方面确实有经验值得尊敬，可她一点儿耐心也没有。饭才刚吃一半就吆喝着收碗筷，午睡起来穿衣服时对孩子拉拉扯扯。这么不耐烦的脾气，有点担心孩子吃不饱睡不好，还怕孩子跟着把习惯学坏了，不如放在家里给爷爷奶奶看着。
>
> ——F-5，2018-09-27

> 幼儿园一换老师，孩子就不想去。我家孩子好不容易和上一个老师建立了感情，不到一个月这个老师就走了。
>
> ——F-26，2018-11-26

贫困农村地区幼儿家长把教育孩子的职责交付于幼儿教师，认为教师与孩子之间的关系是"替代父母关系"，这是幼儿家长对幼儿教师师德和专业素养需求的模糊表达。幼儿教师承担着对幼儿进行启蒙教育、帮助幼儿获得有益学习经验从而促进身心全面发展的职责。幼儿教师在幼儿学习和成长的过程中不仅扮演着生活照顾者和知识传递者的角色，而且还兼任着幼儿学习活动的支持者、合作者和引导者。幼儿教师潜移默化地影响着幼儿成长的不仅仅是自身专业素质，还有她们的人格。称职的幼儿教师除了在专业知识和能力方面对自己要求比较高，更重要的是她们还能正确理解并认同幼儿教师的职业特点，对幼儿具有爱心、耐心和责任心，具有更为科学的保教态度和过硬的专业素养。

三、核心需求：幼儿打好读写算知识基础，学会唱歌、跳舞、画画等技能

核心需求是贫困农村幼儿家长意识里对学前教育质量的最关键期待，能够体现贫困农村幼儿家长送孩子入园的初衷。为了使孩子达到期望中的培养目标，贫困农村幼儿家长对孩子学习读写算基础知识和弹唱跳艺术技能有着普遍需求。他们希望幼儿在进入幼儿园后有明显的进步，这些进步都是看得见的读写算知识和能够拿出来"露两手"的特长。他们要求幼儿园进行拼音、写字、古诗词诵读、大数字加减甚至英语等基础知识的讲授、练习与考试，同样也会要求幼儿园开设一些诸如唱歌、跳舞、小主持

人和画画等"特长班"。家长对学前教育质量的其他需求都是围绕着让子女取得学业成绩和艺术特长的核心需求而产生的,尽管满足这些需求会付出更大的经济代价,但为了让孩子能获得有益于升学的知识和技能他们表示愿意付出。

> 吃得苦中苦,方为人上人,只有小时候勤学苦练,长大了才能有出息!写一笔好字、说一口流利的普通话、能听得懂英语,这都是基本功。
>
> ——F-13,2018-06-14

> 年纪小记忆力好,应该多学点知识和本领,以后才够用。从小养成不贪玩的好习惯,长大才能成绩好。
>
> ——F-39,2018-12-24

年幼时期知识和经验的积累,能为长大后的升学和就业奠定基础。家长期待子女通过接受好的学前教育从而为小学阶段取得优异的成绩奠定基础。依靠土地和体力为生的贫困农村幼儿家长,把家庭发展的希望寄托于下一代学业和职业上。因而,不少幼儿家长认为送孩子入园就是让孩子提前适应并接受学校教育,通过额外的投资提升孩子在学业上获得成功的可能性。他们特别关注看得见的学习内容和效果,要求幼儿园的教育内容应以拼音、认字和算术等能为学业成绩打下基础的"科目内容"为主,同时经济条件较好的家长不惜代价地给孩子报特长班。尤其是考虑到子女未来竞争激烈的应试升学压力,家长被迫重视幼儿园教育的升学功能,但却对幼儿身心发展需求和年龄特征视而不见,从而将幼儿送入适应考试或升学要求的快车道。

四、发展需求:学的东西贴近幼儿生活,有本地特色

发展需求是家长有一定育儿经验的积累后对学前教育质量的需求。贫困农村地区交通不发达,社会经济比较落后,人们习惯了在赖以生存的家园精耕细作,与外界事物的接触少、信息获取慢。但乡村的青山绿水、极具特色的自然人文资源十分丰富,对自身成长经历和当地文化有深刻认同感的家长,意识到教育孩子不能忘本,应利用本地的自然和民间游戏资源赋予幼儿天然的滋养。我们在访谈西北山区的幼儿家长时得到反馈,由于

在园学习内容与本地自然和文化关系不大，孩子们往往因学习内容陌生而难以维持兴趣。如幼儿园选择开展"美丽渔村""海底世界"等主题活动，虽然能帮助幼儿在接触新鲜事物的过程中激发想象力和增长见识，但是由于缺少体验真实情境和动手操作实物的客观条件，幼儿难以切身感受到活动的趣味。从城市幼儿园学习而来的游戏离幼儿的现实生活较远，由于没有"活"的经验，幼儿只能浅尝辄止而无法玩得尽兴。所以，他们认为幼儿园教育内容的选择不应追求新奇和"洋气"，而应选择贴近生活的教育内容，才更适合幼儿的经验建构、情感陶冶和认知发展。

> 我们这儿不论回、汉都会唱民歌"花儿"，内容不仅来源于回族生活，也与汉族生活相关。机灵点的娃娃随便张口一哼，就能玩出许多花样。
>
> ——F-6，2018-12-23

> 外面的东西，娃娃们只能拿来乐呵乐呵。平时在电视上看看，确实也长见识。但这些东西又不是看得到摸得着的，过段时间就忘记了，还不如拿村里的东西教教实用。
>
> ——F-10，2018-05-23

贫困农村地区家长对幼儿发展的需求，总是处于"离农"与"为农"的张力之中。家长迫切地期望孩子们通过接受先进的教育理念，依靠文化知识开阔视野，为走出山区改变命运打下基础。然而，他们害怕这样会中断祖祖辈辈传统的延绵，丢失滋养生命的文化根基和精神家园。他们也会担心，倘若孩子们将来不能在外成功闯出一番天地，反而丢失了回家继承祖业的机会和能力。对于贫困群体而言，接受教育必须付出一定的成本，并承担一定的风险；但放弃教育则会丧失改变自己未来生活的机会。① 因此，贫困农村地区幼儿家庭需要孩子学习的内容更切合本土生产生活的实际，让幼儿在贴近生活经验的教育中获得发展，用本土的自然和民间游戏资源涵养幼儿的生命灵性。家长此种一方水土养一方人的观念体现着对孩子深沉的爱和期盼。

---

① 孟照海. 教育扶贫政策的理论依据及实现条件：国际经验与本土思考［J］. 教育研究，2016，37（11）：47-53.

第二节　中西部贫困农村学前教育质量的家长满意度

满意度，即相关主体为了达到某种目的或达成某种期许，对客体属性、价值、意义满足其需要程度的评价。家长对学前教育质量的满意度是指，在满足孩子有园可入的前提下，家长对幼儿园教育是否满足幼儿身心健康发展需要与自身对幼儿期许的评价。本研究通过调研中西部贫困农村学前教育质量的家长满意度，全面了解家长对中西部贫困农村地区学前教育质量的评价和意见，从需求侧的角度进一步了解中西部贫困农村地区学前教育质量保障的现状，主要研究以下两个方面的内容：中西部贫困农村地区幼儿家长对学前教育质量满意度问卷的编制和中西部贫困农村地区幼儿家长的学前教育质量满意度调查。

一、工具的编制

（一）理论梳理

针对已有研究对家长满意度的理论探讨较少的现状，我们追溯营销学顾客满意度的相关研究文献，寻找操作定义和测评家长满意度的理论启示。学前教育质量的价值主体是幼儿，作为间接价值主体的家长分担了一定的学前教育成本，并担任对学前教育质量评价和选择的主体角色，家长同时也是家园共育的参与者。虽然家长不能称作完全意义上享受服务的顾客，但同样具备顾客的某些属性。

营销学把顾客满意（customer satisfaction）定义为顾客对生产者或服务者所提供产品的所有形态（如商品或服务过程等）使用和体验的效果与顾客期望对比形成的评价性认识。[①] 顾客满意的关键性影响要素之一是顾客对产品或服务的期望与感知效果的差值，期望源自顾客对产品的需求，感知效果源自顾客对产品的实际体验，因此衡量标准具有主观性。

顾客满意度（customers satisfaction degree）即顾客满意的强弱程度，对产品和服务的提供者具有诊断、监管、互动和激励等功能，可用顾客满意等级、顾客满意率和顾客满意指数等工具进行衡量。顾客满意度受主观因素影响，如经济地位、文化背景、需求和期望及评价动机，甚至受习

① 南剑飞，熊志坚，张鹏，等. 试论顾客满意度的内涵、特征、功能及度量 [J]. 世界标准化与质量管理，2003（09）：11-14.

精准扶教

中西部贫困农村学前教育质量保障研究

俗、个人偏好、情绪等非理性因素的影响，具有主观性；产品和服务一旦被提供给顾客消费，满意度就会产生，其客观存在性不随其他因素而转移，因而顾客满意度具有客观性；顾客对产品或服务的满意度，会随着时间的推移、技术的进步和整体环境的提升等客观因素而改变，也会随着顾客认知角度、期望值等主观因素而改变。测评顾客满意度之前，首先要把握如下几点：顾客作为消费者，其满意度是对产品全部属性质量的评价；产品质量是由消费者体验产品或服务过程中的主观感受所决定的，而消费者的主观感受又受到消费者体验这种产品的现实感受和购买前对产品的期望相一致程度的影响；消费者的主观感受及其强弱程度与消费者体验商品后的现实感受及其强弱程度成正比，与消费者的预期期望及其强弱程度成反比。[①]

幼儿家长作为学前教育的重要利益相关者，不能被动接受学前教育质量的好坏，而应主动对学前教育质量进行价值判断，从而成为评价和监督学前教育质量的重要参与方。诚然，如前文所述，贫困农村地区幼儿家长由于认知水平有限，对学前教育质量的理解和观念存在内涵上的偏差，以往研究发出对"把家长满意度作为评价幼儿园教育质量主要依据"的质疑，家长对学前教育质量的满意度确实不能成为评价学前教育质量高低的主要标准。但是这种受主观因素影响的评价是学前教育发展过程中需要面对的客观事实，能为我们了解学前教育质量的现状提供现实依据。因此，幼儿家长对学前教育质量的满意度内含着家长的学前教育质量观，也能在一定程度上体现学前教育需求侧的真实情况，了解贫困农村地区幼儿家长对学前教育基本质量的满意度，为我们更全面地透视贫困农村学前教育质量保障的现状提供了一个客观的维度。

（二）编制过程

本研究采用自编《贫困农村幼儿家长的学前教育质量满意度调查问卷》，自编问卷的过程主要包括：初始问卷的编制、项目分析、探索性因素分析、验证性因素分析、信效度检验五个步骤。

1. 初始问卷的编制

（1）指标构想

幼儿家长对学前教育质量的满意度既具有主观性，又具有一定客观性。其主观性体现在家长对学前教育质量评价标准地理解为对幼儿发展的

① 孙丽辉. 顾客满意理论研究 [J]. 东北师大学报（哲学社会科学版），2003（04）：18-23.

期望，此类期望受到家长育儿主观认知和需求的影响；其客观性体现在家长对学前教育质量需求的内容维度，不同家长的显性需求和潜在的学前教育质量需求内容存在客观的一致性，不外乎结构性质量、过程性质量和结果性质量。家长的学前教育质量满意度调查即探究家长对学前教育质量的评价，其评价的参照应来自家长自身对学前教育的认识和需求。照顾幼儿的生活，减少家长后顾之忧是贫困农村地区幼儿家长对学前教育质量的首要需求，办园条件无安全和卫生隐患，教师要称职有爱心是贫困农村地区幼儿家长对学前教育质量的基本需求，幼儿打好读写算知识基础，学会唱歌、跳舞、画画等技能是贫困农村地区幼儿家长对学前教育质量的核心需求，学的东西贴近幼儿生活，有本地特色是贫困农村地区幼儿家长对学前教育质量的发展需求。这些需求的维度是家长认为比较重要，且能衡量学前教育质量水平的关键指标，体现着家长的学前教育质量观。因此，调查家长对学前教育质量的满意度就是调查家长对这些需求和对应期望的满足程度的态度。

我们以家长对学前教育质量需求的内容维度为主观期望的参照，以澳大利亚《早期儿童教育与保育国家质量标准》[①] 为客观的学前教育质量评价内容框架，将原有的课程与教学、儿童健康与安全保障、园舍环境、人员编制安排、师幼关系、与家庭及社区的合作、领导与机构管理 7 个评价指标[②]加以修改和整合，通过查阅相关文献和咨询学前教育专家，进一步细化家长对学前教育质量满意度评价的维度，初步构建家长对学前教育质量满意度的指标体系，如表 3-2 所示。

表 3-2　家长对学前教育质量满意度调查指标体系

一级指标	二级指标	三级指标
首要需求	生活照顾	①疾病预防；②日常护理；③膳食营养；④安全教育；⑤心理关爱
	便利性	①早送晚接；②距离远近；③园车配备；④寒暑假入园

---

① 2009 年 12 月，澳大利亚政府委员会（Council of Australian Governments）制定了有史以来第一个全国统一的《早期儿童教育与保育国家质量标准》。这一标准凝聚了广大幼教专家、学者、机构提供者、幼儿教师和幼儿家长等各利益相关者的智慧和心血，其理念、内容、结构和实施策略既具本土特色，又与国际先进理论接轨。

② Early Childhood Development Steering Committee. National Quality Standard for EarlyChildhood Education and Care and School Age Care［S］. Council of Australian Governments，2009.12.

一级指标	二级指标	三级指标
基本需求	园所条件	①活动空间；②园内环境；③班级规模；④玩教具配备；⑤卫生保健设备；⑥户外活动区域；⑦周边环境；⑧管理制度；⑨功能室；⑩办公设备
	师资水平	①师幼比例；②教师学历；③教师稳定性；④师幼关系；⑤儿童理解；⑥责任意识；⑦职称荣誉
核心需求	读写算知识	①拼音；②汉字；③算术；④英语
	特长与技能	①体育特长；②艺术特长；③主持人特长班
发展需求	资源利用	①自然资源；②人文资源；③民间游戏资源
	幼儿发展结果	①身心状况；②生活习惯；③自理能力；④人际交往；⑤社会适应；⑥学习品质

（2）初始问卷的形成

要用问卷的形式了解人们的观点，进行合理的设问是重要的一步。问卷主要由若干问题组成，每一个问题都可以挖掘出不同的信息资料，事实上每一个问题都是一个单项测试。根据初步构想的家长满意度调查指标体系，我们尝试编制了《贫困农村幼儿家长的学前教育质量满意度调查问卷》初稿，随后邀请具有一年以上幼儿工作经验的 5 名学前教育专业硕士研究生和 3 名学前教育专业博士研究生针对每个指标对应题目表述的清晰度和适宜性进行讨论和修改；征询 3 名学前教育专业教授的建议，对贫困农村幼儿家长学前教育满意度指标设问的针对性和适切性开展分析；最后邀请 8 名不同教龄的贫困农村地区幼儿教师和 6 名不同学历水平的幼儿家长对初始问卷所有题项的文字表述及其含义进行确认，尽量确保问卷在内容表达上简明易懂，对调查对象认为理解有偏差和有歧义的选项进行反复修改。最终，《贫困农村幼儿家长学前教育质量满意度调查问卷（初始）》（见附录四）形成，共包含 42 个题项。

表 2-3　初始问卷指标和题项

二级指标	三级指标	对应题项
生活照顾	①疾病预防；②日常护理；③膳食营养；④安全教育；⑤心理关爱	6、11、15、22、27
便利性	①早送晚接；②距离远近；③园车配备；④寒暑假入园	2、12、26、4

二级指标	三级指标	对应题项
园所条件	①活动空间；②园内环境；③班级规模；④玩教具配备；⑤生活设施设备；⑥卫生保健设备；⑦户外活动区域；⑧周边环境；⑨管理制度；⑩功能室；⑪办公设备	1、8、19、30、34、39、16、42、18、21、29
师资水平	①责任意识；②教师资格；③教师稳定性；④师幼关系；⑤儿童理解；⑥职称荣誉	38、13、37、35、33、41
读写算知识	①拼音；②汉字；③算术；④英语	3、9、17、31
特长与技能	①体育特长；②艺术特长；③主持人特色班	40、5、14
资源利用	①自然资源；②人文资源；③民间游戏资源	20、25、36
幼儿发展结果	①身心状况；②生活习惯；③自理能力；④人际交往；⑤社会适应；⑥学习品质	7、23、24、28、32、10

初始问卷第一部分为对基本情况的调查，主要了解幼儿家长的人口学变量特征及幼儿的学前教育情况，具体包括家庭所在地、父母学历、职业、家庭月收入、幼儿所在班级和幼儿所在园所性质等。第二部分为对家长的学前教育质量满意度调查的题项，包括生活照顾、便利性、园所条件、师资水平、读写算知识、特长与技能、资源利用和幼儿发展结果八个维度。问卷选项采用李克特量表（Likert scales）5点式计分，满意程度以"非常不满意"到"非常满意"五个等级进行评定。

2. 项目分析

项目分析是正式问卷形成前对初始问卷测量项目质量的一种分析研究，包括定性分析和定量分析。定性分析主要从题项表达的适切性以及是否表意明确等方面对项目质量加以评鉴。定量分析主要考察项目与整体的关联度、项目的鉴别度及项目结构的科学性。分析家长对学前教育质量满意度指标项目，其目的在于通过不断筛选和修订指标的表述和优化指标内部结构，提高问卷的科学性。[①]

一般认为，项目的定量分析应遵循如下步骤：首先，采用极端分组比较法、项总相关法考察项目质量，剔除项目鉴别度较低的指标；其次，对指标进行探索性因素分析，初步确定指标的结构。定量的项目分析数据来

---

① 倪晓. 贫困农村家长对幼儿园保教质量需求和满意度的调查研究［D］. 长沙：湖南师范大学，2016.

源于运用初始问卷所做的预测试。采用目的性抽样和方便抽样的方法，选择盐池县、同心县、古丈县、泸溪县的农村公办和民办幼儿园的 600 位家长作为调查对象，对抽样调查对象共发放问卷 600 份，回收 549 份，其中有效问卷为 503 份，回收率为 91.5%，有效率为 83.8%。研究对象的具体情况见表 3-4。

表 3-4　预测试被调查对象样本构成（单位：名）

地区	调查对象	
	公办幼儿园家长	民办幼儿园家长
盐池县	60	58
同心县	64	61
古丈县	66	63
泸溪县	66	65
总计	256	247

（1）极端分组比较法

通过极端分组比较法进行预测试问卷的项目分析，主要评估问卷单个题项的鉴别度及不同题项内部的一致性聚合度。首先分别计算出每份有效问卷的总分，然后对分数排序，得分前 27% 的为高分组，得分后 27% 的为低分组，将高、低分组被调查对象在每题所得平均分进行独立样本 T 检验，判断题项在两个极端组的平均得分差异是否显著，[①] 得出结果（表 3-5）。观察独立样本 T 检验表格，看 Sig（双侧）结果，小于 0.05 的题目即为好，大于 0.05 的题目即为考虑删除，从表 3-5 可知，初始问卷的第 42 题未达到 0.05 的显著水平（P 值为 0.47，大于 0.05），表示两组的方差相等，考虑将其删除。若题目较多，题目的聚合度不高，可以通过对 t 的统计量的考察来判断项目质量，一般认为大于 3 的题目即为好，小于 3 的题目则考虑删除。[②] 本研究中，第 40 题的 t 值为 2.351 和 2.357，第 41 题的 t 值为 2.840 和 2.855，则考虑删除。

---

① 王彦峰. 幼儿教师的师幼观研究 [D]. 长沙：湖南师范大学，2016.
② 吴明隆. 问卷统计分析实物：SPSS 操作与应用 [M]. 重庆：重庆大学出版社，2010：178.

表 2-5　独立样本检验

题项	方差方程的 Levene 检验		均值方程的 T 检验		
	F	Sig.	t	df	Sig.（双侧）
b36	19.716	0.000	4.425	336	0.000
			4.443	333.755	0.000
b37	1.130	0.289	5.926	336	0.000
			5.948	334.552	0.000
b38	6.075	0.014	3.712	336	0.000
			3.732	330.989	0.000
b39	0.358	0.550	4.200	336	0.000
			4.208	335.971	0.000
b40	23.551	0.000	2.351	336	0.019
			2.371	319.620	0.018
b41	16.370	0.000	2.840	336	0.005
			2.855	331.683	0.005
b42	2.196	0.139	0.724	336	0.470
			0.728	330.799	0.467
b29	38.517	0.000	8.934	336	0.000
			9.075	273.431	0.000
b30	0.376	0.540	13.012	336	0.000
			13.116	321.531	0.000
b31	51.553	0.000	9.791	336	0.000
			9.927	286.982	0.000
b32	32.648	0.000	13.093	336	0.000
			13.302	272.301	0.000

（2）项总相关法

单个项目与整体中其他项目的相关性可以通过比较相关系数的大小来判断，一般而言，项总相关系数在 0.4 以上（包含 0.4）的项目与整体相关性较强，而小于 0.4 的项目则和其他项目相关性较弱，会影响整个问卷结构的合理性。表 3-6 项总相关数据结果显示，项总相关系数在 0.4 以下的项目有：b16、b18、b21、b29、b31，这些项目质量欠佳，应予以删除；

表 3-6 项总相关法分析

项	项已删除的刻度均值	项已删除的刻度方差	校正的项总相关系数	项已删除的Cron-bach's Alpha值	是否保留	项	项已删除的刻度均值	项已删除的刻度方差	校正的项总相关系数	项已删除的Cron-bach's Alpha值	是否保留
b1	177.853	156.808	.510	.891	是	b22	177.805	155.475	.527	.891	是
b2	177.684	157.716	.424	.892	是	b23	178.034	154.018	.527	.891	是
b3	177.952	156.350	.401	.893	是	b24	177.739	157.523	.487	.892	是
b4	177.750	156.441	.504	.891	是	b25	177.652	158.224	.435	.892	是
b5	177.809	157.253	.483	.892	是	b26	177.630	156.280	.526	.891	是
b6	177.902	156.496	.471	.892	是	b27	177.622	158.458	.409	.893	是
b7	177.780	156.914	.459	.892	是	b28	177.692	157.068	.520	.891	是
b8	177.833	155.100	.554	.890	是	b29	177.572	159.641	.380	.893	否
b9	177.716	158.097	.436	.892	是	b30	177.870	157.209	.482	.892	是
b10	177.781	157.839	.440	.892	是	b31	177.616	159.329	.371	.893	是
b11	178.014	155.548	.487	.891	是	b32	177.677	158.132	.460	.892	是
b12	178.311	153.495	.528	.890	是	b33	177.942	157.294	.423	.892	是
b13	177.997	154.182	.520	.891	是	b34	177.806	157.997	.406	.893	是
b14	178.169	153.959	.537	.890	是	b35	178.064	162.717	.411	.897	是
b15	177.945	153.682	.595	.890	是	b36	178.348	162.562	.102	.898	否
b16	177.556	159.590	.310	.893	否	b37	178.031	161.808	.544	.897	是
b17	177.575	159.168	.431	.892	是	b38	178.162	163.316	.575	.898	是
b18	177.573	159.829	.362	.893	否	b39	177.964	162.676	.416	.897	是
b19	177.652	156.979	.525	.891	是	b40	177.581	164.457	.048	.897	否
b20	177.656	157.888	.446	.892	是	b41	177.594	163.703	.109	.896	否
b21	177.916	157.229	.357	.894	否	b42	177.581	164.810	.026	.897	否

其余各项目的项总相关系数均大于 0.4，且达到统计的显著性水平，说明这些项目的质量较好，应予以保留。

根据极端分组比较法的分析结果，项目 b40、b41 和 b42 的鉴别度不高；根据项总相关法的分析结果，b16、b18、b21、b29、b31、b40、b41 和 b42 项总相关系数小于 0.4，单个项目与整体相关性弱。对两种方法筛选出的质量不佳的 8 个题项予以删除，保留剩下的 34 个题项。预测问卷中被删除的 8 个题项所对应的三级指标分别是周边环境、管理制度、办公设备、功能室、英语、体育特长、职称荣誉和户外活动区域。

3. 探索性因素分析

探索性因素分析（Exploratory Factor Analysis，简称 EFA）是一项对多整体多个变量进行降维处理的技术。通过对学前教育质量家长满意度项目的 34 个题项进行探索性因素分析，以探寻出能够综合这些指标的核心因子，建立起指标之间的联系和结构。[1] 删除鉴别度较低和项总相关系数小于 0.4 的 8 个题项后，将剩余的题项重新排序，用 SPSS 软件将调查样本数据随机进行排序，选择奇数序号的样本（$N=252$）来做探索性因素分析。

（1）KMO 和巴特利特球形检验

在进行探索性因素分析之前，须检验问卷中保留下来的项目是否具备进行因素分析的条件，即观测的指标后面存在潜在变量。首先通过 KMO（Kaiser-Meyer-Olkin measure of sampling adequacy）指标考察变量是否达到测量学的基本要求；其次通过巴特利特球形检验是否要达到显著水平考察变量之间的相关性。[2] 巴特利特球形检验的显著性水平小于 0.05、KMO 统计量在 0.80 以上说明适合进行因素分析，KMO 统计量在 0.90 以上则表明极适合进行因素分析。本研究对预测调查奇数序号的样本（$N=252$）进行 KMO 和巴特利特检验球形的结果如表 3-7 所示。

表 3-7　KMO 和巴特利特球形检验结果

KMO 和巴特利特球形检验		
取样适切性量数		.858
巴特利特球形检验	近似卡方	23996.419
	自由度	561
	显著性	.000

---

① 倪晓. 贫困农村家长对幼儿园保教质量需求和满意度的调查研究 [D]. 长沙：湖南师范大学，2016.

② 王彦峰. 幼儿教师的师幼观研究 [D]. 长沙：湖南师范大学，2016.

本研究问卷 KMO 值达到 0.858，自由度为 561，巴特利特球形检验显著性小于 0.001，表示所选取样本下一步适合进行因素分析。

（2）因素抽取

首先，利用主成分分析法，计算出原始因素负荷矩阵。接着，用最大变异法计算出转轴后的因素负荷矩阵。最后，根据转轴后的因素负荷矩阵，对所抽取的因素进行命名。在抽取因素和筛选项目时需要注意的是，首先抽取因素的特征值必须大于 1；其次所有抽取因素在转轴前至少能解释 2％的总变异；每个因素的项目个数不少于 3 个，并且比较容易命名；项目的因素负荷值必须大于 0.3；项目的语言表述通顺得当。公因子方差如表 3-8 所示。

表 3-8　公因子方差

项	初始	提取	项	初始	提取	项	初始	提取
b1	1.000	.571	b13	1.000	.561	b25	1.000	.571
b2	1.000	.591	b14	1.000	.590	b26	1.000	.498
b3	1.000	.588	b15	1.000	.592	b27	1.000	.656
b4	1.000	.559	b16	1.000	.616	b28	1.000	.546
b5	1.000	.571	b17	1.000	.591	b29	1.000	.728
b6	1.000	.610	b18	1.000	.641	b30	1.000	.519
b7	1.000	.661	b19	1.000	.618	b31	1.000	.534
b8	1.000	.559	b20	1.000	.541	b32	1.000	.540
b9	1.000	.633	b21	1.000	.518	b33	1.000	.629
b10	1.000	.650	b22	1.000	.681	b34	1.000	.549
b11	1.000	.611	b23	1.000	.523			
b12	1.000	.596	b24	1.000	.574			

提取方法：主成分分析法。

从表 3-9 的结果可以看出，当限定抽取特征值大于 1 的共同因子时，共抽取出 8 个共同因素。转轴前这 8 个共同因素的特征值均大于 1，分别是 8.898、2.950、1.879、1.599、1.266、1.220、1.126、1.078。采用直交转轴的最大变异法后，8 个共同因素的特征值分别为 4.636、4.292、3.505、3.331、3.024、2.393、2.125、1.907，特征值均大于 1。并且抽取的 8 个因素，在转轴前能解释大于 2％的总变异，8 个共同因素可以解释问卷题项的 54.872％的变异量。

表 3-9　解释的总方差

成分	初始特征值			提取平方和载入		
	合计	方差的/%	累积/%	合计	方差的/%	累积/%
1	8.898	26.171	26.171	8.898	26.171	26.171
2	2.950	8.675	34.847	2.950	8.675	34.847
3	1.879	5.527	40.374	1.879	5.527	40.374
4	1.599	4.704	45.078	1.599	4.704	45.078
5	1.266	3.725	48.802	1.266	3.725	48.802
6	1.220	3.590	52.392	1.220	3.590	52.392
7	1.126	3.311	55.703	1.126	3.311	55.703
8	1.078	3.169	58.872	1.078	3.169	58.872

提取方法：主成分分析法。

　　碎石图表示与因子降维关联的特征值以及因子的数量。在主成分分析法中，能够直观地显示哪几个项目或因子占数据中变异性的大部分。通过分析碎石图（图 3-1）可知，从第 8 个题项开始往后碎石轨迹缓慢趋于平坦，说明将问卷 34 个题项对应的指标划归为 8 个因子具有一定的合理性。

　　为继续探讨各题项被划归为哪个因子，选择最大正交旋转法对 34 个题项进行分析。34 个项目经过最大正交旋转后，在每个因子上的负荷值均大于 0.4，且各项目都有唯一的因子与之相对应。旋转成分矩阵[a] 如表 3-10 所示。

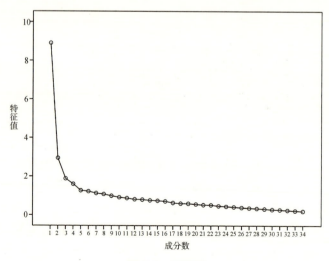

图 3-1　碎石图

表 3-10　旋转成分矩阵^a

项	成分							
	1	2	3	4	5	6	7	8
b10	.749							
b9	.677							
b7	.656							
b11	.639							
b8	.604							
b13	.499							
b6		.692						
b5		.648						
b4		.624						
b3		.583						
b1		.501						
b22			.645					
b14			.614					
b21			.597					
b15			.571					
b23			.540					
b12			.462					
b33				.733				
b34				.686				
b32				.584				
b31				.536				
b30				.505				
b16					.724			
b18					.686			
b19					.490			
b26						.616		
b25						.544		
b2						.526		

续表

项	成分							
	1	2	3	4	5	6	7	8
b24						.520		
b29							.788	
b27							.721	
b28							0.507	
b17								.719
b20								.622

提取方法：主成分分析法。

旋转法：具有 Kaiser 标准化的正交旋转法。

a. 旋转在 12 次迭代后收敛。

根据因素抽取和项目筛选的标准的基本要求，结合理论构想，通过反复的探索，最终形成了较为理想的因素结构（表 3-10）。问卷编制的过程中，共删除 8 个项目，经过项目分析后共抽取了 8 个因素，保留的 34 个项目形成家长的学前教育质量满意度调查正式问卷。

（3）因素命名

8 个因素所包含的题项与编制问卷维度的构想及题项相符合，并且根据各因素所包含的题项变量的特性，将因素一命名为"园所条件"，共包含 b7、b8、b9、b10、b11、b13 这 6 个题项；将因素二命名为"生活照顾"，共包括 b1、b3、b4、b5、b6 这 5 个题项；将因素三命名为"便利性"，共包括 b16、b18、b19 这 3 个题项；把因素四命名为"师资水平"，共包括 b30、b31、b32、b33、b34 这 5 个题项；把因素五命名为"读写算知识"，共包括 b2、b24、b25、b26 这 4 个题项；把因素六命名为"特长与技能"，共包括 b17、b20 这 2 个题项；把因素七命名为"资源利用"，共包括 b27、b28、b29 这 3 个题项；把因素八命名为"幼儿发展结果"，共包括 b12、b14、b15、b21、b22、b23 这 6 个题项。

4. 验证性因素分析

选择随机排序后偶数序号的样本（$N=251$）来做验证性因素分析。为检验所编制的问卷是否符合理论构想，本研究利用 Amos20.0 来验证问卷理论结构对施测数据的拟合程度，从而验证问卷理论结构的正确性。[1] 在结构方程建模中，从模型识别角度来看，一个潜在变量因子至少要含有 3 个观测指标，模型才能实现可识别。[2] 由于"特长与技能"维度仅保留 b17、b20 这 2 个题项，无法进行结构方程模型验证，经讨论此维度对问卷整体与理论结构的拟合程度影响不大，故以剩余的 32 个项目为观测变量，以生活照顾、便利性、园所条件、师资水平、读写算知识、资源利用、幼儿发展结果 7 个维度为潜在变量，建立验证性结构方程理论模型验证分析，应用极大似然法估计模型参数，得到理论模型与原始数据拟合程度指标。

拟合结果显示，模型的各项指标都达到了统计量的判断标准，其中 $\chi^2/df=1.131<2.00$，适配度指数 GFI$=0.795$，增值拟合度指数 NFI$=0.798$，离中拟合度指数 CFI$=0.971$，渐进残差均方和平方根 RMSEA$=0.034$，说明模型的建构较为合理，标准结构模型如图 3-2 所示。之后重新对剩余的 34 个题项进行整理排序，形成正式问卷（见附录五）。正式问卷项目如表 3-11 所示。

表 3-11　正式问卷项目

二级指标	三级指标	对应题项
生活照顾	①日常护理；②疾病预防；③膳食营养；④安全教育；⑤心理关爱	5、13、22、29、31
便利性	①早送晚接；②距离远近；③园车配备；④寒暑假入园	9、12、16、34
园所条件	①活动空间；②园内环境；③班级规模；④玩教具配备；⑤生活设施；⑥卫生保健设备	19、2、7、23、21、28
师资水平	①师德师风；②教师资格；③教师稳定性；④师幼关系；⑤专业理念	32、24、33、1、10
读写算知识	①拼音；②汉字；③算术	14、18、27
特长与技能	①弹唱跳画；②主持人特色班	15、20
资源利用	①自然资源；②人文资源；③民间游戏资源	3、17、26
幼儿发展结果	①身心状况；②生活习惯；③自理能力；④人际交往；⑤社会适应；⑥学习品质	11、4、8、25、6、30

---

① 钟典. 江西省幼儿家长学前教育质量需求的调查研究［D］. 南昌：江西师范大学，2018.
② 何涛. 结构方程模型 PLS 算法研究［D］. 天津：天津大学，2006.

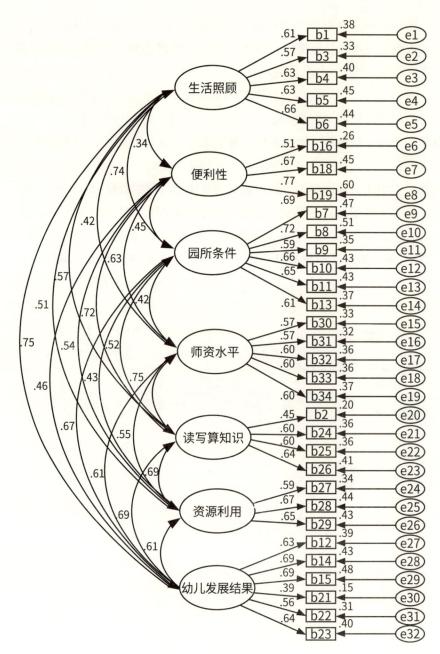

图 3-2　结构方程模型图

5. 信效度检验

李克特量表要求人们达到态度项与人们的实际态度相一致的程度。如果制定一个态度量表，要对其进行预先的测试，检验其信度和效度，还要通过预先测试来判定调查对象是否具有足够的知识和理解力，否则他们对量表的反应价值就是不可靠的。[①] 本研究以云南省寻甸县、湖北省建始县共计 200 名幼儿家长作为正式问卷信效度检验的调查样本，以问卷星的形式发放电子档正式问卷，搜集问卷信效度检验的数据。

（1）信度检验

心理测量的客观性可以从多方面加以衡量，信度和效度是检验问卷客观性的两项重要的指标。信度（reliability）是指测验结果的可靠程度。只有测验结果接近或等于实际值或多次测验结果十分接近时，才能认为测验结果是可靠的。我们说一个测验结果是可靠的，这是针对某一群体而非针对某一被试而言的。信度高低可用相关系数来表示，即用相关系数来估计两组随机变量一致性变化的程度。[②]

本研究采用 Cronbach's Alpha 系数法作信度的考验，Cronbach's Alpha 代表内部一致性信度，Cronbach's Alpha 值越大，表示内部一致性越佳。Cronbach's Alpha 值如果在 0.60～0.65 表示最好不要；Cronbach's Alpha 值如果在 0.65～0.70 表示最小可接受值；Cronbach's Alpha 值如果在 0.70～0.80 表示相当好；Cronbach's Alpha 值如果在 0.80～0.90 表示非常好。[③] 在项目分析及因素分析中所删除的题目不列入信度分析，表 3-12 是本调查问卷各个维度的信度分析结果，本研究问卷在各个维度的 α 系数值均在 0.70 以上，说明该问卷在信度上是可以被接受的，具体分析结果如表 3-12 所示。

表 3-12　可靠性统计量

项目	Cronbach's Alpha	基于标准化项的 Cronbach's Alpha	项数
生活照顾	.885	.887	6
便利性	.854	.858	3
园所条件	.868	.874	5
师资水平	.802	.809	5
读写算知识	.805	.812	4

---

① 梅雷迪思·S. 高尔，沃尔特·R. 博格，乔伊斯·Q. 高尔. 教育研究方法导论 [M]. 许庆豫，等，译. 6 版. 南京：江苏教育出版社，2002：250.

② 金瑜. 心理测量 [M]. 上海：华东师范大学出版社，2001：32.

③ 吴明隆. 问卷统计分析实物：SPSS 操作与应用 [M]. 重庆：重庆大学出版社，2010：178-181.

续表

项目	Cronbach's Alpha	基于标准化项的 Cronbach's Alpha	项数
特长与技能	.744	.767	2
资源利用	.895	.950	3
幼儿发展结果	.956	.877	6

（2）效度检验

效度（validity）表示一个测验确实地测量到它所欲测量对象的程度。效度是问卷测量中最重要的客观指标，没有效度指标的测验是不可使用的。[①]

①内容效度检验。在问卷使用之前，须明确测题的选样是否能表现所欲测量对象的关键内容，可对从问卷结构的逻辑和预测试的经验两个角度进行考虑。从内容的可靠性来看，问卷指标和题项设计来源于基于理论探讨和实地走访相结合的调研。问卷项目的编制是从文献梳理、半开放式访谈和预测问卷调查的结果，并邀请了一线的幼儿园教师、学前教育专业的专家、研究生以及幼儿家长对问卷维度和项目内容进行了审查和评价，特别讨论了项目对维度的代表性和表述的适切性，最终形成了问卷。这个过程确保了问卷良好的内容效度。

②结构效度。测量结果是否能够测量到理论上的构想，其对假设的解释水平如何，都是在问卷使用前应该考虑的。一般认为，测量工具的结构效度主要考虑因素分析得出的综合性因子是否符合测量学标准、各因素之间相关性是否适中（相关性过高说明指标独立性不强，过低则说明指标聚合性低）、各因素得分与工具总体得分的相关性是否较高。[②] 各因素之间及各因素与问卷总分的相关性如表 3-13 所示。

表 3-13　各个因素之间及各个因素与问卷总分的相关性

	生活照顾	便利性	园所条件	师资水平	读写算知识	特长与技能	资源利用	幼儿发展	总分
生活照顾	1								

① 倪晓. 贫困农村家长对幼儿园保教质量需求的调查研究 [D]. 长沙：湖南师范大学，2016.

② 王彦峰. 幼儿教师的师幼观研究 [D]. 长沙：湖南师范大学，2016.

	生活照顾	便利性	园所条件	师资水平	读写算知识	特长与技能	资源利用	幼儿发展	总分
便利性	.545	1							
园所条件	.575	.640	1						
师资水平	.599	.535	.522	1					
读写算知识	.655	.583	.506	.492	1				
特长与技能	.595	.536	.629	.354	.503	1			
资源利用	.658	.704	.582	.452	.415	.696	1		
幼儿发展结果	.515	.516	.537	.534	.484	.429	.766	1	
总分	.737	.594	.755	.668	.724	.820	.755	.777	1

表 3-13 显示，从各因素之间的相关性来看，相关系数在 0.415～0.766，相关性处于中等水平，因素与因素之间出现重合的可能性小，关联度适宜。从各因素得分与问卷得分之间的相关性来看，相关系数处于0.668～0.820，各因素与问卷总分相关性较好，各测量因素对测量工具总体的归属性较强。因此，《贫困农村幼儿家长的学前教育质量满意度调查问卷》具有良好的信度和效度，能够作为调查中西部贫困农村幼儿家长对学前教育质量满意度的测量工具。

二、研究结果

贫困农村幼儿家长根据自身对幼儿所接受学前教育质量的满意程度，对各题项打分。研究采用 5 点计分，每个题目最低 1 分，最高 5 分，分别表示填答者对该项目"非常不满意""不满意""一般满意""比较满意""非常满意"，分数越高则表明满意度越高。项目研究共回收 1520 份问卷，回收率为 95%，剔除无效问卷 68 份，保留 1452 份问卷。

（一）家长对学前教育质量的满意度得分

将调查对象对学前教育质量的满意度以及总满意度用均数、标准差进行统计描述，即得到生活照顾平均分、便利性平均分、园所条件平均分、师资水平平均分、读写算知识平均分、特长与技能平均分、资源利用平均分、幼儿发展结果平均分和总体满意度平均分。结果显示，总体满意度得分为3.84±0.32，8 个维度满意度得分中最高的是便利性，平均分为 4.05±0.47，得分中最低的为师资水平，平均分为 3.75±0.46，详情见表 3-14。

表 3-14　家长对学前教育质量各维度的满意度

项目	得分（X̄±S）	95％CI	排序
生活照顾	3.83±0.52	(3.77，3.91)	4
便利性	4.05±0.47	(3.92，4.16)	1
园所条件	3.77±0.52	(3.72，3.84)	7
师资水平	3.75±0.46	(3.69，3.81)	8
读写算知识	3.91±0.46	(3.86，4.01)	2
特长与技能	3.88±0.53	(3.82，3.91)	3
资源利用	3.80±0.62	(3.75，3.92)	5
幼儿发展结果	3.79±0.47	(3.76，3.82)	6
总体满意度	3.84±0.32	(3.79，3.89)	

从表 3-14 数据可以看出，家长对幼儿入园的便利性和读写算知识最为满意，对特长与技能的学习及生活照顾较为满意。但是，贫困农村幼儿家长对幼儿园的师资水平和园所条件表现依然最不满意，对资源利用和幼儿发展结果较为不满意。从贫困农村幼儿家长对学前教育质量不同需求维度的满意度来分析，首要需求维度的学前教育质量包括生活照顾和便利性两个指标，其家长满意度水平最高，满意度得分为 3.94；基本需求维度的学前教育质量包括园所条件和师资水平两个指标，其家长满意度水平最低，满意度得分为 3.76；核心需求维度的学前教育质量包括读写算知识和技能特长的学习两个指标，其家长满意度较高，满意度得分为 3.89；发展需求维度是学前教育质量包括教育资源利用、幼儿发展结果两个指标，其家长满意度较低，满意度得分为 3.80。家长对学前教育质量不同需求维度的满意度得分折线如图 3-3 所示。

（二）家长对学前教育质量满意度得分的人口学特征差异

为了探讨人口学特征对家长满意度的影响，有必要分析性别、户口所在地、学历、家庭收入等不同人口学变量下家长满意度得分状况。因为家长满意度得分均值为连续变量，呈正态或近似正态分布，故计量结果以 X̄±S 表示，方差齐者采用方差分析，利用 LSD 方法进行事后两两比较，方差不齐的情形下采用 Tamhanes 的 T2 法进行事后两两比较，$P < 0.05$ 差异具有统计学意义。

精准扶教
∷
中西部贫困农村学前教育质量保障研究

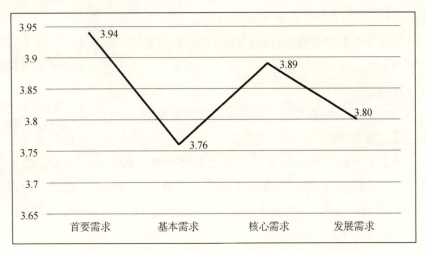

图 3-3　家长对学前教育质量不同需求维度的满意度得分折线图

1. 家长对学前教育质量满意度的性别差异

考虑到父亲与母亲在子女学前教育过程中分工、参与度、对子女发展的期望和对学前教育质量认识的不同，有必要对贫困地区幼儿家长对学前教育满意度的性别差异进行分析。家长对学前教育质量满意度的性别差异如表 3-15 所示。

表 3-15　家长对学前教育质量满意度的性别差异

维度	性别		事后检验
	男	女	
生活照顾	3.83±0.41	3.85±0.43	——
便利性	4.10±0.35	3.98±0.44	——
园所条件	3.69±0.48	3.83±0.51	女＞男＊
师资水平	3.79±0.43	3.87±0.45	——
读写算知识	4.05±0.42	3.86±0.44	——
技能与特长	3.87±0.34	3.89±0.45	——
教育资源利用	3.72±0.44	3.94±0.45	女＞男＊
幼儿发展结果	3.68±0.41	3.84±0.42	——
总体满意度得分	3.84±0.43	3.88±0.41	女＞男＊

从上表数据可知，家长对学前教育质量满意度总得分在性别上差异显著，母亲对学前教育质量的总体满意度（3.88±0.41）高于父亲的总体满

意度（3.84±0.43）；生活照顾、便利性、师资水平、读写算知识、技能与特长五个维度的满意度得分在性别上无显著差异；园所条件、教育资源利用两个维度的满意度得分在性别上差异显著；幼儿发展结果的满意度得分在性别上差异巨大。

2. 家长对学前教育质量满意度的地区差异

考虑到中西部不同地区贫困农村学前教育质量政策、社会经济文化各异，有必要分析贫困农村学前教育质量家长满意度的地区差异。样本县（区）中，盐池县和同心县为西北地区；建始县、恩施市、古丈县和泸溪县为中部地区；寻甸县和临沧市临翔区为西南地区，对不同地区的家长满意度总分和各维度的得分进行分析（表3-16）。

表3-16 家长对学前教育质量满意度的地区差异

维度	地区			事后检验
	西北	西南	中部	
生活照顾	3.80±0.49	3.79±0.45	3.84±0.45	——
便利性	4.07±0.50	4.01±0.47	3.97±0.46	1>3**
园所条件	3.75±0.47	3.79±0.51	3.80±0.56	3>1**
师资水平	3.70±0.54	3.78±0.42	3.77±0.41	2>1*
读写算知识	4.01±0.44	3.99±0.45	4.09±0.45	——
技能与特长	3.91±0.50	3.96±0.51	3.80±0.52	
教育资源利用	3.89±0.31	4.02±0.42	3.91±0.49	2>1*；2>3*
幼儿发展结果	3.75±0.80	3.82±0.39	3.79±0.43	
总体满意度得分	3.85±0.47	3.88±0.51	3.86±0.48	

注：1表示西北，2表示西南，3表示中部

分析上表数据可知，贫困农村幼儿家长对学前教育质量的满意度总得分在地区上差异不显著；从不同维度来看，家长对生活照顾、读写算知识、技能与特长和幼儿发展结果的满意度在地区上差异不显著，对便利性、园所条件、师资水平和教育资源利用的满意度在地区上差异显著，具体表现为西北地区幼儿家长对便利性的满意度得分（4.07±0.50）比中部地区幼儿家长对便利性的满意度得分（3.97±0.46）高，中部地区幼儿家长对园所条件的满意度得分（3.80±0.56）比西北地区幼儿家长对园所条件的满意度得分（3.75±0.47）高，西南地区幼儿家长对师资水平的满意度得分（3.78±0.42）比西北地区幼儿家长对师资水平的满意度得分（3.70±0.54）高，西南地区幼儿家长对教育资源利用的满意度得分（4.02±0.42）比西北地区幼儿家长对教育资源利用的满意度得分（3.89±0.31）和中部地区幼儿家长对教育资源利用的满意度得分（3.91±0.49）高。

3. 家长对学前教育质量满意度的学历差异

根据表 3-17 数据可知，贫困农村幼儿家长对学前教育质量总体满意度得分在学历上差异显著，小学学历幼儿家长的满意度得分（3.93±0.53）高于大专学历幼儿家长的满意度得分（3.83±0.43）和大学本科及以上学历幼儿家长的满意度得分（3.78±0.46），初中学历幼儿家长的满意度得分（3.90±0.45）高于大专学历幼儿家长的满意度得分（3.83±0.43）。

表 3-17　家长对学前教育质量满意度的学历差异

维度	学历					事后检验
	小学	初中	高中（中专）	大专	大学本科及以上	
生活照顾	4.01±0.42	3.94±0.53	3.74±0.5	3.72±0.54	3.69±0.43	1>2*；1>3*；1>4**；1>5*；3>5*
便利性	4.12±0.34	4.07±0.46	3.91±0.45	3.96±0.58	3.99±0.43	——
园所条件	3.85±0.58	3.83±0.52	3.75±0.5	3.81±0.50	3.74±0.52	2>5*
师资水平	3.84±0.49	3.71±0.47	3.76±0.45	3.76±0.46	3.62±0.48	1>5**；3>5*
读写算知识	4.06±0.52	3.88±0.46	3.91±0.47	3.90±0.45	3.89±0.45	1>3*；1>5*；3>5*
技能与特长	4.01±0.37	3.92±0.52	3.93±0.52	3.83±0.53	3.87±0.56	——
教育资源利用	3.75±2.05	3.90±0.48	3.85±0.45	3.89±0.48	3.83±0.45	
幼儿发展结果	3.81±1.1	3.91±0.44	3.75±0.4	3.76±0.45	3.66±0.41	2>4*
总体满意度得分	3.93±0.53	3.90±0.45	3.82±0.51	3.83±0.43	3.78±0.46	1>4*；1>5**；2>4*

注：1 表示小学，2 表示初中，3 表示高中（中专），4 表示大专，5 表示大学本科及以上；* $P<0.05$，** $P<0.001$。

从学前教育质量满意度的不同维度来看，便利性、技能与特长和教育资源利用的满意度得分在幼儿家长的学历上差异不显著；生活照顾、园所条件、师资水平、读写算知识和幼儿发展结果的满意度得分在幼儿家长的学历上差异显著。小学学历幼儿家长对生活照顾的满意度得分（4.01±0.42）大于其他学历水平幼儿家长，高中（中专）学历幼儿家长对生活照顾的满意度得分（3.74±0.5）高于大学本科及以上学历的幼儿家长对生活照顾的满意度得分（3.69±0.43）；初中学历幼儿家长对园所条件满意度得分（3.83±0.52）高于大学本科及以上学历幼儿家长对园所条件的满意度得分（3.74±0.52）；小学学历幼儿家长对师资水平的满意度得分（3.84±0.49）和高中（中专）学历幼儿家长对师资水平的满意度得分（3.76±0.45）高于大学本科及以上学历幼儿家长对师资水平的满意度得分（3.62±0.48）；小学学历幼儿家长对读写算知识的满意度得分（4.06±0.52）高于高中（中专）学历幼儿家长对读写算知识的满意度得分（3.91±0.47）及大学本科及以上学历幼儿家长对读写算知识的满意度得分（3.89±0.45），高中（中专）学历幼儿家长对读写算知识的满意度得分（3.91±0.47）高于大学本科及以上学历幼儿家长对读写算知识的满意度得分（3.89±0.45）；初中学历幼儿家长对幼儿发展结果的满意度得分（3.91±0.44）高于大专学历幼儿家长对幼儿发展结果的满意度得分（3.76±0.45）。

4. 家长对学前教育质量满意度的家庭收入差异

根据表 3-18 数据可知，贫困农村幼儿家长对学前教育质量总体满意度得分在家庭人均年收入上差异显著，家庭人均年收入 2300 元以下的幼儿家长满意度得分（3.88±0.46）高于家庭人均年收入 4101—5000 元的幼儿家长满意度得分（3.81±0.65）和家庭人均年收入 5001 元以上的幼儿家长满意度得分（3.78±0.49）；家庭人均年收入 2301—3200 元的幼儿家长的满意度得分（3.86±0.59）高于家庭人均年收入 5001 元以上的幼儿家长满意度得分（3.78±0.49）。

从学前教育质量满意度的不同维度来看，幼儿家长对生活照顾、便利性、师资水平、读写算知识和技能与特长等的满意度得分在家庭人均年收入上差异显著。家庭人均年收入 2300 元以下的幼儿家长对生活照顾的满意度得分（3.77±0.52）高于家庭人均年收入 3201—4100 元的幼儿家长对生活照顾的满意度得分（3.72±0.48）和家庭人均年收入 5001 元以上的幼儿家长对生活照顾的满意度得分（3.73±0.53），家庭人均年收入2301—3200元的幼儿家长对生活照顾的满意度得分（3.85±0.45）高于家庭人均年收入4101—5000元的幼儿家长对生活照顾的满意度得分（3.74±0.56）；在对便利性的满意度上，家庭人均年收入2301—3200元的幼儿家长满意度得分（4.05±0.45）高于家庭人均年收入4101—5000元的幼儿家长满意度得分（4.01±0.47），家庭人均年收入3201—4100元的幼儿家长满意度得分（4.08±0.46）高于家庭人均年收入5001元以上的幼儿家长满意度得分（3.94±0.46）；在对师资水平的满意度上，家庭人均年收入2300元以下的幼儿家长满意度得分（3.78±0.46）高于其他水平收入的幼儿家长；在对技能与特长的满意度得分上，家庭人均年收入2300元以下的幼儿家长满意度得分（3.96±0.43）高于家庭人均年收入4101—5000元的幼儿家长满意度得分（3.89±0.55），家庭人均年收入2300元以下的幼儿家长满意度得分（3.96±0.43）高于家庭人均年收入5000元以上的幼儿家长满意度得分（3.90±0.54），家庭人均年收入2301—3200元的幼儿家长满意度得分（3.95±0.49）高于家庭人均年收入4101—5000元的幼儿家长满意度得分（3.89±0.55）；在对读写算知识的满意度上，家庭人均年收入2300元以下的幼儿家长满意度得分（3.92±0.47）高于家庭人均年收入4101—5000元的幼儿家长满意度得分（3.84±0.44）和家庭人均年收入5001元以上的幼儿家长满意度得分（3.88±0.49），家庭人均年收入2301—3200元的幼儿家长满意度得分（4.00±0.45）高于家庭人均年收入5000元以上的幼儿家长满意度得分（3.88±0.49）。

表3-18　家长对学前教育质量满意度的家庭收入差异

维度	家庭人均年收入					事后检验
	2300元以下	2301—3200元	3201—4100元	4101—5000元	5001元以上	
生活照顾	3.77±0.52	3.85±0.45	3.72±0.48	3.74±0.56	3.73±0.53	1>3*；1>5**；2>4**
便利性	3.97±0.46	4.05±0.45	4.08±0.46	4.01±0.47	3.94±0.46	2>4*；3>5*
园所条件	3.88±0.50	3.85±0.55	3.73±0.53	3.81±0.52	3.69±0.51	——

续表

维度	家庭人均年收入					事后检验
	2300元以下	2301—3200元	3201—4100元	4101—5000元	5001元以上	
师资水平	3.78±0.46	3.72±0.42	3.74±0.41	3.75±0.54	3.73±0.50	1＞2*；1＞3*；1＞4*；1＞5*
读写算知识	3.92±0.47	4.00±0.45	3.91±0.47	3.84±0.44	3.88±0.49	1＞4*；1＞5**；2＞5*
技能与特长	3.96±0.43	3.95±0.49	3.86±0.54	3.89±0.55	3.90±0.54	1＞4**；2＞4*；1＞5*
教育资源利用	3.86±0.47	3.82±0.86	3.85±0.47	3.75±0.5	3.76±0.57	——
幼儿发展结果	3.87±0.43	3.82±0.55	3.79±0.4	3.74±0.52	3.69±0.47	——
总体满意度得分	3.88±0.46	3.86±0.59	3.83±0.33	3.81±0.65	3.78±0.49	1＞4**；1＞5**；2＞5*

注：1 表示 2300 元以下，2 表示 2301—3200 元，3 表示 3201—4100 元，4 表示 4101—5000 元，5 表示 5001 元以上；* $P<0.05$，** $P<0.001$.

三、讨论

家长是学前教育质量保障的重要价值主体。国家为规范幼儿园教育质量所颁发法律法规文件中的相关规定为中西部贫困农村学前教育质量保障提供了宏观的价值引导，然而中西部贫困农村学前教育质量保障目标的确定应基于社会、学前教育机构及家长之间的共同协商。因此，有必要探究家长自下而上对学前教育质量的合理需求，讨论学前教育质量的家长满意度与贫困农村学前教育质量保障现状的关系，从而为精准地满足这些合理需求提供证据。

（一）家长满意度、学前教育质量和学前教育质量保障的关系

学前教育质量的价值主体是幼儿，幼儿家长对学前教育质量的满意度是幼儿家长对学前教育质量满足幼儿身心发展需求和自身对子女成长期望要求程度的判断和评价，因此，幼儿家长对学前教育质量的满意度是主观的。学前教育质量保障是为满足幼儿身心发展需求和家长对学前教育质量的需求所提供的观念、资源、制度和机制的总和，其本身具有客观性，学

前教育质量保障的客观效果是当下的学前教育质量。因此，客观的学前教育质量和主观的幼儿家长满意度是学前教育质量保障的共同效果，而客观的学前教育质量影响主观的幼儿家长满意度。

贫困农村学前教育质量的现实影响着幼儿家长对学前教育质量的满意度，如师资水平滞后是当前贫困农村学前教育质量面临的主要困境之一，投射到幼儿家长满意度上的表现是幼儿家长对师资水平的满意度得分最低；贫困农村幼儿园的生均公用经费制度尚未建立，幼儿园用于日常运作的资金缺乏持久保障导致园舍条件配备陈旧，质量达不到国家规定的最低标准水平，不能满足幼儿家长对规范安全环境的基本需求，投射到幼儿家长满意度上的表现为幼儿家长对园所条件满意度的偏低；国家通过《关于实施第三期学前教育行动计划的意见》，重点解决"入园难"问题，贫困农村实行"幼教入村"，并辅以多种形式的非正规学前教育方式促进偏远牧区和流动儿童接受学前教育，适龄幼儿对学前教育的可获取程度大幅度提高，投射到幼儿家长满意度上的表现为幼儿家长对学前教育的首要需求得到满足，幼儿入园机会的增加消除了贫困农村幼儿家长外出劳作和打工的后顾之忧，因此对生活照顾和入园便利性的满意度最高。综上，当前贫困农村学前教育质量的现状客观影响着幼儿家长对学前教育质量的满意度。

反之，幼儿家长对学前教育质量满意度的得分在一定程度上反映了当前学前教育质量的供给对幼儿家长学前教育需求的满足程度。结合对幼儿家长的访谈了解到，随着国家近年来对学前教育的重视，特别是在全国范围内完成教育部等提出的《关于实施第三期学前教育行动计划的意见》，乡镇和农村大批幼儿园建立起来，基本上实现了相邻大村联合办园和幼教点入小村的"一村一园"的格局。随着国家"精准扶贫"政策大力推进，贫困农村"四通"覆盖面不断扩大，公路"村村通"的变化提高了接送幼儿的便利性。农村幼儿园所充分考虑到幼儿家长劳作的时间，作息并未严格按照一日生活制度，相对灵活，因此幼儿家长对便利性的满意度最高。尽管国家在相关法律法规中多次宣传治理和纠正幼儿园教育"小学化"现象，但随着应试压力下移，贫困农村幼儿家长对于子女超前教育的愿望迫切，观念更新困难，导致幼儿园对读写算知识和特长与技能的训练持默许态度，甚至某些公办幼儿园为了和民办幼儿园抢夺生源，对幼儿家长的不合理需求主动迎合，因此部分幼儿家长对读写算知识和特长与技能的满意度较高。中西部贫困农村地区办园经费来源少，有的园舍由小学富余的园舍改造而成，基本设施设备不完善，维修、更新和补充的周期较长，故幼儿家长对园所基本条件的满意度较低；中西部贫困农村地区幼儿园数量剧增，幼儿教师数量的增长速度不能满足幼儿园的需要，加之农村地区幼儿教师编制少、待遇低、流动性大等，称职的幼儿教师流失严重，因此幼儿家长对师资水平的满意低。

学前教育质量保障的目的是通过改善学前教育质量的客观现状，最大限度地整合可利用资源满足幼儿身心发展需求的同时，确保幼儿家长合理的学前教育质量需求得到满足。因此，客观地提高学前教育质量满足幼儿的身心发展需求和提高幼儿家长对合理学前教育质量需求的满意度，是学前教育质量保障应精确瞄准的目标。

（二）学前教育质量家长满意度的影响因素

1. 家长对学前教育质量的价值判断影响其满意度水平

家长对学前教育质量的满意度源自家长对学前教育质量供给对自身质量需求满足程度的评价，这个价值判断的科学性受到家长的学前教育质量观念的制约。目前，诸如幼儿园园所条件、便利性、生活照顾以及师资水平等质量指标是家长能够看得见，并通过与幼儿园的信息交流和参与幼儿园亲子活动感知以及正确判断的。但是，并非学前教育质量的所有维度都能为给家长提供充分的判断依据，如幼儿的发展结果这个质量指标的判断并非家长在短时间内可以感知的。因此，贫困农村幼儿家长对核心需求维度和发展需求维度的学前教育质量的价值判断受感性认识和外在可感知的质量信息的影响较小，而受自身主观的质量观念的影响较大，如注重学前教育升学功能的家长追求孩子短期学习效果，对幼儿园教授读写算知识的需求较为明显；注重学前教育终身奠基功能的家长更强调幼儿身心发展的全面性和良好习惯的养成，对读写算知识的需求较低，对生活习惯、自理能力和社会性习得需求较高。

2. 家长对学前教育质量满意度随着家长学前教育质量观念的变化而变化

随着自身育儿能力和育儿经验的增多，贫困农村幼儿家长的学前教育质量观念会发生变化，其对学前教育质量满意度也会随之发生改变。如公办幼儿园通过组织亲子活动促进幼儿家长对幼儿在园一日生活的了解，改变贫困农村部分幼儿家长忙于生计而充当幼儿教育"甩手掌柜"的现象。

随着幼儿家长对幼儿园活动参与度的提升，幼儿家长越来越能理解幼儿园游戏活动组织对幼儿发展的意义，科学的育儿理念通过耳濡目染的方式渐渐被幼儿家长接受，因而幼儿家长过分追求"小学化"教育的需求逐渐消退，从而使家长更加认可以游戏为基本活动的幼儿园教育理念，减少了"小学化"教育的不合理质量观引发的学前教育质量信息不对称，家长更加倾向于认同符合幼儿兴趣和成长需求的教育活动。再如，二胎父母经过头胎幼儿养育经验的积累，可以更加科学地理解和掌握幼儿的身心发展规律和成长需求，于是在二胎幼儿养育过程中的学前教育质量观发生了变化，他们更加关注幼儿园教育师幼互动、课程实施、教育资源开发等过程性质量，因而对学前教育质量的各个维度比较"挑剔"，满意度较低。

3. 人口学特征影响家长对学前教育质量的满意度

（1）家长学历对满意度的影响

家长中，父亲对学前教育质量的评价标准多以幼儿的需求是否得到合理满足为依据，而较少受到主观因素和外界宣传的影响。在访谈中我们了解到，贫困农村大专以上学历的父亲都能认识到"小学化"教育对幼儿长远发展的危害，不少幼儿的父亲告诉课题组，他们是迫于功利化"大环境"才无奈认同孩子所上幼儿园的"小学化"教育，因为绝大多数家长都要求幼儿园进行读写算知识的训练。张娜等学者通过实证研究得出不同学历层次的家长对教育的满意度评价不同，学历层次越低的家长对教育的满意度越高，而学历层次越高的家长对教育的满意度越低。[①] 幼儿家长对幼儿园教育质量的满意度受自身认知水平的影响，父亲的学历是影响家庭对教育价值认识程度和家庭对人力资本投入水平的关键因素之一。父亲的学历越高，家庭对幼儿身心发展的真实需求的理解和把握也就更加准确，不会盲目追求学前教育对幼儿发展的表面价值，对学前教育质量的评价趋于理性，受社会化功利思想和幼儿园自我宣传的影响较小。面对中西部贫困农村幼儿园"小学化"教育依然存在的现实，得出家长的学历越高，对学前教育质量的满意度就越低的结论。

有研究表明，顾客参与和顾客满意度成正相关。[②] 家长中，母亲对学前教育质量评价的标准来自自身的经验和认知，同时受到对子女幼儿园教

---

① 张娜. 公众对区域基础教育满意度影响因素研究：基于北京市公众教育满意度调查［J］. 中国教育学刊，2012（08）：22-25.

② 望海军，汪涛. 顾客参与、感知控制与顾客满意度关系研究［J］. 管理科学，2007（03）：48-54.

育生活过程参与度的影响。我国一直沿袭着年幼子女的教育和养育主要由母亲负责的传统思想，具有高中（中专）以上学历的女性在贫困农村地区属于较高学历人群，她们成为母亲后更多地选择外出务工，陪伴和照顾子女的时间相对较少，因而她们愿意把养育幼儿的重任托付给幼儿园。母亲平时参与孩子的家园共育活动少，对幼儿园保教活动质量的信息掌握有限，加之女性对外界事物的判断较男性而言更为主观且更具有感性的特点，在贫困农村地区这一少部分高育儿标准的母亲看来，幼儿园对孩子的保教工作总不如自己的好，教育质量很难满足自己的需求，因而满意度较低。相反学历较低的母亲在家料理家务花费的时间和精力以及接送子女上幼儿园花费的时间和精力相对较多，能够通过日常的接送交流和家园共育建立起对幼儿园和幼儿教师的信任；即使外出打工，她们更关注幼儿园能否看管好孩子以便减少自己工作的后顾之忧，因而对教育质量的考虑较少，所以这一部分母亲对学前教育质量的满意度较高。

（2）家庭收入对满意度的影响

美国营销专家奥利弗·布兰查德（Oliver Blanchard）提出期望差距的概念，认为消费者对产品或服务的体验与心理期望之间存在一定的差距，而满意度是消费者期望与期望差距的函数。[①] 家庭月收入是影响家庭对学前教育资本投入的重要因素，月总收入水平偏低的家庭，用于支付幼儿学前教育相关费用的能力有限，因而对学前教育质量的需求会相应降低，由理想中追求的"入好园"，变为基于现实经济条件的"有园入"。月收入偏低的家庭会选择性地放弃某些经济成本相对较高的学前教育质量需求，如上高端园所、报特长班等，其需求转而聚焦于幼儿园的基本教育质量，如追求合格稳定的教师、规范的园所条件，甚至只要求幼儿园照顾好幼儿在园的生活以消除自己工作的后顾之忧，对学前教育质量的期望值趋于理性。

胡平、秦惠民等通过实证研究证明不同收入水平的人对政府和教师的满意度评价存在差异，即收入水平越高，满意度越低。[②] 较高收入家庭对子女学前教育质量期望比教育机会期望的层次要高，实现的难度也更大。这部分家长对于学前教育质量的认识不仅有基于自身身份、认知的主观预

① 李伟涛. 基础教育阶段学生家长满意度的影响因素：来自上海的调研证据 [J]. 教育发展研究，2014, 33（22）：76-81.

② 胡平，秦惠民. 择校意愿的心理机制：义务教育服务满意度模型与实证研究 [J]. 北京大学教育评论，2011, 9（04）：118-132，187.

精准扶教

：中西部贫困农村学前教育质量保障研究

期，同时有足够的经济实力为子女选择更好的教育资源，有更多满足教育需求的替代性方案，对孩子所上幼儿园的教育质量不是心甘情愿地接受而是带有"挑剔"意味地评价，对学前教育质量评价的标准掺杂理想化的成分较多，因此这部分家长对学前教育质量的满意度较低。

四、小结

（一）幼儿家长对学前教育质量的满意度为中等偏上

贫困农村幼儿家长对学前教育质量的总体满意度得分为 3.84 ± 0.32（总分为 5 分），处于一般满意到比较满意之间，总体满意度为中等偏上。贫困农村幼儿家长对学前教育质量各个维度的满意度得分多数处于 3 分到 4 分之间，各个质量维度的满意度不均衡。

（二）幼儿家长对学前教育质量的满意度能为精准保障学前教育质量提供自下而上的事实依据，但不是唯一依据

1. 幼儿家长对学前教育质量的满意度体现了质量供给对家庭需求的满足状况

幼儿家长是学前教育质量重要的相关利益者，为防止中西部贫困农村学前教育资源的供需错位，幼儿家长的满意度是探究贫困农村学前教育质量的需求和供给关系的重要视点。然而，幼儿家长对学前教育质量的需求有合理与不合理之分。幼儿家长的合理需求若能得到满足，其满意度高，说明幼儿园提供了规范而有质量的学前教育服务；幼儿家长的合理需求若未能得到满足，其满意度低，反映了学前教育质量欠佳，因此需要重点保障。如调查结果显示，幼儿家长对幼教师资水平和园所条件的满意度最低，这反映了现实的师资水平和园所条件质量不高的问题，需要精准地进行保障；再如家长对便利性和生活照顾的满意度最高，说明当下中西部贫困农村幼儿园教育质量的供给能够满足幼儿家长的首要需求，贫困农村适龄幼儿的"入园难"问题目前不是幼儿家长面临的主要困境，应将学前教育发展的有限资源和力量精准地聚焦于提供有质量的在园一日生活当中。

2. 科学引导幼儿家长对学前教育质量的价值判断有利于精准保障学前教育质量

家庭是对有质量学前教育的需求侧，同时，幼儿家长也是学前教育质量保障的推动者和督促者。幼儿家长对学前教育质量的价值判断，一方面能通过择园行为的市场效应影响部分幼儿园的质量，另一方面通过与幼儿

园的日常交流对幼儿园的质量进行督促，是贫困农村学前教育质量供需的重要调节力量。如果家长对学前教育质量的价值判断合理，符合3—6岁幼儿身心发展规律和成长需求，家庭就会选择教育理念科学和保教行为适宜的幼儿园，并在家园合作中通过不满意的评价，推动幼儿园教育质量更符合自身的合理需求，客观上促进幼儿园保教质量的提升。倘若幼儿家长对学前教育质量的价值判断偏离了3—6岁幼儿身心发展规律和成长需求，家庭就会选择与之不合理需求相适应的幼儿园，如希望幼儿超前学习小学知识的"功利型"幼儿家长会选择进行"小学化"教育的民办幼儿园而排斥主张课程游戏化教育的公办幼儿园，在一定程度上助长某些幼儿园为迎合幼儿家长不合理需求而通过开办兴趣班、特长班牟取私利的幼儿园的发展势头，加剧贫困农村家庭对有质量学前教育认识的信息不对称，形成学前教育质量提升的恶性循环，阻碍贫困农村学前教育质量保障的发展。

因此，科学看待和引导贫困农村幼儿家长对学前教育质量的价值判断是促进贫困农村学前教育质量保障的重要部分。政府、社会应通过电视媒体、互联网、现场宣传等多种途径向家庭宣传和普及科学的育儿观、教育观和学前教育质量观，幼儿园应通过组织家长会、亲子活动、家园开放日等家园共育活动引导幼儿家长全方位了解幼儿在园一日活动信息，向家长宣传科学的学前教育质量观，积极营造幼儿家长对园所和班级的保教质量进行客观评价和督促的环境。

第四章　中西部贫困农村学前教育
　　　质量保障的现实透视

多元主体之间的相互承认是契约活动的前提和基础，提升和保障贫困农村学前教育质量应摒弃"贫困即无能"的先见和偏见。研究贫困农村学前教育质量保障的现状，设身处地地理性关怀比自上而下的批判更有意义。因此，本章首先探究植根于贫困农村社会文化生态的学前教育质量保障措施，以此寻找和挖掘贫困农村学前教育质量保障过程中天然的优势资源和经验；其次通过现实透视诊断和分析现有保障措施的问题，为探寻和优化贫困农村学前教育质量保障的可行路径提供事实依据。

第一节　中西部贫困农村学前教育质量保障的现状

医学领域的方法论"循证"，启迪着我们打破社会科学研究方法固有的思维误区，为学前教育研究探寻符合学科特点与需求、能有效指导学前教育研究实践的方法，从而为研究者专业判断能力的提高和实践主体专业能动性发展服务。中西部贫困农村学前教育质量保障的现状研究，既需要探究现有贫困农村学前教育质量保障主体所采取的措施，也应有对其行为起着驱动作用的价值观念和动机的追寻。因此，我们通过访谈贫困农村幼儿教师、幼儿园园长、幼儿教育行政人员等不同主体，结合实地调研收集的政策文本和观察笔录，采用"循证"的实证思路进行贫困农村学前教育质量保障的现实透视。

一、中央政府明确对贫困农村学前教育质量保障政策倾斜

2010 年国务院颁布《国家中长期教育改革和发展规划纲要（2010—2020 年）》，强调重点支持和发展贫困农村地区学前教育，国家开始采用

点面结合的方式对贫困农村学前教育质量保障进行政策倾斜，采取多种形式扩大农村学前教育资源和支持贫困农村地区发展学前教育，保障适龄儿童能接受有质量的学前教育。2010年下半年，国务院颁发《关于当前发展学前教育的若干意见》，先后牵头制定和实施三期学前教育发展专项计划，将学前教育资源重点扩充至中西部农村地区特别是"老、少、边、穷、岛"地区。2014年国务院办公厅出台的《国家贫困地区儿童发展规划（2014—2020年）》明确提出，加大中央财政对集中连片贫困地区的学前教育发展重大项目、农村学前教育推进工程的倾斜支持力度，帮助家庭经济困难儿童、孤儿和有特殊需要的适龄儿童接受普惠性学前教育。[①] 2018年中共中央、国务院通过颁发"中九条"强调国家将继续以学前教育发展行动计划的形式，将普惠性幼儿园重点延伸至偏远贫困农村地区和公办幼儿园辐射不到的自然村。同年11月颁布《学前教育深化改革规范发展的若干意见》，强调引导和支持城镇优质幼儿园和大村联合办园发挥业务辐射带动作用，加强对薄弱幼儿园的专业引领和实践指导。此外，中央政府为了更有力地应对中西部贫困农村学前教育发展过程中遇到的具体问题，专门颁布了一系列文件以求有针对性地提出解决措施。

（一）多种方式扩大中西部贫困农村学前教育资源

"十二五"期间，中央财政已投入500亿元，重点支持4大类7个项目，具体包括支持中西部农村改建、扩建幼儿园；建山区巡回支教试点；设立"奖补资金"，扶持提供普惠性服务、招收农民工子女的民办幼儿园和城市集体、企事业单位办园；实施中西部农村幼儿教师国家级培训计划；建立贫困儿童、孤儿和残疾儿童的幼儿教育资助制度。2011年颁布了《关于印发支持中西部地区利用农村闲置校舍改建幼儿园实施方案的通知》，明确了农村幼儿园改建的基本要求和目标。2011—2013年期间，中央通过调研和摸底，在确实需要新增幼儿园的地区，选择地址合适的农村闲置小学校舍和其他富余公共资源，如村委会活动室等，依据地方制定的幼儿园建设标准改建成幼儿园。为确保基本园舍和基本设施的质量，中央财政支持配备必要的玩教具、保教和生活设施设备。2015年7月，财政部、教育部印发《中央财政支持学前教育发展资金管理办法》的通知，强调在有需要的地区，按规划改建和扩建拟增设附属幼儿园或

① 徐发秀. 民族地区农村学前教育发展中政府责任研究：以恩施州为例 [D]. 武汉：中南民族大学，2017.

幼教点的村小富余校舍，配备玩教具、保教和生活设施设备，满足幼儿入园的基本需求。

（二）制定学前教育巡回支教政策，加强队伍建设

为解决中西部贫困农村地区幼儿园专业师资缺乏、流动性大的问题，2012年，财政部、教育部在山西、湖南等5省启动实施"中西部农村偏远地区学前教育巡回支教试点工作"。中央财政给予适当补助，激励省市财政配套支出，扩大实施中西部农村偏远自然村学前教育巡回支教试点，将支教试点着重向人口分散的贫困农村和流动牧区延伸，通过政府购买服务和动员社会力量招募学前教育专业大中专毕业生志愿者开展巡回支教。①规定巡回支教志愿者工作生活补贴标准参照用人单位所在地事业单位新聘用工作人员试用期满后的工资水平。中央财政对巡回支教志愿者在岗期间的工作生活补贴以及参加社会保险等费用给予补助，其中西部地区每人每年补助1.5万元，中部地区每人每年补助1万元。中西部贫困农村偏远学前教育巡回支教试点的开展，是中央财政着力于补充偏远地区学前教育师资队伍的实践探索，引导和激励省市财政对贫困农村幼儿教师队伍建设的支持，为贫困地区学前教育师资建设提供了适宜和灵活的思路。许多巡回支教志愿者愿意扎根当地继续工作，成为贫困农村专业幼儿教师队伍中坚力量。

（三）开展实施幼儿教师国培计划，提高教师专业水平

农村幼儿教师数量占我国幼儿教师总数的绝大部分。统计数据显示，近80%的幼儿园教师在农村地区幼儿园从事幼教工作，而中西部贫困农村幼儿教师又是最缺乏职前教育和职后培训的幼师群体。为重点满足中西部贫困农村地区幼儿教师的培训需求，不断探索中西部贫困农村幼儿教师专业发展的路径，自2011年起，教育部和财政部联手实施"幼儿教师国家级培训计划"，广覆盖、分批次、有重点地制定和实施农村幼儿教师培训项目。培训对象涵盖中西部贫困农村地区各级各类幼儿教师，如农村公办幼儿园和普惠性民办幼儿园园长、骨干教师、转岗教师、新教师以及保育员，并重点对非专业幼儿教师进行专业补偿培训。培训项目包括农村幼儿教师短期集中培训、农村幼儿教师跟岗研习和农村幼儿骨干教师脱产置换培训等。从2011年农村幼儿教师培训项目实施以来，教育部每年都通过调

---

① 新华社：国办印发《规划》到2020年贫困地区儿童发展水平接近全国平均水平［J］. 中国农村教育，2015（C1）：4-7.

研制定该年度农村幼儿教师培训的实施方案，对培训目标和培训形式作出具体的、科学的安排，如 2019 年 3 月，教育部、财政部在幼儿教师培训实施方案中明确指出，面向集中连片特困地区和国家级贫困县的乡村幼儿园教师培训，采取骨干教师跟岗学习、优秀活动案例送教下乡、结对帮扶园本研修相结合的方式，由具有学前教育专业资质的高校对口项目区县教师发展中心协同整合实施，聘请专业理论知识扎实、实践教学经验丰富的乡村学前教育一线教研员、园长担任培训专家，着重提升乡村幼儿园教师观察了解儿童的知识技能，将保育和教育融入幼儿一日生活，着重提高乡村幼儿园园长安全管理能力和规范办园能力。

（四）完善帮扶政策，资助特困幼儿入园

2014 年由教育部、国家发展改革委、财政部印发《关于实施第二期学前教育三年行动计划的意见》提出，加大对家庭经济困难幼儿、孤儿和残疾幼儿接受学前教育的资助力度。2016 年教育部等六部门颁布《教育脱贫攻坚"十三五"规划》，明确向贫困县倾斜省级统筹的学前教育发展资金，要求各地区县承担编制学前教育发展规划的任务，重点保障贫困农村留守的适龄幼儿接受基本而有质量的学前教育；分步骤推进贫困农村地区学前教育服务网络的建设，公办幼儿园由乡镇逐步延伸至有条件的行政村，幼教点覆盖自然村，为普惠性民办幼儿园招收建档立卡等贫困家庭子女创造入园条件；健全学前教育资助制，重点扶助贫困农村家庭、民族地区家庭幼儿入园。2018 年教育部、扶贫办颁布《深度贫困地区教育脱贫攻坚实施方案（2018—2020 年）》，要求各地省级统筹学前教育资金向"三区三州"倾斜，实施好第三期学前教育行动计划；鼓励在"三区三州"实施"幼有所育"计划，通过大力拓宽普惠性资源，完善贫困农村学前教育服务网络，帮助贫困农村家庭幼儿接受付得起、能获得和有基本质量保障的学前教育；采取多种方式鼓励普惠性民办幼儿园招收建档立卡贫困幼儿，引导贫困农村家庭的劳动力得到解放。

二、地方政府探索贫困农村学前教育质量保障的落实举措

（一）加大财政投入确保贫困农村新建幼儿园正常运转

新公共服务理论强调"通过人来组织管理"，在新公共服务理论家看来，如果要求公共服务管理者善待公民，那么公共服务管理者就必须受到

上级公共服务管理机构的善待。① 在中央政府一系列贫困农村学前教育发展政策的推动下，地方政府因地制宜，开始探索保障贫困农村学前教育质量保障的落实举措，进一步加大经费支持力度，采取中央专项资金配套地方政府资金的方式扩充贫困农村学前教育资源，维持贫困农村已有幼儿园的正常运转是地方政府采取的有力举措。如湖北省建始县2011—2018年开展学前教育园舍建设类项目33个，除了中央4291万元的专项资金，县级政府还配套资金投入1084万元，共计投入资金5375万元（其中利用农村闲置校舍改扩建幼儿园项目28个，投资3627万元，新建幼儿园5所，投资1748万元）。2011—2018年，湖北省建始县幼儿园教具和玩具设备采购资金564万元，其中中央资金下拨544万元，县级配套到位资金20万元。2018年，湖北省省级资金专项用于扩大学前教育资源下达140万。2011年以来中央资金园舍改建类项目共惠及29所幼儿园，改、扩建园舍34348平方米，新建园舍20885平方米，新增学位2345个，有效推进了学前教育质量提升。启动教具和玩具设备捐赠项目，帮助全县43所自然村幼教点配备了教具玩具、图书及生活、办公设备，使其基本条件达到省级标准。② 针对学前教育阶段，云南省各级政府共同设立学前教育家庭经济困难儿童资助金，用于资助县级以上教育行政部门审批设立的公办幼儿园家庭经济困难儿童，以及对提供普惠性、低收费服务的民办幼儿园家庭经济困难儿童进行资助，资助标准为300元/生/年。同时，幼儿园从事业收入中提取4%的经费，用于减免保育教育费、提供特殊困难补助等。③

（二）强化监管措施规范贫困农村幼儿园的办园过程

为公民服务，公共行政官员不仅要了解和管理他们资金权力可以支配的资源，而且还要认识到与其他的支持和辅助资源联系起来的重要性，使社区和公民参与这一过程。他们既不试图控制，也不假定自利的选择充当对话和共同价值的代理人，这就要求政府的角色不能是拥有绝对话语权和管理权的行政主体。④ 为落实中央政府关于保障学前教育质量的政策要求，

---

① 珍妮特·V.登哈特，罗伯特·B.登哈特，新公共服务：服务，而不是掌舵［M］.丁煌，译.3版.北京：中国人民大学出版社，2016：106-108.

② 数据来源：湖北省恩施自治州建始县学前教育人大视察资料，2018-12-25.

③ 刘木林，苏楠.临翔区基本实现"一乡一中心、一村一幼"全覆盖［N］.云南经济日报.2019-01-25.

④ 珍妮特·V.登哈特，罗伯特·B.登哈特，新公共服务：服务，而不是掌舵［M］.丁煌，译.3版.北京：中国人民大学出版社，2016：205-207.

最大限度地为贫困农村幼儿园争取资金和资源,强化监管措施规范贫困农村幼儿园的办园过程,将有限的资源发挥出最大的价值是地方政府因地制宜保障学前教育质量的主要思路。通过访谈资料的编码我们了解到,地方政府采取的贫困农村学前教育质量保障的已有措施主要集中在加大投入、监督管理、队伍建设、督导评价和特困儿童扶助五个方面。幼教行政人员访谈资料编码过程如表 4-1 所示。

表 4-1　幼教行政人员访谈资料编码的过程

聚焦编码				轴心编码
目标	内容	过程和方式	结果	
缓解园所建设和运行资金不足(O-2-15,O-6-2,O-4-11,O-24-10,O-29-5)	中央扶持专项经费、省级专项经费(O-1-7,O-5-2,O-9-10,O-29-4)	新建和改扩建幼儿园、公办园的生均经费、以奖代补(O-5-14,O-8-1,O-11-9,O-26-12)	入园率提高、办园条件改善;但资金缺乏长久保障(O-2-11,O-11-5,O-21-10,O-25-8)	加大投入
提高资金利用效率,规范办园行为(O-1-10,O-4-7,O-18-3,O-32-1)	政府财务公开与审计、幼儿园信息公开(O-3-1,O-19-12,O-29-8,O-31-5,O-32-20)	专款专用、财务按月报表按季总结、阶段拨款、年度督导评估(O-2-7,O-7-10,O-18-6,O-28-9,O-29-3)	拨款使用较为合理,增加了管理成本和对管理人员的要求(O-11-5,O-17-8,O-19-8)	监督管理
补齐数量,稳定师资(O-2-11,O-12-7,O-18-6,O-30-10)	争取学前教师编制数量、保障非在编教师权益(O-1-8,O-5-2,O-15-7,O-27-7,O-32-2)	引入学前教育免费师范生、县级政府购买非在编教师服务、招募乡村教学点幼教志愿者(O-1-10,O-5-9,O-14-2,O-26-8)	一定程度上增加教师数量,但不能改变师资不足的问题,教师流动性大(O-6-2,O-13-5,O-17-6,O-22-3)	队伍建设
规范教育行为,去"小学化"(O-3-1,O-9-9,O-14-7,O-19-9,O-22-4,O-29-1)	检查考核、建立奖惩机制激活教育能动性(O-2-10,O-5-7,O-15-4,O-30-9)	公办园等级认定、普惠性民办园等级认定、"去小学化"专项检查(O-2-3,O-3-10,O-24-8,O-27-1)	"小学化"教育得到有效缓解、检查对保教质量提升治标不治本(O-2-7,O-11-5,O-13-6,O-23-5,O-31-6)	督导评价

聚焦编码				轴心编码
目标	内容	过程和方式	结果	
提高入园率，确保教育公平（O-5-5，O-10-1，O-18-5，O-22-4，O-30-4）	建档立卡、动态管理（O-5-7，O-9-2，O-21-9，O-24-2，O-28-4）	培训专人对学前教育管理系统、建立特困儿童识别标准、依托幼儿园扶助特困儿童入园（O-2-7，O-13-5，O-16-4，O-26-4）	有效帮助一定数量的特困幼儿入园，但识别工作复杂，存在识别不准确的现象（O-1-8，O-8-3，O-17-3，O-26-5，O-30-8）	特困儿童扶助

县级幼教行政人员是学前教育政策和法规主要的执行者，他们在上下衔接的工作中形成了务实的学前教育质量观，较多地关注资源和权利的分配和协调，以学前教育资源分配和使用的效率与效果为标准来评判本县（区）学前教育质量是否得到保障。他们认为学前教育质量保障应该是一个综合的系统，体现学前教育中各个利益相关者的需要被满足，政府在制定学前教育质量标准时，其目标既要顺应幼儿发展的基本规律，又要考虑幼儿园的实际情况，还要满足幼儿家长的需求。[①]

B：对于偏远山区幼教点教育质量的管理，您有什么经验？

O4：我们（县教育局）对山区幼儿园和幼教点的管理模式正如"织网"。附属在村小或镇中心完小的幼儿园现已基本实现法人独立，但对中心校或村小还是有管理的义务，因此建立县—乡—校纵向三级的财政管理制度，对民办幼儿园的规范办园进行逐级问责，重点解决村幼教点和小学附属幼儿园"三不管"的难题。

B：平常下幼儿园进行业务指导时，几位如何分工？

O4：我们组织不同地区的幼儿教师建立专业微信群，配有专人在微信群进行工作答疑，同时共享培训资源。我们股一共三个人，刚好每个人分别负责三个镇的日常业务指导，年初不忙的时候，可以保证以月为单位跑遍自己负责片区里的二十多所幼儿园，年底就没时间了。

——O-4，2018-12-24

---

① 曾晓东. 入园何时不再难：学前教育困惑与抉择 [M]. 南京：江苏教育出版社，2011：50-61.

幼儿教育行政人员视角下的学前教育质量保障措施是具有务实的理性而操作性较强的，他们主张制定便于观测和测量的学前教育质量标准，规范幼儿园的整体质量。相对于关注什么是高质量的学前教育，他们更关注什么是"可接受"的学前教育。

精准扶教

：中西部贫困农村学前教育质量保障研究

B：关于管理学前教育质量的问题，您遇到过什么难事儿？

O10：两年前，随着异地搬迁的人大规模迁入镇上，就开始有私人开设幼儿园了。这些老板也是摸着石头过河，很多建得不符合规定，又缺乏资金的园舍拆拆改改，还没注册就大张旗鼓地招生。县教育局为规范管理，去年年底下令将这批山寨版的家庭作坊式幼儿园全部关闭。我们教育股在统计适龄幼儿的时候发现，"人多园少"的情况突出，离家近的地方没有幼儿园了，只有6个班容量的乡镇中心幼儿园早已人满为患。于是，幼儿家长被迫将孩子们送到十多公里外的邻镇上幼儿园，搞得民众怨声载道，总是去县里政务大厅投诉。

B：面对这些困难你们是怎么解决的呢？

O9：一开始，我们几个也没办法，刚好又遇到县里脱贫摘帽财政"紧巴巴"的时候，出钱新办幼儿园是不可能的，于是只好"死马当活马医"，以（教育）股的名义向县里打报告申请一笔50万元的民办幼儿园改造资金，启动县里的民办幼儿园改造激励试点计划，只要那些被关闭的"麻雀园"能整改到合规，并且正式注册开园，每个幼儿园奖励10万元。

——O-9，2018-07-11

B：效果怎么样？

O10：在政府奖励机制的推动下，被关闭的幼儿园开始自筹经费整改，为了尽快开展整改工作，我们三个人决定一人负责一个幼儿园的"督建"工作，看着那几个园整改，直到能正式注册规范运行为止。还好办法总比困难多，经过四个月的调整，这些幼儿园都达标了，八月底就可以重新开园招生。我们的工作呀，遇到不能一步到位的时候，那就要分步走！

——O-10，2018-07-11

政府在把社会推向一个方向或另一个方向的过程中变成了重要的博弈参与者。政府与私人组织及非营利组织一起为了寻求社区所面临问题的解决而行动。在这个过程中，政府从控制者的角色转变成为议程创立者的角色，他们要把适当的博弈参与者带到一起并且促成公共问题的解决方案并就其进行磋商或者为其充当"经纪人"。基层的学前教育质量保障工作需要灵活的"实践智慧"，当资源不足时，应尽最大可能地争取和整合可利用的部分，发挥主观能动性"变废为宝"、化"不规范"为"规范"。贫困农村地区幼教资源不足，对能够整改的幼儿园"一个也不放弃"，并采用奖励的办法，调动各方办园力量规范办园的积极性，以此方法来扩充具有基本质量的学前教育资源，不愧为贫困农村学前教育质量保障的"金点子"。

（三）采取多元途径提高师资质量

杜威认为人生活在危险的世界之中，便不得不寻求安全。人寻求安全通常有两种途径：一种途径是在开始时试图同他四周决定着他命运的各种力量进行和解；另一种途径就是创造许多艺术，通过它们来利用自然的力量，人就从威胁着他命运的那些条件和力量本身中构成了一座堡垒。[①] 幼儿教师质量的提升除了依靠短期的培训和研修外，更依赖于幼儿教师自主的学习和反思，师资质量的提升离不开地方政府为教师专业发展提供的条件支持。贫困农村幼儿教师对学前教育质量的认识能侧面反映地方政府的师资质量保障措施。我们访谈幼儿教师时了解到，贫困农村幼儿教师对学前教育质量保障的认识基于自身的保教和班级管理的经验，体现出她们渴望改变自身现实困境的诉求，认为贫困农村学前教育质量保障措施应达到提高幼儿教师专业素养，确保一日活动质量，保障幼儿教师权益，帮助幼儿教师安居乐业，增加教学资源的投入，丰富幼儿的感性经验，给幼儿提供科学有效的教育支持，获得幼儿家长的支持和理解等目标。现有对贫困农村幼儿教师质量保障的措施集中于增加学习和进修机会、提高工资待遇、提高资源利用、支持幼儿发展的专业能力和优化家园共育五个方面。幼儿教师访谈资料编码的过程如表 4-2 所示。

---

① 约翰·杜威. 确定性的寻求：关于知行关系的研究 [M]. 傅统先，译. 上海：上海人民出版社. 2005：28-34。

表 4-2　幼儿教师访谈资料编码过程

聚焦编码				轴心编码
目标	内容	过程和方式	结果	
提高自身专业素养，确保活动质量（T-3-4，T-7-2，T-28-5，T-36-7）	在职进修、参加培训和教研（T-5-3，T-10-1，T-19-4，T-24-2，T-35-2）	非专业教师进修学前教育本科学位、在培训活动中积极学习和反思（T-3-6，T-5-1，T-18-9，T-29-8）	观念和活动组织能力得到提升，观察和理解孩子的能力依然不足（T-15-4，T-22-2，T-34-2，T-36-5，T-40-5）	提高学习和进修机会
权益得到保障，能安居乐业（T-1-5，T-17-2，T-22-4，T-31-5，T-36-8，T-38-1）	积极表现，合理争取（T-4-7，T-9-2，T-13-4，T-25-2，T-38-6）	积极参加教学比武大赛和教研活动、优化班级管理评分获取奖励、与园长进行工资"谈判"（T-2-5，T-10-3，T-19-6，T-22-1）	工资逐年增加，虽离理想水平较远但也能接受和理解（T-4-1，T-15-6，T-21-1，T-37-6）	提高工资待遇
增加教学资源，丰富幼儿经验（T-5-2，T-11-8，T-20-2，T-32-2，T-40-3）	合理开发和利用教学资源（T-5-4，T-11-4，T-10-5，T-23-6，T-34-2）	废物利用进行环境创设、进行玩教育自制、充分利用自然资源（T-1-5，T-9-3，T-19-3，T-22-8，T-33-5）	教学资源得到补充，但活动组织水平有限不能创新（T-2-3，T-8-2，T-22-5，T-40-5）	提高资源利用
优化班级管理，提供科学的教育支持（T-3-7，T-9-4，T-20-2，T-39-3）	观察和研究幼儿（T-1-4，T-10-2，T-15-5，T-22-6，T-34-6）	撰写教学日记、对幼儿的行为进行观察记录（T-2-4，T-9-7，T-18-6，T-23-3，T-36-4）	更加理解幼儿的特点和需求，可大班额影响观察（T-3-5，T-5-6，T-22-8，T-27-4，T-38-6）	支持幼儿发展的专业能力
获得家长理解和支持（T-4-2，T-9-3，T-15-5，T-24-6，T-38-6）	亲子活动、与家长讨论科学育儿（T-2-2，T-17-4，T-24-7，T-35-3，T-40-6）	家长进课堂、亲子远足活动、家园微信群、邀请家长参加节庆活动（T-6-5，T-18-6，T-25-4，T-36-6，T-38-4）	家长更加信赖和支持幼儿园工作，观念有一定的更新但依然有"小学化"教育的要求（T-2-7，T-8-5，T-17-4，T-29-5，T-30-6，T-39-6）	优化家园共育

贫困农村幼儿园教师以小学转岗教师和非幼教专业教师为主，他们切身感受到自身专业水平和学前教育质量一齐进步，对学前教育质量保障措施的认识聚焦于外部条件对自身发展需要和幼儿发展需要的满足；同时也意识到自我努力对学前教育质量提升的关键作用，认为学前教育质量保障的措施与其自身的专业化和权益密切相关，形成了以需求为导向的学前教育质量观。他们从微观的教育情境出发，认为学前教育质量保障措施的主要目的是满足教师自身、幼儿和家庭的不同层次需要。

> 从小学转岗到这里，虽然饭碗保住了，但一开始心里还是"不暖和"。工资本来就不高，还没啥福利。去年县里进行工资改革，开始发绩效工资，觉得劳有所得后我们工作起来才有劲！
>
> ——T-3，2018-12-26

> 近几年来利用暑假和周末培训的活动多了，虽然不愿意占用自己的休息时间外出学习，但对于我们不是"科班出身"的教师来说这样的机会很宝贵。通过学习，自己在环境创设、游戏活动组织与班级管理方面的能力提高了。希望通过培训能多学点心理学的知识，让我能更加懂孩子们。
>
> ——T-12，2018-06-11

三、贫困农村学前教育机构内部逐步积累质量保障的经验

（一）优化内部管理提升保教质量

如果说学前教育质量保障的外部力量是政府对学前教育机构质量的投入和监管，那么学前教育机构相关人员对学前教育机构质量的自我评估、反思与改进则是学前教育质量保障的内部力量。外部力量需要通过转化为内部力量才能真正发挥学前教育质量保障的作用。各级政府采取学前教育质量保障措施最终都要落到学前教育机构质量保障上，形成内部的质量保障机制，从而提高幼儿一日生活质量。我们通过对园长（含乡村幼教点负责人）访谈资料的编码和分析发现，贫困农村学前教育机构的学前教育质量保障措施主要集中在资源争取、课程优化、外训内研、奖惩激励和家园共育五个方面。园长访谈资料编码的过程如表 4-3 所示。

表 4-3　园长访谈资料编码的过程

聚焦编码				轴心编码
目标	内容	过程和方式	结果	
筹措办园资金，整合多方资源保障质量（P-2-4，P-6-1，P-11-5，P-20-5）	向上级争取财政拨款、发动家长和社会募捐（P-3-6，P-5-2，P-11-5，P-23-2）	依据困难实情"打报告"、利用家委会组织玩具和图书的募捐（P-2-5，P-5-4，P-14-4，P-19-3，P-24-6）	获得支持园所质量提升的一定数量资源，但缺乏长效保障机制（P-1-5，P-7-7，P-16-5，P-21-10）	资源争取
提高活动质量，促进幼儿身心发展（P-10-4，P-19-7，P-22-2，P-24-1）	规范一日活动流程、进行园内一日活动基本质量管理（P-1-3，P-8-2，P-14-6，P-20-7，P-23-5）	园长推门听课、园长组织示范教学活动（P-2-8，P-9-7，P-13-7，P-22-5）	转岗和新教师教学行为逐步规范，但班额过大区域活动开展困难（P-2-7，P-7-8，P-16-8，P-19-3，P-24-7）	课程优化
提高教师专业水平、促进教师专业发展（P-3-4，P-6-3，P-12-7，P-21-5）	支持教师外出参加培训、进行园内教研活动（P-1-3，P-6-3，P-18-4，P-23-4）	分批选择教师参加省培、国培等培训活动、进行园内磨课研修活动（P-2-6，P-9-6，P-15-5，P-19-7）	教师学前教育专业能力得到提升，但外出培训机会不够、园内教研时间不足（P-1-8，P-11-1，P-18-7，P-22-4）	外训内研
稳定幼教师资队伍、激发教师工作热情（P-6-2，P-7-6，P-16-7，P-22-4）	建立园内的奖惩激励制度（P-1-7，P-5-2，P-19-5，P-24-3）	工资"一人一议"、绩效工资制度、教研活动加分制、年终教育能力考核制（P-4-4，P-5-8，P-9-4，P-16-6）	工资水平依然低于其他行业，队伍稳定的效果不明显（P-1-5，P-11-1，P-18-6，P-24-4）	奖惩激励
争取家长支持，指导家长科学育儿（P-3-8，P-10-2，P-14-2，P-18-9，P-20-2）	建立园级家长委员会、开展家长开放日活动（P-2-8，P-4-10，P-13-3，P-20-5）	组织成立家长委员会，每月设立家长开放日邀请家长入园参与活动（P-2-3，P-5-11，P-17-9，P-22-7）	家长理解和支持幼儿园的工作，但未能扭转其幼儿园教育"小学化"的观念（P-4-1，P-8-3，P-11-7，P-15-6）	家园共育

　　中西部贫困大多数农村幼儿园园长既是幼儿园的管理者，也是幼儿园

精准扶教

中西部贫困农村学前教育质量保障研究

的一线教师，他们采用的贫困农村学前教育质量保障行为既有基于园所管理的实践，也有他们在一线教学过程中的切身经验。双重身份的幼儿园园长在长期的工作中形成了务实和专业的质量观念以及过硬的专业能力，是贫困农村学前教育质量保障的中坚力量。中西部贫困农村地区园长视角的质量保障措施聚焦于园所内部管理对学前教育质量提升的影响，他们认为贫困农村学前教育质量的提升依托于园所的发展壮大和办园的科学规范，因此一方面不断争取和吸收各方"输血"，为贫困农村学前教育质量提供营养的保障，另一方面通过物资和人员的管理，最大限度地激发园所职工的"造血"功能，通过管理机制的"运动"为园所保教质量提供能量转换的驱动力，从而形成良性循环。

B：专业的幼教老师愿意留在这儿吗？

P16：园里老师的培养和留任是件老大难（的事情）！我们园办了十多年了，也就我一个学前教育专业的人，据我的经验看，学前教育这个专业并不难，只要有心扎根其中，通过时间的积累一定能够磨砺出来。

——P-16，2018-11-25

B：目前非学前教育专业教师发展得怎么样呢？

P17：没有专业背景也有它的好处，首先一个没有专业背景的老师会更有动力、用心地去学习，在实践中获得进步的时候她的干劲会特别足，成长也特别快；非专业教师虽然先前没有经过系统的专业理论学习，但也没有因此形成根深蒂固的不良习惯和错误认知，这样专业的可塑性反而强些。我有个明显的感觉，我们乡下人吃苦耐劳，比较勤快，这个是我们的优点。我的副园长暑假期间既要和我一起进行装修，还要负责招生工作和家长接待，自己还担任一个大班的班主任，工作繁杂但从不叫苦。

——P-17，2018-11-25

B：您在培养年轻幼儿教师方面有什么好的经验？

P16：对于年轻幼儿教师应多以鼓励为主，他们一般上手很快。新老师来了，首先和她谈心，了解她的职业认知和职业期望，然后先请一个教龄相对长一点的教师带着，我们园的老师都是从保育员做起的，这个过程很必要。一来不是专业出身，对孩子的教育需要一个学习和适应的过程，二来保育和教育不分家，首先要通过生活中的相处慢慢熟悉和了解幼儿园孩子的特征。年纪稍微大一点的老师，虽然不擅长唱唱跳跳，但是她们对孩子更细心，比年轻幼儿教师更能理解孩子，我就鼓励她们干一年或两年的保育工作，通过考核后转入教师岗

——P-16，2018-11-25

……

B：幼儿园要提高教育质量，您认为提高学前教育质量面临的困难是什么？

P7：现在乡下办幼儿园，钱还能"靠"和"要"一点儿，但是"人"却"等"不来、"靠"不来也"要"不来，好不容易招聘来的老师干上一两年（她们）就走了，师资不稳定是影响学前教育质量的主要原因。

——P-7，2018-05-09

B：面对这个问题，幼儿园都想过什么办法？

P3：我们也不能眼睁睁地看着队伍散了，总还是要想办法。幼儿园女老师多，年轻妹子一结婚，婆家不在这里，跟着老公去其他地方发展也是常事。我们为了留住幼儿园的年轻女老师想尽了办法，总是到处托人给她们做媒。只有把家安在（幼儿园）附近，她们离职的可能性才小些。

——P-3，2018-05-09

B：留下来的年轻老师，幼儿园又是怎么培养她们的呢？

P7：很多幼儿园园长总是在分配培训机会的时候留一手，生怕没有编制的年轻老师占用幼儿园宝贵的师资建设资源后，自己"翅膀长硬"就考出去。我是这样想的，不要怕别人学了就跑，"舍不了孩子套不住狼"，园里对她们的精心培养提高了她们的专业能力和工资待遇，她们内心的归属感和成就感强了，只有把幼儿园当作家了教师才愿意留下来。

——P-7，2018-05-09

面临着师资专业水平不高、流动性较大的现实难题，贫困农村幼儿园的园长们善于换位思考，能感同身受年轻老师教育生活上的艰难，并为年轻老师安居乐业创造机会和平台，不断赋予年轻老师在岗位上坚守的能

量。同时，在专业学习上对自己的要求并没有松懈，成为引领年轻教师做好专业提升的榜样。可见，尽管条件有限，善于发挥主观能动性的贫困农村幼儿园园长，正在为"盘活"幼儿园教育质量保障的"棋局"而不懈努力。

（二）开发和利用本土课程资源提高学前教育质量

幼儿通过参与丰富的活动锻炼身心、建构自我经验和萌发热爱生活的情感，活动形式的课程既是幼儿在园一日生活的重要组成部分，也是保教质量的重要载体。"巧妇难为无米之炊"，幼儿园课程的建设离不开适合幼儿学习和发展的课程资源，在从外引进课程资源现实条件不足的背景下，如何有效地开发和利用贫困农村幼儿教育本土课程资源，是学前教育质量保障的挑战之一。

青华幼儿园位于云南省临沧市临翔区青华社区，与村镇交会处傣族、拉祜族聚居地相邻，是一所公办民助的村寨幼儿园。园所能容纳 8 个教学班，约有 360 个学位。据寨子里的幼儿家长介绍，该幼儿园开办于 2000 年，每年招收的少数民族幼儿占总数的 60％以上，近二十年来已经成为方圆十公里内的村寨幼儿共同成长的摇篮。我们通过走访发现，幼儿园汲取自然和民族文化中的养分，挑选和梳理适合幼儿操作和体验的本土课程资源，生成了无价的"寨本课程"。

> 青华幼儿园植被覆盖面积达 65％，园内茂盛的芭蕉、竹林和榕树的绿荫成簇，挂满傣族传统刺绣的连廊、拉祜族古老村寨的吊脚楼、佤族人民劳作的簸箕和筛子、被看作圣物的各式各样的牛角，吸引了孩子们的目光，大家都忍不住驻足观看、询问或缠着老师讲故事。

B：青华幼儿园环境创设这么漂亮，老师们一定花了不少心思！

P12：我们幼儿园环境创设的材料，有的是寨子里老人送过来用坏的农具、有的是从幼儿家里带过来的木材和布料，孩子们和老师一起用这些材料把幼儿园变得"更漂亮""更好玩"，孩子和家长也花了心思的。

B：孩子们是怎么参与到幼儿园环境创设中来的呢？

P12：平时，在自备材料不足的情况下，老师带领幼儿走出幼儿园，到田间地头、山间溪畔开启神奇的"寻宝"之旅。形状各异的石头、不同颜色的树叶、山间的松果都成了孩子们收集的"宝贝"。回到幼儿园，在教师的引导下，孩子们将这些寻到的"宝贝"通过锯、刷、磨、贴、挂、染等加工手段，制作成与班级主题相关的操作材料、简易乐器或装饰性挂件。比如小（一）班的主题是扇韵，那么扇形就是幼儿园环境创设的主要元素；中（一）班的主题是簸箕乐，那么簸箕就成为幼儿园环境创设的主要元素。

B：对于幼儿园开展民族类主题活动，您有哪些经验？

P12：幼儿园里种满了村里每家每户送过来的花草和果树，采蘑菇、收土豆、摘玉米都是小朋友们体验村寨劳作的活动。除了分别开展五大领域活动，幼儿园还开设了民族团结教育活动，根据幼儿的学习兴趣选择民族教育活动内容，采取多种方式引导幼儿感受和体验各民族的风俗人情，比如，以临翔区特有的少数民族拉祜族、佤族、布朗族和傣族的打歌调编排了一套民族大课间韵律操，让幼儿锻炼身体的同时亲身体验民族歌曲的风格和舞蹈特点；用拉祜族的劳动号子韵律和节奏改编成的简短儿歌和拍手游戏，成了幼儿经典的同伴游戏。

B：那家长如何参与到幼儿园活动中来呢？

P12：每年的傣族泼水节，园内会借来附近缅寺的象脚鼓、大镲等傣族乐器，并邀请附近的幼儿家长和寨子里的村民一起穿上傣族服装来幼儿园与孩子们一起欢庆泼水节。每个学期，幼儿园组织两次走进傣族社区社会实践活动。此外，幼儿园当中少数民族幼儿众多，老师也不一定精通所有民族的语言，因此，我们会把不同少数民族的家长请来幼儿园，带领孩子们体验多民族日常语言的学习和使用。

——P-12，2018-06-23

康德在《判断力批判》中肯定自然美育与人的道德修养发展的联系。他认为："对自然的美怀有一种直接的兴趣，任何时候都是一个善良灵魂的特征。"青华幼儿园的环境创设聚焦于激发儿童视角的民族文化体验，课程内容再现了村寨生产生活场景，学前教育课程实施注重寓教于乐的家园社区互动。正如临沧市临翔区教育局某行政人员评价该幼儿园："以蚂蚁搬家的精神、以蜜蜂酿蜜的壮志，还以孩子生命成长的真实环境。让孩子知道：我从哪里来，我将到哪里去。给幼小的生命涂上幸福的底色，扣好人生的第一颗扣子。"临沧市临翔区青华幼儿园充分挖掘当地民族村寨的自然和文化中富有幼儿教育意义的部分，通过开发无价的"寨本课程"

为解决贫困农村幼儿教育资源缺乏的难题提供了专业的经验。对于幼儿而言，喜闻乐见的家乡优秀文化传统滋养了其童年生活；对于教师而言，本土课程资源的开发和利用丰富了教育学生活的同时，自身的专业能力得到锤炼；对于村寨而言，世代相传的优秀民族文化在教学中也得以传承。

四、社会力量开展贫困农村学前教育质量保障的公益项目

随着学前教育社会价值的日益凸显，公益型的社会组织开始将目光着眼于贫困农村地区 3—6 岁幼儿的学前教育，通过专业性的学前教育发展项目发动和整合社会力量，不断探索助力贫困农村学前教育质量提升的途径。

（一）启动山村幼儿园提质计划

"山村幼儿园计划"是中国发展研究基金会于 2009 年发起的一项社会试验项目，目的是探索符合中西部山区特点的学前教育普及方式，经过十多年的探索已形成了由政府、社会和家庭多方参与和共建的运营模式（图4-1）。从 2012 年开始，中国发展研究基金会着手于四川省洪雅县、河北省大名县开展"山村幼儿园质量提升"试点，深入探索提升中西部贫困农村学前教育普及普惠的模式。试点期间，项目主要通过专业指导、支持和引领教师专业成长等举措帮助已有的山村幼儿园提升教育质量，如第一，依托当地中职和高职院校的教育资源，填补山村幼儿园专业师资不足的短板。分别与眉山电子专业技术学校、邯郸学院大名分院合作，和学校一起制定学前教育专业学生实习方案，从高职三年级以上的学生中选拔优秀学生，到山村幼儿园进行定岗实习和支教。鼓励项目县学生回生源地山村幼儿园实习和支教。规定的半年实习时间或自愿支教一年时间到期后，50％以上学生选择学业完成后留在当地的山村幼儿园工作，这批学前教育专业的学生很快成长为山村幼儿园的业务骨干，引领家乡学前教育的发展。第二，与当地县级教育行政部门合作，规范山村幼儿园的设施设备。项目引入一定的项目经费，争取相同数额的县级配套财政资金，参考《幼儿园玩教具配备目录》，以当地现有条件为基础，为山村幼儿园配备必要的操作材料、幼儿玩教具和图画书，推动政府逐步承担改善园所条件的责任，为提高幼儿在园一日活动质量提供支持。

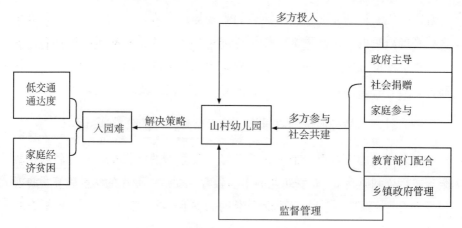

图 4-1 贫困地区山村幼儿园运营模式①

（二）扩大农村学前教育质量提升项目

2010 年以来，北京乐平公益基金会早期教育事业部（以下简称乐平早教事业部）"千千树"项目开始关注学前教育质量提升问题，旨在充分利用社会资源，以整合和创新的方式，为低收入家庭的儿童提供有质量的学前教育，帮助贫困农村劳动妇女有更多时间和精力参与家庭经济建设活动。该项目面向贫困农村，主要采取两条途径帮助贫困农村幼儿园提高保教质量。首先，针对条件基础弱，软、硬件欠缺，幼教师资水平严重不足的村级幼儿园，项目通过传授专业的办园经验引导幼儿园规范硬件条件；其次，通过为贫困农村幼儿教师提供公益培训和线上指导，为幼儿园提供因地制宜的课程活动方案，如派专人到幼儿园进行环境创设的问题诊断和专题教研，引导幼儿教师通过学习和反思提高专业能力。

北京乐平公益基金会通过与其他公益组织、教育主管部门的合作，不断吸收企业和志愿者的力量。截至 2018 年底，"千千树"项目已覆盖甘肃、青海、四川、湖北、贵州、云南、河北 7 省 39 县，惠及 2232 所农村幼儿园，支持超过 13000 位贫困农村幼儿教师进行专业能力提升，帮助 22 万名农村学龄前儿童获得有质量的学前教育。

（三）开创"未来希望幼儿班项目"（POF）

未来希望幼儿班（Preschool of the Future，简称"POF"）以减少贫困对幼儿成长的阻碍为目的，为贫困农村幼儿创设公平的教育平台和提供有质量的教育服务，逐渐发展成为一个依托社区的学前教育公益项目。项

① 崔丽. 偏远贫困地区山村幼儿园存在价值的研究［D］. 上海：华东师范大学，2017.

目深入贫困村委会和社区，与当地社区、村委会及政府合作，为贫困的自然村和社区建设规范幼儿班提供经费支持和专业指导。项目周期一般为4～5年，按照项目对社区幼儿班的支持强度分为三个阶段。首先为全面支持阶段，时间为三年，项目承担除幼儿教师工资外的全部费用，全力支持社区幼儿班的日常运作、培训教师和幼儿家长进行日常的指导和督查。其次为过渡管理阶段，时间从第四年开始，该阶段通过一年的过渡期逐渐将社区幼儿班移交给社区和当地政府，减少对教师培训的经费和专业支持。最后为撤出支持阶段，在项目建立四年之后，社区幼儿班在社区、政府和家长的共同努力下得以正常运转，项目撤出帮扶。

项目组织家长委员会，引导幼儿家长参与幼儿班的重要决策，以此获得幼儿家长的信任，提高贫困农村幼儿家长对育儿过程参与度的同时提升家长的育儿能力。项目植根于本地社区，对招募的幼儿教师进行为期三年的专业培训。项目结束后，参与培训的幼儿教师继续留在幼儿班，成为贫困社区学前教育师资的主力军。未来希望幼儿班项目自 2008 年开始，在云南省镇康县、香格里拉市、元阳县、龙陵县、西蒙县，四川省凉山州布拖县和湖北省蕲春县开展。截至 2015 年底，共计 2036 名幼儿就读 95 个幼儿班。2008 年至 2015 年，累计 8088 名幼儿就读农村混龄幼儿班。①

通过多年的经验积累，该项目已形成独具特色的贫困农村学前教育质量提升模式：

1. 地点

幼儿园设立于偏远贫困地区的自然村，不在公办幼儿园辐射范围内。

2. 形式

3—6 岁幼儿组成的农村混龄幼儿班。

3. 场地及设备

利用村庄闲置小学校舍、闲置村民委员会活动室、文化室等，项目配备基本的教学设施和玩教具，进行适合幼儿学习的环境创设。

4. 家园共育

成立家长委员会，定期组织幼儿家长进课堂并开展育儿知识的培训活动，主要包括婴幼儿早期发展、卫生保健、儿童饮食营养等内容。

---

① "互满爱人与人"（Humana People to People China）项目官网. 未来希望幼儿班综合介绍［EB/OL］.（2016-09-20）［2019-11-19］. http：//www. hppchina. org. cn/article/index/index/? id＝345.

5. 双语教学

项目所在的偏远贫困民族地区，通过培训提升本地教师的普通话水平，进行双语教学。

6. 教师招募

由家长委员会推荐至少具备初中学历的本土社区幼儿园教师，且教师应接受项目对其进行的 3～5 年培训。

7. 教师管理

派遣项目专业团队常驻贫困社区，一个专业导师三年约指导 10 个贫困社区幼儿班教师。

8. 课程活动

选择使用当地教育部门规定的部分幼儿教育资源包，同时项目导师组织社区教师共同开发园本课程。

第二节　中西部贫困农村学前教育质量保障的问题

面对中西部贫困农村学前教育质量较低的现实问题，中央政府自上而下的政策倾斜和地方政府因地制宜的提质举措，在一定程度上确保了部分贫困农村适龄儿童接受有质量的学前教育；学前教育机构内部和社会公益项目应扎根当地，不断探索利用有限资源提升学前教育质量的办法，有效推动中西部贫困农村学前教育质量保障的进程。但是，这些对贫困农村学前教育质量保障的举措具有地域局限性和短期性的特点，在落实的过程中尚存在不足之处。

一、理念欠科学：保障目标偏离幼儿发展需求

"理念"最初属于哲学范畴，指理性领域的概念，是人们经过超越经验的思考及实践所形成的理性认识、精神向往、价值追求和哲学观点的抽象概括。[1] 理解"理念"的内涵可知，"理念"应是思想和行动的统一，它包含了人们对实践观念、实践目标和实践方法的美好期盼。科学的理念是"好的实践"的指向标，"好的实践"能够诠释和使理念内涵更丰富。如果我们把理念看作是一种假设，那么实践则是对理念的验证，这样理念在不断摸索和反思中得以不断阐释和完善。如果我们把理念当成工作的口号、

---

[1]　韩延明. 理念、教育理念及大学理念探析 [J]. 教育研究，2003，24（09）：50-56.

标签，而忽视理念的实践形态，二者脱节致使实践南辕北辙，理念就会因生命力暗淡而遭人质疑。贫困农村学前教育质量提升工作追求的是"好的实践"，当下基层政府部门存在依据自己对"什么是好的学前教育"的理解来制定政策的现象，政策的文本表述鲜有涉及对"学前教育质量"内涵及阶段目标进行说明，缺少以幼儿发展为本的理念来阐释学前教育质量保障措施的价值。如我们在走访时发现县一级的学前教育政策文本上有不少"一切为了孩子""纠正'小学化'教育"等工作理念，但无与之对应的实际的工作内容。缺乏理念指导的基层学前教育质量保障实践难免成为上行下效的重复工作，使贫困农村学前教育所发挥的促进幼儿发展的功能受到制约。

在新公共服务理论中，领导是以价值为基础的。通过公共决策的过程，人们共同努力就他们希望朝向的方向而做出选择，这样的选择不可能仅根据一种对成本和收益的理性计算就可以做出，他们需要对人类的价值观进行认真仔细的斟酌和权衡。遍布贫困农村的幼教点有着节约办园和管理成本、方便家庭就近选择的特点，一定程度上缓解了偏远地区适龄幼儿"入园难"的问题。但多数幼教点挂靠在中心小学下属学校，法人不独立，一般幼儿园园长由小学校长兼任。我们走访时发现，多数幼教点环境创设和课程设置容易受小学模式的影响，而不考虑学龄前幼儿身心发展水平的差异。

不少中心小学下属学校幼教点没有设置单独的作息时间表（图3-2），并没有独立执行的一日生活或半日生活制度，而是和小学共用作息时间表。这样，幼儿严格按照"小学化"的作息时间表来组织一日生活或半日生活，活动时间的长短从未考虑不同年龄幼儿注意力不同的特点，把小班幼儿的集体教学活动时间也设置为40分钟一次。另外，我们通过走访和非参与式观察发现，幼教点的幼儿活动虽以"数学游戏""语言游戏"命名，但实则为读写算知识的讲授，幼儿教师往往对幼儿采取集体教学。还有，一上午安排三个集体教学活动，幼儿在室内静坐的时间过长，远远没有达到保证每天两小时户外活动的时间。某些乡村幼教点虽名曰"幼儿园"，但其实质的教育形式和教学内容与持科学育儿观的幼儿园相去甚远，导致教学质量堪忧。

7：30—8：00	入园
8：01—8：40	活动1
8：50—9：30	活动2
9：40—9：55	课间操
9：56—10：35	活动3
10：50—11：15	餐前游戏
11：20—11：50	午餐

图3-2　H幼儿园半日活动安排

幼儿班里的娃娃，大部分都有哥哥姐姐在上小学。有的由父母一并送过来，有的由家里高年级的哥哥姐姐带过来，还有的由邻居哥哥姐姐带过来。

——F-4，2018-06-10

幼儿班的作息时间除了早晨入园比小学迟半个多小时外，其他的都和小学一样，小学和幼儿班铃声统一，严格按照铃声上课和放学。

——F-16，2018-03-25

要让去"小学化"的思想走进家长们的心里，就必须让家长相信不是幼儿园老师偷懒不教孩子认字、拼音、算数，也不是不会教，而是教他们那些东西对孩子不好。家长就是不信服老师，比如我们的老师教小朋友算数和拼音都不要备课，拿根粉笔就可以上课，多简单。而要组织一场教学活动，之前所做的准备工作就有很多，教师在背后需要付出很多时间和精力。

——P-25，2017-12-11

贫困农村地区民办幼儿园面临招生难和同行竞争激烈等现实压力，为了迎合幼儿家长的需求，大部分幼儿园教育内容以数学运算和汉字、汉语拼音的认读、书写为主，这样做违背《3—6岁儿童学习与发展指南》精神，存在不同程度的"小学化"教育倾向。贫困农村家长认为幼儿的学习只有留下"痕迹"才能实现促进发展的功能，幼儿行为的改变、技能的习得和知识的记忆等看得见的结果是衡量其学习质量的重要指标，只看到学习结果的重要性而忽视了幼儿感知、操作和体验等必要学习过程无疑是不可取的。

二、对象欠精准：仍有部分特困幼儿未能入园

对于幼儿家庭来说，有质量的学前教育必须满足"付得起，可获取，有质量"三个条件，其中"付得起"是指家庭所承担的幼儿入园费用在家庭能力范围之内；"可获取"是指家庭送幼儿入园方便，花费的时间和距离成本适宜；"有质量"是指幼儿所接受的学前教育能够支持幼儿的身心发展，而确保适龄幼儿有园可入是保障学前教育质量的前提。只有以上三个条件都被满足，才能精准实现中西部贫困农村学前教育质量保障的目标。

（一）新增园所地域分布不能满足偏远自然村的需求

我们在走访时发现位置偏远、人口稀疏的自然村，依然面临着公办园辐射不到、民办普惠园不愿意去、幼教点不足的困境。国家级贫困县的农村地区有贫困村和非贫困村之分，贫困村学前教育资源缺乏的现象尤为突出。学前教育发展第三期三年行动计划实施以来，甘肃、贵州和云南等中西部省份制定实施精准扶贫学前教育专项支持计划，旨在扶助位于国家级贫困县的偏远山区或革命老区 2000 人以上的大村建园，此后联合村建园的政策又延伸到人口总数超过 1500 人的自然村。国家通过建立乡镇延伸至行政大村、行政大村延伸至自然村的学前教育供给方式，自上而下地扩充了贫困农村学前教育资源，为贫困家庭适龄幼儿就近入园提供便利，但依然未能精准解决偏远农村幼儿"入园难"的问题。调研数据显示，湖北省建始县 2011 年以来中央资金园舍改建类项目共惠及 29 所乡镇幼儿园及大村联合幼儿园，改扩建园舍 34348 平方米，新建园舍 20885 平方米，新增学位 2345 个。云南省临沧市临翔区通过"一村一幼"项目的实施以求作为民办幼儿教育的有力补充，全区学前教育学位不断增加，学前教育资源总量不断扩大，幼儿入园率大幅提升。但是，以区县为靶向的地域型入园支持政策尚未精准运到特困幼儿和特困家庭。

2017 年，云南省 25 个边境县 2052 个行政村中，有 690 个行政村没有幼儿园。另外，还存在 1173 个小学附设学前班的情况。2017 年农业普查中贫困农村数据显示：全国 59 万个行政村中仅有 19 万个有村级幼儿园。在少数国家级贫困县，除了县直幼儿园，乡镇公办幼儿园只是设立了教学园舍，幼儿园无机构、无教师编制、无公用经费，没有进行事业单位登记，全部附属在公办小学，由于要挤占原本就紧缺的教师编制，公办幼儿

园和小学附设幼儿班或幼教点因幼儿数量达不到开班的标准而倒闭，无疑给特困幼儿入园带来不便。

（二）仅针对建档立卡家庭幼儿的减免帮扶政策力度不够

学前教育属于非义务教育，不在国家扶贫规定"两不愁，三保障"的目标范围内，加之多年贫困农村学前教育管理的责权没有得到明确，地方政府对贫困农村学前教育的重视程度远不如义务教育。贫困村有贫困家庭和非贫困家庭两类，目前，对于特困儿童的识别往往把其家庭是否为建档立卡贫困户作为唯一的标准，国家帮扶政策仅惠及了一部分入园困难幼儿，而一部分非贫困家庭但亟须帮扶的残疾和留守的适龄幼儿的学前教育问题被忽视。现有政策和帮扶惠及的群体主要为符合精准扶贫建档立卡家庭的适龄幼儿，而对于不在建档立卡家庭的留守儿童和残疾儿童尚未有帮扶政策，偏远和人口稀疏地域的学前教育帮扶存在盲区。为确保这部分幼儿接受"付得起，可获取，有质量"的学前教育，现有的保教费减免和帮扶补助政策应扩大受惠群体，全面而精准地瞄准需要帮扶的对象。

三、投入欠持续：缺乏质量保障长久的经费支持

（一）贫困农村幼儿家庭承担的学前教育经费比例过高

罗尔斯认为只要经济和社会的不平等的结果能给每个人，尤其是给那些最少受惠的社会成员带来补偿利益，就是正义的。目前，贫困农村学前教育的成本绝大部分由家庭和政府承担，少部分由社会和机构承担。国家通过三期学前教育发展三年行动计划以新建和改扩建项目投入的方式帮扶贫困农村幼儿园，政府多以财政拨款、专项计划等方式承担贫困农村幼儿园成本，社会组织通过捐赠、福利项目的方式承担小部分成本，机构为贫困农村学前教育提供办园场地、废旧园舍等。由于地方财力有限，现阶段绝大多数贫困农村地区仅仅建立了公办幼儿园和少数民办普惠性幼儿园的生均经费制度；由于非义务教育的性质，学前教育的部分事业经费可来源于家庭承担的保教费。

贫困农村学前教育成本分担存在政府投入不持久、家庭负担重、社会成本分担有限等特征，贫困农村学前教育成本分担的机制和比例变得不科学、不明确。比如，学前教育发展三年行动计划改扩建的幼儿园中央资金仅负担园舍和硬件设施的建设，县区政府由于没有足够的财政资金支付高额的人员经费，省市政府尚未建立人员经费的转移支付制度，在公办幼儿

园资源不足的情况下，幼儿园运营的事业经费还得依靠家庭承担的保教费，不能从根本上解决"入园贵"的问题，贫困农村家庭由此而只能选择价格低廉的幼儿园中由中国发展基金会发起的山村幼儿园项目，基金会以项目为单位捐赠学前教育发展经费，地方政府配套相应的经费，可基金会资助项目周期有限，当项目结束后对贫困农村地区的经费也会撤走，政府的配套资金供给也随之中止，使得本来基础薄弱的农村幼儿园失去经费的"源头"，导致家庭承担的学前教育经费增加而出现"入园贵"的局面。不公正的公共政策导致那些最需要政策服务的公众没有获得与他们人数相一致的服务；而没有支付能力的人却要支付超出正常比例的成本。布鲁斯·约翰斯通的成本分担理论认为，社会准公共产品的成本应遵循"谁受益，谁分担"的原则，学前教育的成本理应由政府与家庭共同分担，国家应作为主要的分担主体。而与其他受教育阶段相比，学前幼儿的家庭可支配收入较低、对价格敏感度较高，为保证家庭有能力且有意愿为学前幼儿分担有质量的学前教育成本，[1] 家长分担的比例应控制在合理的范围内。2013年，我国农村地区学前教育政府分担比例只有 29.92%，家庭分担比例则高达 68.39%，[2] 家庭负担的比例远远高于不超过 35% 的国际可接受区间。[3]

（二）贫困农村民办普惠性幼儿园生均公用经费制度尚未建立

在走访中我们发现，随着国家级贫困县"入园难"问题的缓解，学前教育专项资金开始向改善办园条件倾斜，如湖北省建始县 2011—2018 年开展学前教育园舍建设类项目 33 个，下达中央资金 4291 万元，县级配套资金 1084 万元，共计资金 5375 万元（其中利用农村闲置校舍改扩建幼儿园项目 28 个，投资 3627 万元，新建幼儿园 5 所，投资 1748 万元）。可见，通过国务院牵头的已完成的两期学前教育发展三年行动计划和正在进行的第三期学前教育发展三年行动计划，国家学前教育发展专项资金向中西部贫困农村学前教育幼儿园的办园条件延伸，幼儿园的整体办园水平得到提升，主要体现在：园舍条件、硬件设施等硬件改善；幼儿的膳食和营养水平得到提高；生均共用经费的投入开始用于改善幼儿玩教具、购买活动资源包等。

---

① 沈健. 用"立法"打破学前教育发展"瓶颈"[J]. 人民教育，2015（11）：30-33.

② 王海英. 学前教育成本分担机制亟待完善 [N]. 中国教育报，2014-11-02（1）.

③ 张曾莲. 我国学前教育成本分担研究 [J]. 价格理论与实践，2012（6）：51-52.

所谓公正，就是指给予每个人应得的权益，对可以等同的人或事物平等对待，对不可等同的人或事物区别对待。在设计公共政策时，我们的目标应该是提高社会中状况最差的人的福利。在公办资源不足的贫困农村地区，民办幼儿园依然是许多家庭的选择。但是，除县城的机关幼儿园和少数公办幼儿园有政府额定的生均公用经费外，普通的公办幼儿园和民办幼儿园没有实行生均公用经费制度，这导致贫困农村地区公办幼儿园的正常运转受到阻碍，民办幼儿园多数是自筹资金办园，为了在确保盈利的基础上不因提价而影响生源，部分民办幼儿园只达到办园的基本条件，其园舍设施的配置和玩教具配别的数量和质量远远低于国家标准。表 4-4 是中西部国家级贫困县 X 县 2015—2018 年四年学前教育各级财政投入情况，分析其 2015—2018 年的数据可知，该县幼儿园的生均公用经费由中央财政和县级财政以 1∶1 的比例共同承担，省级财政未支付该县幼儿园的生均公用经费。结合对该县分管学前教育行政官员和幼儿园园长的访谈我们了解到，幼儿园的生均经费优先面向辖区内公办幼儿园，2017 年开始普惠性幼儿园按评估认定等级实行生均公用经费制。依据表中数据计算，2017 年该县共投入生均经费 59100 元，公办幼儿园和民本普惠性幼儿园适龄幼儿总共约为 9470 人，生均经费仅为 6.24 元/生。可见，该县普惠性质的幼儿园生均经费严重不足，民办幼儿园的生均公用经费尚未建立。各级政府对该县学前教育投入的经费还处于使用在新建和改建园所进行数量扩充阶段，对已有幼儿园的正常运转和教育质量的提升方面关注较少。

表 4-4　国家级贫困县 X 县 2015—2018 年四年学前教育各级财政投入情况

指标	年份			
	2015 年	2016 年	2017 年	2018 年
适龄幼儿数/人	12805	12526	16327	16533
毛入园率/%	88	92	97	97
普惠园入园率/%	26	45	58	58
学前教育总经费/元	30948000	56837000	65502000	34340628
学前教育总经费中央投入/元	3325000	6979200	520000	11129200
学前教育总经费省级投入/元	1274500	310000	200000	120000
学前教育总经费市级投入/元	11975600	0	16194160	12285960
学前教育总经费县级投入/元	14372900	49547800	48587840	10573868

指标	年份			
	2015 年	2016 年	2017 年	2018 年
生均公用经费数/元	27780	27360	29550	115800
生均公用经费数省级/元	0	0	0	0
生均公用经费数县级/元	27780	27360	29550	115800

注：数据来源于 X 县教育局学前教育科，2018 年 12 月 25 日。

四、队伍欠稳定：专业幼儿教师数量不足且严重流失

近年来通过免费师范生的定向培养、农村幼儿园教师专项计划和公开招聘等途径，贫困农村地区幼儿教师在数量上有一定的增加。湖南省古丈县和泸溪县开展"千园万师"项目，通过增加投入增加岗位、确保贫困农村幼儿教师和志愿者权益、增加在职培训等方式补齐贫困农村幼儿教师队伍。对于附设在村小的幼教点，古丈县采取如下两个措施补齐教师队伍：吸纳小学富余的在编不在岗的教师，经过专业的入职前培训帮助其转岗成为幼儿教师；向本村或邻村招募符合条件的幼教志愿者，培训合格后使其补充到教师队伍之中，并提供一定的生活补贴。据中国发展研究基金会统计，自 2009 年至 2017 年"一村一幼"项目推广以来，山村幼儿园试点项目覆盖的 10 省 23 个县区，已培训和招聘 2500 余名幼教志愿者。对于大村联合办园和乡镇幼儿园的专任教师补充，泸溪县采取委托定向免费师范生培养的形式，每个乡镇园或大村联合办园设立带编制的专职教师岗位。此类岗位只能由当地定向委培的学前教育免费师范生来应聘，被聘用者工作达到一定年限（一般为 5 年）后再聘用其他定向免费师范生进行轮岗。

通过多渠道的幼儿教师培养和补充，贫困农村幼儿园师资紧缺的状况得到了一定的缓解。但是，贫困农村幼儿园师幼比远远低于国家的要求，依然面临着专业师资不足的困境。我们调研了解到，湖北省某县学前教育教职工总数 1194 人，其中公办园教职工 242 人、民办园教职工 952 人。除县直属机关幼儿园，其余公办幼儿园教师都由富余中小学教师转岗而来。民办幼儿园教师均由园所自聘，以非学前教育专业高中和中专学历的女性教师为主。大多数幼儿园的师资配比与《湖北省幼儿园办园水平评估标准》要求的"两教一保"存在较大差距。据当地幼教科工作人员介绍，全县仅 38% 的幼儿教师持有幼师资格证。在访谈中我们了解到，贫困农村幼

儿园专任教师流动性大的现实加剧了幼儿教师数量不足、专业性不高的窘境。

> B：如果教师突然离职，您怎么在短时间内找到新的合适人选？
>
> P4：这是经常有的事情，我们园人事制度明确规定教职员工如果有离职意向要提前一个月报告，但没人把这当回事。
>
> B：那您怎么办？
>
> P4：许多二孩妈妈家里大孩子上小学了，小孩子一两岁过一年就要上幼儿园，（于是）和我联系想要来幼儿园当老师。她们有了两个孩子后不能再出去打工了，老人顾不过来，于是留在家里专门带孩子。（您怎么聘任她们呢）首先也要看看她们的个人素质，然后就鼓励她们学习，能够考幼师资格证的就让她们去考证再上岗。
>
> ——P-4，2018-12-26

由于本来就师资储备不足，为了尽可能补充专任教师突然离职所空缺的岗位，幼儿园只能退而求其次地就近聘请非专业教师。这些非专业教师虽然不一定有幼儿教师资格证，但拥有丰富的育儿经验，家庭住所与幼儿园距离近，她们在顾家与工作之间的时间和精力冲突小，是相对比较稳定的幼教师资人选。

五、监管欠到位：政策的基层走偏造成有限资源的浪费

政府具有行使社会公共权力的权力，优化公共产品质量满足社会全体公民的需求，为社会提供公平优质的公共服务是其职责所在。[①] 基层政府的学前教育供给偏离贫困农村实际需求，贫困农村学前教育资源的投入效益处于低水平徘徊状态。我们在走访中发现，西南山区某国家级贫困县位于山间盆地，地势相对平缓，自然村镇多为山地丘陵地貌，人口稀少。由于距离省会城市不到100千米的区位优势，近十年来外出谋生的年轻人明显增多，很多家庭举家搬出村子到省城打工。为响应国家大力发展学前教育的号召，该县2013—2015年间于每个行政村新建了一所拥有6~10个班规模的中型或大型幼儿园。但由于入园适龄幼儿数量逐年减少，许多园舍出现闲置现象，因此造成了严重的资源浪费。

---

① 刘祖云. 当代中国公共行政的伦理审视 [M]. 北京：人民出版社，2006：32-34.

听说县里要牵头建二十几所大幼儿园，开发商纷纷来投标。在建设的过程中，承担建设任务的企业听闻是国家出资，无视预算和设计图纸，故意提高规格、拖长工期，使得我们也左右为难：任由他们施工无疑就会超支，阻止他们这样做他们就以停工作为要挟。加之上面验收催得紧，也只好任由施工方操作了。项目完成后结算，除去国家的专项资金，县里共欠施工方近1500万元。

——O-12，2018-06-10

县级政府误解了硬性建园的政策指标，缺乏对学前教育专项资金管理和使用的经验，导致自身被动地承担建设超标准幼儿园园舍的债务，降低了对学前教育质量保障经费的分担能力。国家级贫困县在自身财力有限的情况下，本来用于保障学前教育质量的经费就少之又少，还须逐年偿还园所建设的债务，必将导致县级财政对学前教育投入所剩无几，无力持续承担新建园舍教师的聘用、玩教具的购置以及幼儿园生活设施设备的完善等日常基本开支。面临贫困农村学前教育质量堪忧的现实，多数地方政府在采取政策措施解决现实问题的过程中，仅仅考虑了制度工具本身对当下问题的作用和适宜性，政策措施出台之前，没有对本县当下和以后一段时间内的学前教育需求进行科学的调研和分析；政策措施实施之后，又未能及时反馈信息，分析和评估政策措施在使用过程中人们对其的多元阐释和由认知限制造成的理解偏差，政策措施使用的风险和防范风险的措施尚未得到重视，因此导致政策在施行过程中出现基层走偏的现象。

《国家中长期教育改革和发展规划纲要（2010—2020年）》强调重点发展农村学前教育和支持贫困农村发展学前教育以来，为促进农村地区特别是贫困农村学前教育的发展，我国诸多政策措施向农村地区特别是中西部的老、少、边、穷地区倾斜。《国务院关于当前发展学前教育的若干意见》明确指出努力扩大农村学前教育资源，国家实施推进农村学前教育项目，重点支持中西部贫困农村地区。财政部出台《关于加大财政投入支持学前教育发展的通知》，通过建设扶持项目和单列专项资金的模式，支持中西部农村扩大学前教育资源；教育部牵头连续实施三期学前教育行动计划，重点支持中西部贫困农村地区、提高贫困农村地区入园率。2018年11月，中共中央国务院《关于学前教育深化改革规范发展的若干意见》再一次指出国家将继续实施学前教育行动计划，逐年安排建设一批普惠性幼儿园，重点扩大农村地区、脱贫攻坚地区、新增人口集中地区普惠性资源。这一系列政策措施的施行，为农村学前教育提供了前所未有的资源保障，增加了贫困农村地区幼儿接受学前教育的机会。近年来，农村地区幼儿教师倾斜政策力度很大，对农村幼儿教师队伍建设起到重要的助推作用。2015 年，乡村幼儿教师数达到了 51.2 万，比 2011 年的 32.5 万增长了 57.54%。① 国家统计局数据显示，截至 2017 年，我国 84.7% 的贫困农户所在自然村上幼儿园便利，比 2013 年提高 17.1 个百分点。②

政策的公平标准是指将效果和努力公平分配到社会各个群体，它关系到法律层面和社会"理性意识"。③ 由于学前教育质量监管政策不具备强制的效力，其规定的内容只有对条件的假定和行为模式的倡导，没有明确设定施行不到位的惩罚和问责，因而在落实过程中容易出现"避重就轻"的现象，如某省级教育部门要求各县补齐和核定基础教育各学段的教师编制，下级贫困县人事部门在教师编制下拨决策过程中却无视教育部门需求实际，不考虑基础教育学段之间教师资源的均衡性，将鲜有的学前教师编制直接划拨至与本部门绩效相关的义务教育阶段，而逃避为薄弱的学前教育承担人员经费的职责。当前关于学前教育质量标准的研制多考虑城市幼儿园的规范，对农村学前教育的地区差异分析和文化观照不足，导致政府对贫困农村学前教育质量的监管和评价无章可循，资源的投入缺乏绩效考核的量化依据，评价结果很难反映贫困农村学前教育质量的真实情况。

① 中华人民共和国教育部发展规划司. 中国教育统计年鉴 [M]. 北京：中国统计出版社，2016：04.

② 国家统计局农村社会经济调查办公室.《中国农村贫困监测报告 2018》[M]. 北京：中国统计出版社，2018.

③ 威廉·N. 邓恩. 公共政策分析导论 [M]. 谢明，等，译. 2 版. 北京：中国人民大学出版社，2002：109.

精准扶教 ⑧ 中西部贫困农村学前教育质量保障研究

第五章 中西部贫困农村学前教育
质量保障的制约因素

学前教育的发展从来都不是孤立的,它每一个阶段都与社会经济的改革与进步"镶嵌"。社会经济、历史文化、地域环境、制度安排构成了学前教育质量发展的生态,这个生态的结构和功能既给学前教育质量保障积淀"沃土",也对学前教育质量保障产生阻碍。审思现实,贫困农村学前教育质量保障的行为措施尚不成熟,各相关主体的学前教育质量观念正处于新旧交替的"张力"之中,学前教育质量保障的效果与社会和家庭对"幼有所育"的期盼仍存在一定的差距。可见,不少因素正制约着贫困农村学前教育质量保障的实现。我们根据其性质的不同,将其制约因素分为条件、观念和制度三类。

第一节 贫困农村相对滞后的社会生态

一、落后的经济发展水平是制约学前教育质量保障的根源

(一)落后的经济影响地方政府对学前教育的财政投入

我国学前教育财政投入主要以中央政府和地方政府为主,省级统筹学前教育财政的能力尚弱。中央政府对贫困农村学前教育的投入方式以需求导向的分项目、分计划承担为主,并采用差额补齐的方式引导和激励地方政府对学前教育的投入。① 中央政府通过财政投入新建、改建和扩建园所瞄准的是贫困农村学前教育资源规模问题,对于直接影响幼儿园长久运行和保教质量的人员经费和公用经费,主要依靠县(区)政府的投入,而县(区)政府对学前教育的财政投入直接受制于地区经济发展水平。在地方

---

① 徐晓. 普惠性学前教育成本测算及分担方案构建:基于 H 省 J 县的调研案例分析 [J]. 学前教育研究,2018(07):3-12.

财力有限的情况下，财政资金主要分配到对当地居民生活影响最为关键的衣食住行、医疗卫生、义务教育等领域，这使得地方政府支持学前教育发展的财政能力减弱，而资金投入不足对该地区反学前教育质量水平的制约是显而易见的。人均生产总值是衡量一个地方整体经济发展水平的重要指标，我们调研了八个县（区）的 2017 年人均生产总值（图 5-1），其中最低的是古丈县，人均年生产总值达 16454 元，远远低于全国平均水平59660 元；最高的是盐池县，人均年生产总值达 49550 元，依旧低于全国的平均水平。由此可以推测图中各县（区）的整体经济发展水平较落后，地方政府对学前教育的财政支付能力有限。

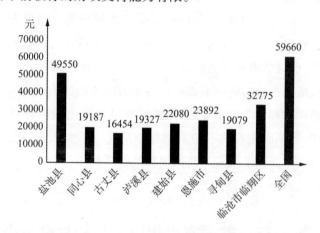

图 5-1　各县（区）2017 年人均年生产总值（单位：元）①

我们调研的宁夏回族自治区同心县、盐池县、云南省寻甸县，这些地区虽然在地理位置上离省会城市较近，但农村地区交通闭塞，受到区域发展中心的辐射作用较小。我们调研的湘西自治州古丈县、泸溪县，恩施自治州建始县和恩施市都处于省际交通网络、信息网络和物流网络的末端，中心城市发展对其产生的辐射作用较小。加之区域中心城市往往为相对较弱的省会城市，人口总量、经济总量和产业发展格局都不足以对集中连片的特困地区经济产生明显的辐射作用和带动作用，贫困片区与区域中心直接发展的"脱节效应"明显。

（二）有限的可支配收入削减了家庭对学前教育的负担能力

家庭对学前教育的消费能力来源于家庭可支配收入。我们分别从八个国家级贫困县（区）2017 年国民经济和社会发展统计公报查询各地农村居

①　数据来源：各县（区）2017 年国民经济和社会发展统计公报.

精准扶教：中西部贫困农村学前教育质量保障研究

民人均可支配收入，并将其与 2017 年全国农村居民人均可支配收入对比可发现：八个县（区）中湖北省恩施市的农村居民人均可支配收入为 9931元，比全国农村居民人均可支配收入低 26.1％；八个县（区）中湖南省古丈县的农村居民可支配收入为 6932 元，比全国农村居民人均可支配收入低48.4％（图 5-2）。图 5-3 为宁夏回族自治区同心县所在地级市吴忠市2010—2017 年农村居民人均可支配收入柱状图，虽然该市农村居民人均可支配收入每年以较快的速度增长，但仍远低于全国农村的平均水平。可见，贫困农村地区的居民可支配收入远远低于全国平均水平。在相同数额学前教育支出的情形下，可支配收入水平高的家庭经济负担小于可支配收入水平低的家庭。迫于经济负担的压力，贫困农村幼儿家庭趋向选择收费较低的幼儿园，而普惠性资源不足的贫困地区，依靠低廉价格竞争的民办幼儿园质量堪忧。较低的人均可支配收入影响家庭对学前教育的支付能力，同时也制约着家庭为子女寻求有质量学前教育的需求。[1]

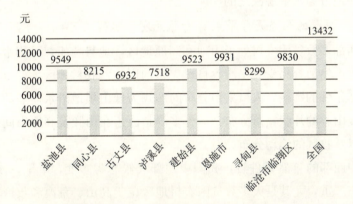

图 5-2　2017 年各县（区）农村居民人均可支配收入（单位：元）[2]

二、学前教育资源开发与利用受到自然条件的限制

生态环境为人类社会提供了赖以生存的物质条件，对人们的生产生活有着广泛而持续的影响。它通过影响自然资源和气候分布，造成了人类社会生活方方面面的地域差异，[3] 自然也影响到学前教育。我国中西部学前

---

① 冯文全，徐松妮，高静. 我国学前教育发展不均衡问题的成因和解决路径 [J]. 重庆：西南大学学报（社会科学版），2016，42（06）：75-84，190.

② 数据来源：各县（区）2017 年国民经济和社会发展统计公报.

③ 冯文全，徐松妮，高静. 我国学前教育发展不均衡问题的成因和解决路径 [J]. 重庆：西南大学学报（社会科学版），2016，42（06）：75-84，190.

图 5-3　吴忠市 2010—2017 年农村居民人均可支配收入及增长速度

教育发展水平相对落后的地区自然条件相对而言较为恶劣,有些地方平原少、山地多以致偏远闭塞,有些地方水土流失严重且季节性地质灾害频发,有些地方为水资源缺乏的沙漠荒原。

(一) 脆弱的生态是学前教育资源开发的阻碍

中西部多数贫困农村处于山地和高原地区,地势崎岖,可用水源分布不均,生产生活容易受到旱涝等自然灾害的影响,农村地区人口分布直接受到自然条件的影响。人口集中分布的形式为低山坝地沿水而居的带状分布、丘陵山谷的片状错落分布,但更多的是散落在山腰及高原山间的点状分布,以及牧区的流动分布。

从中西部的自然条件看,我国中西部气候恶劣多变,干旱、沙尘暴、水土流失严重,尤其是大多数贫困农村地区位于高山、荒漠和牧区等生态遭到破坏又很脆弱的地区。中西部地区土地沙化、荒漠化、土壤侵蚀和冰融侵蚀等生态脆弱的地区,贫困发生率往往较高。相较于满足衣食住行等与生存紧密相关的需求,学前教育资源的开发属于发展型需求的满足。脆弱的生态环境导致自然资源的贫瘠,人们维持正常生产生活耗费的时间和精力较多,因而对学前教育资源开发和利用的可能性精力和资源的投入有限。例如,贫困农村幼儿园选址考虑的首要条件是安全,其次是方便。山区幼儿园的选址要避开山体滑坡、泥石流和洪涝等自然灾害发生的地区,保证采光、通风良好和有四季都能供应的水源,除此之外应尽量处于交通便利的村寨交会要道周围,以方便更多山区幼儿家长就近送幼儿入园。西南和中部山区地貌以高原、盆地居多,分布广泛的喀斯特地貌导致地区表面崎岖、交通不便、土壤贫瘠、岩层保水性能差,恶劣的自然条件在一定程度上限制了幼儿园的选址和课程资源的开发，学前教育质量的提升需要投入更多的人力、物力和财力用来克服恶劣自然条件带来的阻碍，这也就导致成本相应提高。我们走访的湖南省湘西自治州古丈县红石林村某幼教点，就选址在自来水送不到、天然井水缺乏的山腰平地，幼儿园的饮用水和生活用水都依靠机械从山脚村庄泵至园内，无形中增加了幼教点的运营成本，特别是秋冬季节山脚井水不足，连续数月生活用水缺乏的状态给幼儿园教职工和幼儿的生活造成极大不便。

（二）偏远闭塞的位置降低了学前教育资源利用的效率

我国中西部贫困地区地形复杂多样，交通建设比较艰难。大部分贫困农村位于第一、第二阶梯过渡地段的高原、山地、沙漠和喀斯特地貌区，呈带状或点状分布，既有集中连片人口密集的大型聚落，也有地广人稀的偏远村寨。受地形和位置的影响，中西部贫困农村地区交通闭塞。我们调查发现，多数偏远贫困农村村民往返一趟集镇需要步行 3 个小时以上，村与村之间的交流也要翻越一座座崎岖的山岭，距离无疑给学前教育机构的选址带来了困难，许多幼教点由于达不到开班人数而被迫撤销，改、扩建的幼儿园也因此被闲置。近年来，政府组织的培训和送教下乡活动为贫困农村幼儿教师的专业成长提供了许多机会，为使培训和教研观摩活动辐射至更多行政村的幼儿教师，一般都选择在县政府或者乡镇中心幼儿园进行。然而，时间安排在工作日的培训和教研活动对于山区幼儿园教师来说需要花费奢侈的时间成本。为参加 3 个小时的教研活动，她们得多花费另外 3 个小时用于驾驶电动车往返。贫困农村幼儿园多数只能保证一教一保，无论是幼儿教师还是保育员工作日外出学习大半天，都会影响班级一日生活的组织。闭塞的交通加剧了贫困农村信息交流的不畅，延长了观念传播和更新的周期，减少了高原和山区居民享受外界信息和教育资源的机会。

随着国家"精准扶贫"政策大力推进，贫困农村地区的基础设施和生活条件得到明显改善，"四通"覆盖面不断扩大。国家统计局数据显示，截至 2017 年，贫困地区通电和通电话的自然村基本实现全覆盖；所在自然村通有线电视信号比重、通宽带的农户比重分别达到 96.9%、87.4%。贫困农村地区交通便利情况也获得明显改善。2017 年，贫困农村地区所在自然村主干道路路面经过硬化处理的农户比重为 97.6%，所在自然村能便利乘坐公共汽车的农户比重为 67.5%。[1] 但相对于城镇地区，贫困农村地区的交通设施和公共服务依然相对落后，很多年轻的幼儿教师不愿意长久地留在家乡工作，幼儿教师的流动性增大，这无疑加大了贫困农村学前教育队伍建设的效率。

三、固有的文化传统阻碍了学前教育理念的传播和更新

在文化资源匮乏的偏远农村地区，世代都保留着知识改变命运的理念，人们更是对"识字读书"有着特殊的崇拜。受传统教育对知识"有用则习之，无用则弃之"观念的影响，幼儿教育目标指向多学"看得见"的"有用"知识，因为这些知识储备是山区人们意识里赖以生存的工具和融入现代文明的"底气"，也寄托了他们走出大山，改变命运的希望。因此，从幼儿园开始打牢知识基础以确保小学不掉队，读书写字从娃娃抓起的观念深入人心。[2]

> "小学化"教育确实会影响幼儿的学习兴趣，我们也是响应家长的要求，这里的孩子已经输在了起跑线上，如果基础知识都学不好，就更加掉队了。
>
> ——T-2，2018-03-18

由于教师数量有限，贫困农村幼儿园经常采用合班混龄的形式开展活动。为维持集体教学活动正常的秩序，通过制定规则来约束幼儿行为是贫困农村幼儿教师的管理策略。她们要求幼儿遵规守纪，少动少玩，如为了培养幼儿乖巧懂事的好习惯，要求幼儿服从老师的安排，不许顶嘴和辩解；要求幼儿在活动中专心听讲，坐姿端正，不许说话。

> 女娃普遍比男娃乖，在教室里老老实实坐得住。男娃啊，整天往教室外面跑，名堂可多了。
>
> ——T-5，2018-06-21

那些聪明伶俐又守规矩的"好孩子"学习棒，"差孩子"可真难

---

① 国家统计局农村社会经济调查办公室.《中国农村贫困监测报告 2018》[Z]. 中国农村贫困监测报告. 2018：29.

② 杨莉君，黎玲. 贫困山区幼儿教师的教育质量观及其转向 [J]. 教师教育研究，2019（02）：84-89.

管，老师说这他说那，一到期末学的东西啥都不会。

——T-7，2018-03-16

宁夏山区农村宗教信仰和交往礼仪传统保守，呈现出内敛的文化内涵。生活在这里的回族女童不同于其他少数民族的女孩子，由于长期处于相对封闭的环境，又受浓厚的伊斯兰文化氛围熏陶，她们大多性格内向，创新意识和开拓精神不强，在成长中表现出乖巧自律、内敛务实的特点，这些气质一直延续到她们成年以后。[①] 而女性占绝大多数的幼儿园教师，对幼儿的评价深受当地文化传统的影响，偏向于欣赏聪明伶俐、守规则的"好孩子"，而忽略好奇好问有个性的"差孩子"。每个幼儿都有其独特的个性和对事物的见解，把幼儿框定在统一的"标准"下，或是教师依据自己经验中的标准给幼儿贴一个"差孩子"的标签，都有可能造成教育行为有失偏颇。

第二节　贫困农村学前教育质量保障的观念盲区

观念是人们认知的集合，英国哲学家乔治·贝克莱认为观念的产生源于个体的感官、情感或者记忆与想象，是个体面对和经历外界时产生的一切认识。[②] 观念是否存在，评判的标准是外界事物是否被人感知。观念是行为的直接影响因素，纵观学前教育各主体的学前教育质量观念，不难发现这些观念成为制约贫困农村学前教育质量保障的重要因素。

一、"有限理性"博弈加剧基层政府对学前教育的投入缺位

社会生产结果再分配的部分形成公共资源，在我国主导社会公共资源再分配的主体是政府。[③] 长期以来，政府秉承追求学前教育公平和质量兼而有之的信念，致力于实现学前教育资源分配的平等性和补偿作用，以实现学前教育公益普惠的价值。[④] 政府此种公共利益至上的观念和行为体现

①　杨华. 宁夏贫困山区回族女童教育研究：对宁夏同心县回族女童教育的调查与思考 [J]. 民族研究，1999（03）：98-107.

②　乔治·贝克莱. 人类知识原理 [M]. 关文运，译. 北京：商务印书馆，2010：108.

③　王善迈，袁连生，刘泽云. 我国公共教育财政体制改革的进展、问题及对策 [J]. 北京师范大学学报（社会科学版），2003（6）：5-14.

④　刘鸿昌，徐建平. 从政府责任的视角看当前我国学前教育的公益性 [J]. 学前教育研究，2011（2）：3-7.

了其政治"道德人"的属性。作为具有公共资源分配事权的地方政府，同时也有其"经济人"的身份特点，即自利性和具有一定理性，① 政府决策中的"一定理性"即后来赫伯特·西蒙提出的"有限理性"。② 诺贝尔经济学奖获得者布坎南（J. M. Buchanan）等人为代表的公共选择学派指出，我们不能以公共利益至上完全"道德人"身份来看待地方政府，政府公职人员的一切行为同样是以追求自身利益最大化为目标，③ 也是不能逃避有限理性的，比如政府工作人员会利用资源、组织和信息的便利性，隐性地争夺自身利益相关的学前教育资源，④ 如在我们走访的国家级贫困县机关幼儿园，多数都是高规格的配置，其园舍条件、师资水平、玩教具和每年政府下拨的生均经费条件都明显优于乡镇中心幼儿园、远远超过农村幼儿园；另外，由于信息不对称以及自身条件和所处环境的影响，政府公职人员的理性一般是有限的，其利益追逐是在有限范围内的利益最满意，而非绝对的利益最大化。

> 边境线上的许多村寨的一方水土不能养活那一方的人，只好搬出来。国家把易地搬迁脱贫的目标定为"两不愁，三保障"。在教育方面，我们也只能瞄准目标全力支援义务教育的发展。当然，我们也会按照国家的要求把幼儿园建起来确保娃娃们"有园可入"，但是县里没有多余的资金用于学前教育的发展。
>
> ——O-21，2018-06-10

因此，地方政府在学前教育发展的决策方面如同一场"道德人""经济人"和"政治人"的博弈。基层政府对学前教育质量的认知偏差，没能以长远的目光把学前教育质量的保障看作是一项功在当代、利在千秋的公益事业，也不理解上级政令里蕴含的教育规律，只是把完成任务需要问责的压力和应付检查的压力外化成对学前教育规模的追求，比如说把中央政府下拨改扩建幼儿园的专项资金用于高规格幼儿园的建设，改扩建幼儿园

---

① 付兴国. 论亚当·斯密的教育经济思想 ［J］. 北京师范大学学报，1988（4）：90-93.

② 张翔，刘晶晶. 教育扶贫瞄准偏差与治理路径探究：基于政府行为视角分析 ［J］. 现代教育管理，2019（03）：51-55.

③ 齐明山. 有限理性与政府决策 ［J］. 新视野，2005（02）：27-29.

④ 刘泽照，朱正威. 地方政府"稳评"政策操纵行为动态影响机制：基于博弈仿真实验研究 ［J］. 社会科学，2018（5）：21-31.

只顾外观的精美华丽而并未严格按照《托儿所幼儿园建筑设计规范》执行。长期以来我国农村学前教育管理的责任主体为县一级政府，县一级政府承担着对国家和省级学前教育管理的政令因地制宜地具体化和执行的责任。但由于专业行政力量的缺乏以及问责机制的不完善，基层政府对行政命令上行下效的路径依赖，基层政府的学前教育政策仅为对上级统筹性政令的复制和笼统阐释，并没有制定详细的方案和问责制度。例如，《国务院关于当前发展学前教育的若干意见》明确要求各省（市、区）以县为单位编制实施学前教育三年行动计划，重点支持中西部地区发展农村学前教育，但各县制定的学前教育三年行动计划比较粗放，对省级政府出台的基准和要求理解不全面，不能做到"精准施策"而影响学前教育投入的效益。例如，县级学前教育经费投入在结构上失衡，财政资金主要投向教育部门和政府机关所办学前教育机构，并未重点流向农村学前教育机构，致使学前教育资源投入出现"马太效应"，其使用效率不仅远远低于投入农村和街道各类学前教育机构的，更远远低于对家庭经济困难幼儿的入园补助。[①]

国家级贫困县县级政府的财政本来较弱，在地方财力有限的前提下，政府对学前教育的投入最主要依据的不是学前教育的真实需求，而是政府本身的财政力量以及对学前教育的重视程度。在长期的经济"锦标赛"发展思维和脱贫攻坚压力的影响下，一方面，地方政府更加无视学前教育的发展需求，将有限的财政投入瞄准回报周期短、投入产出比例明晰、见效快的经济建设事业；另一方面，在学前教育建设专项计划硬性任务的压力下，基层政府对学前教育的质量的理解出现偏差，把学前教育的投入狭隘地理解为高规格的园舍设施。

二、边际成本计算驱动家长形成功利化学前教育质量观

从经济学的视角来看，家庭对于学前教育的消费属于投资行为，学前教育的投入后期能给社会和家庭带来巨大的人力资本的收益，[②] 这是基于理论推测毋庸置疑的理想效果。但是从具体的实践层面讲，对于每一个特殊的家庭和个体而言，其人力资本的投入存在一定风险，这种客观存在的

---

① 张绘. "十二五"时期我国学前教育经费投入评价分析及改革建议［J］. 经济研究参考，2016（50）：84-92.

② 杨风禄，潘啸松. 当前社会中高等教育投资意愿降低的研究：收益不确定性与人力资本投资［J］. 劳动经济评论，2010，3（01）：64-75.

投资风险在默默影响着家庭主观的投入和决策行为。学前教育是属于家庭人力资本投资的内容，作为理性的投资方，家庭对子女的学前教育投入是一个计算成本和收益的选择过程。长期以来，我国非义务教育阶段的学前教育成本主要由家庭和政府承担，社会只承担极小部分。家庭之所以愿意承担学前教育的成本，其背后的动机在于家长对教育投入效果的心理预期，[①] 大多数贫困农村幼儿家长认为送孩子入园能够带来孩子在学业成绩方面的收获，从而增加子女摆脱贫困命运的可能性，这是他们改变生活现状的理想寄托。在这样的假设下，贫困家庭相对于非贫困家庭而言，收入水平更低，在相同的学前教育支出的情况下，经济困难家庭分担成本所占家庭可支配收入的比例将大于非经济困难家庭。而教育的投入是一个长期的过程，学前教育的投入离家庭教育回报的时间周期最长，这使贫困家庭面临着更大的困境，在高负担的背后是弱势家庭承担了巨大的人力资本投资风险。

西北地区回族聚居的山区与高原衔接处地广人稀，幼教资源稀缺。为了让孩子就近上汉回双语幼儿园，许多家庭被迫离开本来生活的村庄搬迁至城郊，付出了经济成本以外更多的努力和代价。从私人投入看，作为承担风险能力最弱的贫困农村家庭付出的投资若是得不到合理补偿，必将对贫困农村经济困难家庭投资教育的行为产生消极影响，幼儿家庭选择学前教育投入的边际成本和机会成本都较大。因此，贫困农村家庭更加注重学前教育社会化的功利效果，力求减少家庭人力资本的投资风险。[②] 于是，家长把子女的升学、就业的压力投射到学前教育上来，只看到通过学前教育子女能够为今后取得良好学业成绩打下基础，而无视子女成长的规律和需求，致使为了追求社会化的功利目标而透支幼儿本该享有的童年生活。

三、污名效应引发农村对城市学前教育模式的盲目崇拜

贫困的污名效应理论认为，由于利益和认识水平的差异，在无视经济和资源占有不平等事实的前提下，研究贫困成为一种不可回避的政治行为，社会精英总有一种优越感，驱动着他们通过看似中立的分析对穷人进行定义和分类。这启发着人们用不同的视角来看待贫困和研究贫困，同样

---

① 王军辉，王海英. 从"政治上同意"到"经济上同意"：论政府学前教育成本分担的意识觉醒与意愿践行 [J]. 幼儿教育，2015（5）：15-17，38.

② 李正清. 学前教育个人机会成本探析：以江苏省三城市低保家庭为例 [J]. 幼儿教育，2013（18）：10-13.

也引导着我们对贫困农村人们的思想与行为进行更为合理的阐释。[①] 作为既得利益者的政府和非贫困阶层，往往有一种强调既定程序和规则的思维方式，拥有资源配置的话语权和操纵实权，掌控着贫困的制度逻辑并予以其合法化的解释，因此，使所有贫困群体对"被看作贫困"的合理性深信不疑。被污名化的贫困农村学前教育，一方面表现为对主流的学前教育评价模式深信不疑从而缺乏对贫困农村学前教育认识和评价的文化观照；另一方面表现为容易导致贫困农村地区失去对自我的自信，忽视本土学前教育发展的历史和现实的特点，盲目羡慕和崇拜城市学前教育。

　　羡慕城市园所设施设备资源而忽略山区丰富的特色资源导致贫困山区幼儿教师对园所条件产生认识误区。在访谈中我们发现，个别国家级贫困县举全县之力打造某幼儿园，以高标准的办园条件购买最先进的设施设备，引进洋化的课程模式，却忽略当地丰富的自然资源和文化特色资源，幼儿教师本该拥有的自制玩教具等资源开发能力和智慧未被充分调动。在她们看来，发达地区的幼儿教育资源和模式就是高质量学前教育的标杆，对城市幼儿园的硬件资源和课程模式直接拿来使用。因此不少民办幼儿园内出现环境创设和课程设置追求高规格，不惜代价模仿沿海发达城市的做法，如花费重金打造幼儿园木工坊、建构室和美术馆等功能室却导致利用率极低，而幼儿随时可使用的班级区角材料却几乎没有；引进所谓世界名画、雕塑和建筑欣赏的美术课程资源，而忽略当地多姿多彩的民族文化；请专人进行户外活动场地和环境设计，却对农村自然和文化特色资源利用极少等。

　　　　每一次出去培训，我们感觉都是出去接受差距的。沿海地区的幼儿园，条件和环境好、待遇高、学习机会多，这是我们贫困农村根本达不到的。没有优渥的条件和待遇，仅凭我们教师自身的努力也是无能为力。

　　　　　　　　　　　　　　　　　　　　　　　　——T-16，2018-12-26

　　P19：我们只有不断地学习和引进先进的幼教资源，才能使大山深处的孩子享受到与沿海发达城市一样的优质学前教育。

　　B：您园里老师都去哪里学习？主要学习什么内容呢？

---

① 孟照海. 教育扶贫政策的理论依据及实现条件——国际经验与本土思考 [J]. 教育研究，2016，37（11）：47-53.

P19：园里不惜代价派老师去上海、深圳拓宽眼界，学习幼儿园环境创设，学习幼儿教育课程和管理模式。我们的年轻老师非常能干，一回来就能学有所用，您看这美工坊就是才学回来的，还采用了6S管理法。

——P-19，2018-06-14

　　城市标准的学前教育模式进入贫困农村，往往带着被默认为"先进"的优越感和规范的标签，以咄咄逼人之势驱赶着贫困农村根深蒂固的学前教育方式，"现代"与"传统"相互磨合的张力无疑会带来一场震荡。不少教师由于自身的专业能力无法应对规范模式的要求，于是开始以逃避的心态墨守成规；积极应对的教师开始否定原来的学前教育观念和方法，以迎合学习的态度表示对城市学前教育的"崇拜"，于是农村的学前教育方式和资源遭遇"意义过剩"的摒弃。

第三节　贫困农村学前教育质量保障的制度瓶颈

　　将有限的资源分配给最需要的人，并确保资源投入的效益，是制度安排和管理的基本价值追求。然而，由于历史和现实的因素，我国贫困农村学前教育质量管理的制度安排依然存在结构不合理和信息不对称的问题，若此类问题长期存在，将成为中西部贫困农村学前教育质量保障的制度瓶颈。

一、配套资源与学前教育政策安排匹配度不高

（一）资源倾斜总量与政策要求不匹配

　　长期以来，我国学前教育奉行政府负责、分级管理、各有关部门分工合作的管理体制，这样的管理体制很大程度上决定了我国学前教育长久以来分级投入的体制。农村地区缺少与之对应的教育行政部门，在分级管理的政策要求里县一级教育局没有管理农村学前教育的职责，本来就力量薄弱的农村学前教育经过多年的管理缺位和自负盈亏，形成了积贫积弱的困境，贫困农村幼儿园保教质量提升因此变得心有余而力不足。保障贫困农村适龄幼儿接受基本而又有质量的学前教育是2010年以来我国学前教育政策的主要目标，为此中央政府开始向贫困农村进行学前教育供给的倾斜。

通过已完成的"学前教育三年行动计划",中央政府在全国范围内投入学前教育的资金超过 900 亿元,并激励地方政府投入资金超过 4000 亿元。2018 年,我国学前教育经费总投入占 GDP 的比例为 0.408%,低于国际学前教育投入的平均水平。[①] 国家对贫困农村学前教育的投入主要以解决"入园难""入园贵"问题为主,这些投入大部分用来新建和改扩建幼儿园。对于贫困农村地区幼儿园用以长期运营的公用经费和人员经费,中央政府和省级政府倾斜的资金少之又少。幼儿园园舍设施的维修、基本生活配套设施的完善和玩具、图书的购置等诸多与幼儿园保教质量息息相关的经费来源主要靠薄弱的县级财政,国家专项投入和省级财政的转移支付无暇顾及。在教育经费总体不足的前提下,承担着义务教育经费投入重担的国家级贫困县,其学前教育质量保障经费杯水车薪,远远不能满足当地幼儿和家庭对有基本质量学前教育的需求。

由于各级政府对贫困农村学前教育投入的经费不足,甚至远远低于兜底的基准线,导致学前教育质量提升的政策执行缺乏条件和动力。普惠性学前教育资源缺乏的贫困农村,幼儿园公用经费大部分来自家庭负担的保教费。因此,贫困农村幼儿园容易陷入"提高收费"和"保障质量"的两难选择。幼儿园若要维持有质量的运转,必须增加用于日常运转和人员聘用的开支,因此须提高向家长收取的保教费而增加家庭的负担;幼儿园若本着节约办园成本和减轻家长负担的原则,不提高保教费收费标准,从而被迫降低对保育和教育质量的要求,将致使保育和教育质量停留在较低的水平。

(二)经费投入结构与质量保障的制度要求不匹配

在调研中我们发现,虽然从数据上看,某些地区县级学前教育财政经费投入增长速度高于县财政经常性收入增长速度,但贫困农村学前教育仍存在"经费缺口大、经费保障不足"的问题,而经费缺口主要集中在维持园所日常运转的业务费(如基本的生活设施设备、玩具和图书的购置等)和人员经费。由表 5-1 数据可知,S 县 2017—2020 年期间财政预算的中央学前教育专项投入为 4620 万元,省级财政投入 70 万元,县级投入 330 万元,三级政府计划共投入 5020 万元。S 县计划在幼儿园建设规划支出 4358 万元,幼儿园购置规划支出 662 万元,可见该县在 2017—2020 年间使用投入总经费的 86.8% 用来继续扩展学前教育的规模,而仅剩 13.2% 的投入用

———————————
① 卢迈,方晋,杜智鑫,等. 中国西部学前教育发展情况报告 [J]. 华东师范大学学报(教育科学版),2020,38(01):97-126.

于图书、玩教具、生活和教学设施设备的购置等。

表5-1　S县"学前教育发展第三期三年行动计划"经费规划（2017—2020年）

幼儿园建设、购置项目规划投入资金	规划投入资金合计		5020万元
	中央	学前专项	4620万元
		其他	0万元
	地方	省级财政资金	70万元
		市级财政资金	0万元
		县级财政资金	330万元
	其他资金（含幼儿园自筹）		0万元
建设实施规划	幼儿园建设规划	幼儿园建设规划支出	4358万元
		园舍建筑面积	26180平方米
		户外活动场地面积	19800平方米
		预计新增公办学位	2410个
	图书设备玩教具等购置规划	幼儿园购置规划支出	662万元
		图书	资金	39万元
			数量	25000册
		设备设施玩教具等	资金	623万元
			数量	3050台/件/套

注：此表为课题组在S县调研所得原始数据

经费投入结构与质量保障的制度要求结构不匹配的现象，一方面致使贫困农村学前教育质量保障成效不明显，另一方面也加剧了地区内学前教育质量的"马太效应"。我们在走访时发现，某些县私做主张，县级财政宣称购买公办幼儿园非在编教师的服务，而实际上人员经费的款项却来源于全县幼儿园的公用经费，导致用于购买公办幼儿园非在编教师服务的人员经费和全县幼儿园的公用经费缩减。县城和乡镇中心幼儿园属于公办性质幼儿园，相比民办幼儿园有着财政拨款和人员编制的天然优越性。如果地方财政投入结构倾斜至公办幼儿园，这些幼儿园则集中了片区内最好的师资条件和硬件条件，而以民办幼儿园和半公办性质农村幼教点为主的农村学前教育则因经费不足而陷入师资流动性大和因生源不够而倒闭的恶性循环之中。

（三）专业管理力量与质量保障的制度需求不匹配

为完善和建立县—乡—村三级的学前教育监管制度，不少地方纷纷增设三级学前教育管理的岗位。如为满足设置专任岗位管理学前教育项目的现实需求，某县将从继续教育科调任一名副主任作为学前教育股股长，分管学前教育工作。学前教育管理岗位理应由具有学前教育专业背景的专业人士担任，但基层短时间内无法招聘到合格的工作人员，因此只好采取"滥竽充数"或一人兼多职的办法，特别是基层教育行政部门学前教育专业工作人员不足，迫于工作岗位设置的压力，致使非学前教育专业背景的行政人员来管理学前教育。非专业的学前教育管理力量在入职后很长一段时间内由于专业系统理论知识和实践经验的不足，对贫困农村学前教育难以形成完整的、理性的认识，更无法精准把握和分析学前教育发展过程中存在的问题，只能以表面"问责"方式的检查和督促履行岗位责任，而缺乏对学前教育机构办园及一日活动质量改善的深入考察。甚至在政绩考核的压力下，非专业化管理队伍容易"包庇"不科学和低质量的工作行为，致使本就薄弱的贫困地区学前教育的投入、管理和问责三块均处于混乱的状态。

2010年以前，贫困农村学前教育事业处于"三不管"地带，基层缺少专业管理力量的培养和监管经验的积累。近十年来，随着国家越来越重视贫困农村学前教育的发展，学前教育政策和资源向贫困农村地区的倾斜，不少贫困农村的学前教育监管经历了一个"从无到有"的过程，因此贫困农村地区亟须学前教育管理人才的现实和贫困地区专业学前教育管理力量不足的矛盾突出，特别是办园等行政监管之外还有业务监管，导致贫困农村地区学前教育管理团队的补齐难上加难。比如，国家在学前教育发展第三期三年行动计划中明确提出，落实县级政府对幼儿园的监管责任，加大监管机构和队伍的建设力度，加强对薄弱地区学前教育的业务指导。某些县政府为响应国家号召，在县一级的三年行动计划中明确提出建立区域教研巡回指导制度。这一看似加强的区域教研巡回指导制度，其实并未按要求新增学前教育业务管理的岗位，而是拓展了某些既定学前教育管理岗位的职能，"巡回指导"的"远水"不能持久地给贫困农村幼儿园进行业务指导，无法从根本上解决贫困农村地区学前教育质量指导的"近渴"。

二、学前教育质量管理职责协调与整合不足

（一）纵向协同的学前教育质量管理制度欠缺

哈肯（Herman Haken）在阐述组织功能时认为：假如在某个团体中

各个成员在分工明确的基础上彼此合作，单个成员在工作数量和质量水平上将得到增益和改善，[①] 而此种成效是他们在离开彼此的工作状态下无法得到的。[②] 哈肯的论述表明，一个团体或系统具有通过自我调节和协调来不断优化其功能的特性和能力，而这种推动群体功能由低阈值的平衡迈向较高阈值的平衡的关键作用力就是维持群体内部有序结构的协调作用。沟通和协作畅通的上下级各个部门，能够保证学前教育质量保障制度的执行力，促进其功能持久与长效。

当下一级政府的财权不足以满足事权的要求时，上一级政府对其预算中的差额进行支持性的转移支付。然而，学前教育的转移支付并未建立。贫困农村学前教育的运转资金以"自力更生"为主，庞大的资金缺口得到省级和县级财政支持的力度较小，无法扭转其底子薄、欠账多的困境。虽然贫困农村有一定数量的幼儿园相继建起，但幼儿园园舍设施不达标、缺乏基本的卫生保健设施和玩教具是常态，专业幼儿教师由于编制和待遇久久未能落实而不断流失；由于我国学前教育法律的长期缺位，中央、省级和地方三级政府在学前教育管理中的责任未明确，其对学前教育成本投入的分担比例也不明确，从而在需要特别扶助的贫困农村学前教育质量保障上既不能各司其职地履职，也不能进行纵向协同的补位服务。不同级别学前教育政策实施的过程缺乏法律依据的统筹，政策只能暂时解决当下问题，还需要有上位的法律作为支撑才能发挥出长久的效益，法律与政策的不协同无疑削弱了政策执行的效力。由于政策和与之对应的法律保障脱节，中西部贫困农村学前教育项目资金和监管的投入难以维持，因而不能进行不同发展阶段的整体规划及连续推动。这也影响到了学前教育质量提升项目执行质量的监管，绩效评估忽视了对学前教育扶助项目成效长期追踪与过程性、形成性评估的反馈调试，这种缺乏反思的盲目行动，必将导致资源的浪费和政策的基层走偏。

（二）同级部门在学前教育质量管理方面缺乏互动和整合

协同效应认为不同子系统在复杂开放大系统中持续运动，经过彼此间相互作用而产生整体效应或集体效应。2017 年颁布的《第三期学前教育三年行动计划》明确提出学前教育要建立"国务院领导，省地（市）统筹，

---

① 赫尔曼·哈肯. 大自然成功的奥秘：协同学 [M]. 凌复华，译. 上海：上海译文出版社，2018：170.

② 周三多. 管理学：原理与方法 [M]. 3 版. 上海：复旦大学出版社，1993：67.

以县为主"的学前教育管理体制，强调了县级政府在学前教育管理中的主体责任。该文件的出台，让政府的主体责任初步得到了明确。以县为主的学前教育管理体制更符合我国学前教育发展历史和文化背景的特点，但是县级各部门在学前教育发展过程中的具体职责仍不明确，县级教育局被默认为对全县学前教育负主要责任的部门。贫困农村地区的学前教育质量管理与城市地区的学前教育质量管理相比，存在需要"管扶并举"的特殊之处，工作复杂程度大、任务重，仅仅依靠县级教育局一个部门力量不够，需要各个部门明确分工、通力合作。如贫困农村新建和改扩建幼儿园的教师聘用方式和准入标准需要多部门共同制定和共同决策，教育局要根据在园幼儿的数量估算需要的岗位性质和数量、人社部门应根据人事要求制订招聘方案，并根据当地情况确定新招聘教师的工资待遇和福利政策、财政部门得依据招聘的具体情况进行人员经费的预算。

然而，我国传统政府部门分割式的管理体制导致决策时部门之间有隔阂，认识问题缺乏整体观念，决策时不顾及部门决策的联动性，如我们在走访时发现，多数贫困县的农村民办幼儿园教师采取了"县聘园用"的政策，这部分教师由县里统一聘任并统一支付人员经费作为教师的工资福利，尽可能按需分配到各个幼儿园，此种方式在一定程度上促进了农村非在编教师权益的保护和质量的提高。但是也有个别县人事和财政部门认为，县统一聘任农村非在编幼儿教师会增加财政负担，从而削减对义务教育的投入。义务教育基础本来很好，公共财政资金投向义务教育的师资质量提升，更有打造成为县域内教育品牌的可能性，因此必须优先满足义务教育质量提升的需要。基层学前教育质量保障问题的解决需要各部门决策合力，但由于职能部门相对独立而权限分散，处于非义务教育阶段的学前教育与政绩关系不大，因此出于对本部门的利益考虑，教育部门以外的其他机构相互协调和整合的力度有限，学前教育质量提升相关政策的出台难以形成决策和执行的合力。

三、信息不对称强化学前教育质量评价不当

信息不对称主要指人们对某一事物拥有的认识和信息存在的差异，常用来分析商品交易过程中买卖双方地位的不平等。教育的产出周期长、见效慢、交互性强的特殊性，使得教育本身存在信息不对称现象。以民办性质幼儿园和差额拨款的半公办性质农村幼教点为主的贫困农村学前教育，

部分家长对幼儿入园仍缺乏应有的重视，收费的高低和是否具备读写算技能的教授依然是家长择园考虑的重要标准，甚至有部分家长认为幼儿园仅仅是看孩子，使学前教育的供给者变相缩减成本、降低质量，导致了贫困农村学前教育质量信息的不对称。

（一）对学前教育市场引导的缺位纵容了信息不对称

学前教育质量是凝聚在主体和主体之间关系上的价值，其对幼儿、家庭和社会的作用并不能够在短时间内显而易见，更不具备立竿见影的效果。贫困农村幼儿家长虽然承担着育儿的主体责任，但尚不能准确把握幼儿身心健康发展的需要，也不能准确获取有关幼儿园教育的全面信息。从理论上讲，政府部门有责任通过科学监管和测评等干预手段激励机构提供有质量的学前教育，帮助幼儿家长和社会树立正确的学前教育质量观念从而减少学前教育质量的不对称。然而，现实中基层政府部门对贫困农村学前教育质量监管制度并未精准指向质量提升，政府对民办园教育质量干预力量薄弱而任由市场进行自发调节，或是对低质量的办园和教育行为采取默许态度，反而加剧了信息不对称的情况。

首先，多数贫困农村家长对学前教育的专业知识了解甚少，对学前教育质量的认识存在信息不全、不对称的现象，只认为要接受好的学前教育、上好的幼儿园，但并不知道好在哪里，好的标准是什么。其次，家长对幼儿园教育质量信息的获得缺乏，虽然有很多幼儿园会通过家长园地、家园联系册、幼儿成长档案等方式向家长介绍幼儿园的教育情况，但仅仅通过这些，贫困农村家长无法获知有关幼儿园教育过程的全面信息。再次，家长关于幼儿发展的理解与价值观一般深受社会评价制度、社会舆论和传播媒介的影响。贫困农村地区不少民办机构宣传放大幼儿教育的显性变化，鼓吹立竿见影的育儿效果，幼儿家长误以为这些就是能促进幼儿发展，从而对真正有质量的学前教育失去判断力。[1] 这种信息不对称，源自市场利益驱动下民办学前教育机构对学前教育服务的商业鼓吹，混淆了家长的视听；同时产生这种情况也源自家庭对学前教育认识的不足，在短期利益和商业诱惑的影响下，家庭缺乏科学评估自我学前教育需求的能力，导致出现跟风和人云亦云的现象，学前教育的质量供给出现"劣币驱除良

---

① 张更立. 城乡一体化视域下农村学前教育集团化发展的实践困境与促进策略［J］. 湖南师范大学教育科学学报，2018，17（03）：54-58.

币"。① 由于政府对贫困农村地区民办幼儿园的引导和规范力度不足，学前教育质量的信息不对称致使贫困地区学前教育质量提升的正确导向长期缺乏。

（二）信息不对称加剧学前教育质量评价不当

对学前教育质量评价工具使用和标准的理解受到评价主体质量观念的影响，而主体对质量的认识来源于其对质量理性认识的社会建构过程。我国在区县层面缺少针对性强、可操作的幼儿园教育质量评价工具，从而影响到学前教育质量管理的效率，这制约着学前教育质量的提升。② 教育行政部门的督导评估和学前教育质量评价内容多数聚焦于明显的、可量化的结构性指标，如园舍条件、入园率和设施设备等方面。对影响学前教育质量的关键性指标，如课程活动、师幼互动和一日生活质量等过程性指标和较难量化的内容往往轻描淡写。评价方法停留在查档案、看资料和成果汇报层面的居多，尚未深入贫困地区幼儿园一日生活的过程，如通过观察、体验、"推门看活动"等过程性评价的方法。在上述地方性评价制度的影响下，政府部门对幼儿园教育质量评价和督导的结果给幼儿园和家长反馈的信息往往是：硬件设施好、环境漂亮、材料和宣传做得精致的幼儿园就是有质量的幼儿园，而真正有质量的幼儿园往往被此类"高分"幼儿园的掩盖。

我们走访贫困县发现，基层政府对学前教育质量评价功能的定位以诊断问题和问责为主，评价结果是幼儿园评定等级和相关人员接受奖惩的依据，尚未涉及对幼儿园质量提升的指导内容。对于办园基本条件质量，地方政府评估的目的比较明确，并坚持一种"达标"或"合格"的取向。对于过程性质量的评价，地方政府评估重视办园的安全与保教活动的规范。在结果性质量的评估上，存在两种矛盾的取向，一方面采用"抽象""空泛"的目标陈述方式，而对保教质量应然的状态缺乏清晰、明确的理解。如在评价幼儿习惯养成方面，表述为"幼儿养成能够获益终身的好习惯"，而不对"好习惯"的具体内涵进行阐明。另一方面又有不少地方将结果性质量细化为具体的指标，以口号形式的文本作为评判学前教育质量的依据，如"幼儿在园至少养成五种好习惯，如……"。该种矛盾现象的背后

① 刘天子. 学前教育市场的信息不对称及其影响对策 [J]. 当代教育论坛，2017 (05)：18-24.
② 刘占兰. 中国幼儿园教育质量评价：十一省市幼儿园教育质量调查 [M]. 北京：教育科学出版社，2011：298.

反映了地方政府对保教质量评估制度的建立和工具的选择欠缺合理性、专业性考量，从而导致对贫困农村学前教育质量观的误导，形成学前教育信息不对称和低质量的恶性循环。

四、依赖行政路径的监管缺乏执行动力

（一）依赖于行政路径的学前教育质量提升动力消减

我们调研了解到，中西部贫困农村学前教育质量保障强调教育行政主体的作用，不少县级政府都施行幼儿园建设的硬性指标，如"乡镇幼儿园的建设一个都不能少""幼儿园的改建和扩建纳入年终政绩考核"等"土政令"。可见，县—乡—校各级的行政人员作为学前教育质量提升的主体，行政手段成为学前教育质量提升的主导力量。依靠行政命令、任务委派等自上而下的质量保障措施，政绩成为政府行政行为的动力，而缺乏对问题本身的分析过程和针对性解决策略。行政部门的检查多以问责式排查为主，为了应付各种检查，幼儿教师将工作重点放在整理、完善档案等形式化和表面性的工作上，并未获得专业发展的支持。学前教育质量保障任务从"幼儿教师—幼儿园领导—基层教育行政部门人员—分管负责人"自下而上的传导过程中，教师和幼儿园承担了质量提升的主体责任，这样容易导致学前教育质量内部保障责大于权和激励缺失，政策实施效果多半停留在"抽屉里"和"文档上"。在访谈某区县学前教育股股长时，她很庆幸地告诉我们：

> 我们的做法都是照着省里的文件来的，不敢也没有能力擅作主张地改变。在这个过程中，虽然我们中大部分工作人员不专业也不懂文件内容，但有个标准的参照至少不会犯错。

——O-11，2018-04-23

系统在接近不稳定点或临界点时，系统的动力学和突现结构通常由少数几个集体变量即序参量决定，而系统其他变量的行为则由这些序参量支配或规定。在贫困农村学前教育质量保障过程中，政府主导的监管充当保障系统的序参量。虽然2017年以来我国政府改变了分级管理体制下农村学前教育管理缺位的格局，突出省市级政府的统筹功能和县一级政府对区域内学前教育管理与指导的责任，但是由于学前教育管理主体之间权限界定

依然模糊，学前教育管理的非科学化和非专业，特别是县一级政府内学前教育财权和事权的分离，导致学前教育制度缺乏创新，照搬上级的文件，依赖于上级的指示，上行下效的政策执行模式不利于学前教育资源的有效配置，也无法考虑到学前教育质量保障政策执行过程中的地域差异和文化观照，一定程度上增加了学前教育政策运行的成本，如依赖于行政路径的学前教育课程和教研管理被地方教育部门高度控制，专业激励带来的活力被行政任务的压力取代，削减了一线教师钻研和创建园本课程的活力。地方性统一调控与评估的教研活动忽视了城乡和园所之间的差异，采取划一的政令安排和统一的教研管理方式①忽略了贫困农村地区教师专业发展的现实状况和迫切需求，反而使得出现专业支持的"马太效应"，如当前区域活动质量提升是城镇幼儿园教研的重要主题，而农村幼儿园教师更需要提升组织集体教学活动的能力。因为班额大、班级只有"一教一保"，开展区域活动缺乏条件，如何有效地进行班级管理和建立集体常规以保证集体教学活动顺利开展的教研主题更适合贫困农村幼儿园和幼教点教师。

（二）受益人缺席的学前教育质量提升政策缺乏内在活力

2015 年联合国教科文组织推出的《反思教育：向"全球公共利益"的理念转变》强调教育是人类的"共同利益"，这种界定超越了对教育作为公共产品和个人私利的理解。作为与学前教育密切相关的幼儿、幼儿家长、幼儿教师及社会是有质量学前教育的共同受益者。反过来，共同受益者应形成多元合力促进学前教育质量的提升，参与学前教育质量提升决策和监督既是共同受益者的权利，也是其义务所在。然而，贫困农村地区的受益人参与学前教育质量提升的意识尚未被唤醒，特别是幼儿、幼儿家庭及幼儿教师的诉求和主观能动性未纳入政策分析和审议的过程，贫困农村学前教育质量提升的内在力量未被激活。我们在调研中发现，作为机构内部质量主要保障力量的教师，常常迫于自上而下的质量管理制度不断加班加点进行机械的环境创设和教案设计，然而这些教师并不理解"这样做的原因和意义"。有的教师甚至对幼儿园园长或幼教专干的"推门听课"产生反感的情绪，她们认为这些质量管理活动只是用于诊断和问责，而看不到自己被提供支持。由社会经济地位的不利导致的认知水平有限，贫困家庭幼儿家长对作为稀缺资源的幼儿园教育不敢评价和"挑剔"，始终处于

---

① 王海英. 新中国 70 年我国学前教育管理变革的回顾与反思［J］. 南京师大学报（社会科学版），2019（04）：40-52.

对学前教育利益诉求和质量需求的"失语"状态。

治理贫困，倘若只由少数拥有话语权的人来支配权力，贫困群体则无法参与到制度规则和话语体系的建构之中，[①] 从而出现"受益人缺席"的状态。精准扶教的政策走向应重新审视制度规则的合理性，从关注分配正义到关注承认正义。因此，实现精准扶教的政策目的，依赖于既定制度逻辑的结构和重建，激发贫困群体的参与意识和潜在能力，从"他为"走向"自为"。许多情况下，政策制定者都未能使公民参与政策过程。如果政策的制定和研究主要由从事详细政策研究和成本—收益分析的专业人员完成，这些分析人员被有效地与他们认为应该帮助的人们的需求、需要以及至关重要的价值分离了。[②] 作为民主治理的积极参与者，行政官员负有倾听公民声音并对其对话作出回应的责任。在认真清楚的倾听过程中，行政官员在一种相互反射的关系中使自我和社会结合在一起，专业理性得到提升。[③④] 为防止主流文化对贫困群体的制度专制，贫困农村地区学前教育制度决策的过程应打破由既得利益者主导的学前教育质量变革，充分尊重贫困家庭和幼儿的需求，以自下而上的需求导向进行学前教育质量保障政策的决策。

① 孟照海. 教育扶贫政策的理论依据及实现条件：国际经验与本土思考 [J]. 教育研究，2016，37（11）：47-53.

② 珍妮特·V. 丹哈特，罗伯特·B. 丹哈特. 新公共服务：是服务而不是掌舵 [M]. 丁煌，译. 3 版. 北京：中国人民大学出版社，2016：71.

③ 珍妮特·V. 丹哈特，罗伯特·B. 丹哈特. 新公共服务：是服务而不是掌舵 [M]. 丁煌，译. 3 版. 北京：中国人民大学出版社，2016：70.

④ 吴辉. 公共服务型政府构建中的公民参与问题与对策研究 [D]. 北京：中央财经大学，2008.

第六章　中西部贫困农村学前教育
质量保障的模型构建

美国匹兹堡大学威廉·N.邓恩（William N. Dunn）认为，政策的制定依赖于对已有知识的检索和使用，知识的交流和政策分析的运用就成了公共政策制定理论和实践的关键所在。[①] 政策分析是在政策制定的各环节中创造知识的一项活动。为创造和获得这种知识，政策分析必须对公共政策产生的原因、结果及其执行情况开展认真的分析和调查。在政策制定之前，只有理顺与政策执行相关的要素以及公共决策的目标群体之间的关系，才能够利用政策分析的成果改善政策制定的过程及其执行的效果。

第一节　厘清贫困农村学前教育质量保障的要素

改变现阶段贫困农村学前教育质量"头痛医头，脚痛医脚"的保障状况，须以系统和协同的思维构建贫困农村学前教育质量保障框架，厘清质量保障各个要素的结构和功能，理顺其各要素的相互关系，并通过把握学前教育质量保障系统静、动、分、合的不同形态，深入探究其持续运行的机制模型。[②] 贫困农村学前教育质量保障的组成要素是政策制定的知识基础，因此，厘清其结构和功能是理性解决问题和进行决策参考的第一步。

一、贫困农村学前教育质量保障的构成要素

学前教育质量保障是一个不断改进和提升的过程，其要素系统具有历史的动态性和阶段的稳定性等特征。形式逻辑学认为，概念的内涵是其特有属性的反映，概念的外延是组成它的不同形态的类属，学前教育质量的

---

① 威廉·邓恩. 公共政策分析导论 [M]. 谢明，伏燕朱，雪宁，译. 北京：中国人民大学出版社，2002：14-15.

② 黎玲，杨莉君. 中西部贫困农村学前教育基本质量保障的瓶颈与出路 [J]. 学术探索，2019（05）：150-156.

外延是其不同的表现结构和具体形态。在探讨贫困农村学前教育质量保障要素之前，应更加明确学前教育质量的具体形态，即追求基本的、规范的质量保障阶段性目标。有基本质量的学前教育是满足所有幼儿共同需求的学前教育形态，而高质量的学前教育除了要满足所有适龄幼儿共同的发展需求，还应尽可能满足所有适龄幼儿差异化的发展需求。"基本质量"着眼于共同的基本需求，如人身安全、健康、心理安全感和通过活动认识环境事物的需求。"高质量"则意味着学前教育机构不能仅仅满足基本的安全、健康标准，还必须关注为幼儿提供的早期经验及多方面学习机会的质量，即是否能满足幼儿在健康生活习惯、情感、认知、社会性、语言、审美表达等方面学习的多样化需求。受社会经济条件的影响，中西部贫困农村学前教育质量保障不可能一步到位，应找准目标，按照不同阶段分步走。

　　我国贫困农村学前教育质量保障处于不完善的阶段，与之相关的方方面面都能影响到学前教育基本质量的维持，每个学前教育质量保障要素都起着牵一发而动全身的作用。在国内外文献查阅和实地考察的基础上，我们借鉴南京师范大学郭良菁教授提出的学前教育质量保障要素体系来分析中西部贫困农村学前教育质量保障的构成，如图6-1所示。

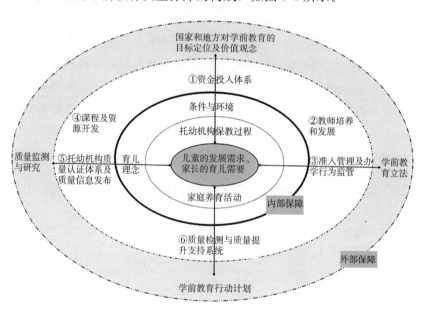

图6-1　中西部贫困农村学前教育质量保障要素

　　布朗芬布伦纳认为，人类发展生态学是研究"成长和发展过程中的有机体与复杂环境之间彼此调适的科学"。基于人类发展生态学视野，个体的发展是自身和外在环境要素系统不断作用的结果，且外界环境以组合的方式对个体的成长潜移默化地产生了影响，个体的发展处于层层嵌套的环境要素系统之中。优化促进个体发展的生态圈，需要环境系统中的不同主体形成合力。一般认为，影响个体发展的环境要素有"最近过程"和"远端资源"两大类，[①]"最近过程"对个体的成长起着直接的作用，"远端资源"通过直接作用于"最近过程"而影响个体的发展。在学前教育中，机构和家庭直接作用于幼儿的发展，是幼儿发展生态环境的"最近过程"，社会和政府处于更大的环境，通过直接影响学前教育机构和家庭来间接影响幼儿的成长。因此，我们将影响学前教育"最近过程"质量的保障要素称为内部保障要素，将影响学前教育"远端资源"质量的保障要素称为外部保障要素。

（一）内部保障要素

机构和家庭是学前教育活动开展的场所，其对学前教育质量保障起着直接的作用。贫困农村家庭和幼儿园是幼儿教育真实发生的场域，家长和教师是主要的育儿主体，家庭和幼儿园提供的学前教育过程能够直接影响幼儿的身心发展，因此家庭养育和以幼儿园为主的农村托幼机构的保教活动构成了其学前教育质量的直接保障因素。其中，家庭养育主要包括农村家庭育儿观念、家长获取保教资源的能力、亲子关系等要素；贫困农村托幼机构的保教过程包括环境创设、一日活动、师幼互动、课程与游戏、家园互动、农村本土自然和人文资源开发等要素。在中西部贫困农村学前教育质量保障要素图（图6-1）中，幼儿与家长需求外的一虚线层为家庭和托幼机构的保教过程，虚线外层的实线圈层为教育理念和条件配备。同时，贫困农村家庭和托幼机构对教育活动的反思及调整也对学前教育质量起着直接的保障作用，如幼儿园的家长满意度调查、幼儿园教育质量信息公开、农村托幼机构内部文化和精神质量提升措施等。

（二）外部保障要素

在实线圈外的一层是对贫困农村学前教育质量起间接作用的外部保障要素。此类由政府和社会提供的质量保障要素通过直接影响家庭和托幼机构的保教过程间接地影响幼儿的发展。根据其中各个要素的功能，可以将

---

① 丁芳，李其维，熊哲宏. 一种新的智力观：塞西的智力生物生态学模型述评［J］. 心理科学，2002（5）：33-41.

第六章　中西部贫困农村学前教育质量保障的模型构建

147

这些质量保障要素分成两大类，一类为供给要素，主要包括教师培养和发展、课程活动指导纲要、资金投入；另一类为监管要素，包括托幼机构准入制度及办学行为监管、幼儿园质量认证和信息发布、质量发展督导与业务支持等。间接保障要素为贫困农村学前教育的发展提供外部的条件支持，是政府运用制度工具进行资源有效配置的手段，必须通过实线圈的直接要素才能实现其功能，因此，要保证贫困农村学前教育的质量，须加强直接保障要素和间接保障要素的衔接。

位于间接保障要素外的虚线圈层对学前教育质量保障起着调节作用。市场具有趋利性、盲目性和多变性的特点，仅仅依靠贫困地区社会和市场的自发作用，不能对贫困农村学前教育质量进行有效调节，更无法保障农村地区学前教育的基本质量。因此，政府应承担主导贫困农村学前教育质量保障的责任。政府须采取一系列干预措施，如通过质量观念的引领、质量保障政策杠杆的制定、质量相关数据的检测与研究、学前教育质量管理理论的优化等手段对直接保障要素和间接保障要素进行宏观调节，主要包括明确学前教育的定位和目标、制定国家和地方的学前教育发展行动计划、进行学前教育质量检测与研究、推动学前教育立法等。依据政治经济学视角，学前教育质量的保障是幼儿和家庭对学前教育质量的需求不断驱动托幼机构学前教育质量的供给，托幼机构学前教育质量的供给反过来不断满足幼儿和家长的需求的动态过程。在这个过程中，质量保障的调节要素对质量的需求侧起着刺激和方向引领的调节作用，对供给侧起着决策与监管的作用。调节要素和间接保障要素都不能直接影响农村学前教育质量，因此，相对于直接保障体系的内部作用，两者共同构成了贫困农村学前教育质量的外部保障要素。

二、贫困农村学前教育质量保障要素的特点

（一）内外联系、上下衔接

在短时间内，我国中西部贫困农村学前教育将继续面临着硬件条件不规范、师资数量不足、质量不达标等问题，托幼机构仅凭内部的努力尚不能维持一日活动的基本质量，因而需要更多地依靠外部保障要素对内部保障要素的帮扶和支持。但是，这种作用并不是单方面的。外部保障要素对内部保障要素的作用需要通过内部保障要素的效果反馈，才能确保方向的正确和功能的最大限度发挥，内部保障要素和外部保障要素是彼此相互作

用的。学前教育质量保障要素功能的实现依赖于不同责任主体在责权范围内采取的质量保障措施，此类保障措施相互作用、相互补充，共同致力于质量保障核心目标的达成。如中央财政支持贫困地区的学前教育专项资金通过核算还不能满足当年当地学前教育质量保障的要求，地方财政特别是县级财政就应想方设法通过补齐拨款或整合多方资源的途径确保学前教育基本资金到位，同时省级教育行政部门应加强对县级教育部门的投入行为的监管。[①]

（二）外部保障要素通过内部保障要素发挥作用

尽管农村学前教育质量保障系统的各个要素是相互作用、彼此衔接的，每个要素都是组成整个系统不可或缺的一部分，但是每个要素对系统运作的动力和贡献并不是平均的。现阶段，我国贫困农村学前教育质量处于从不规范到规范的过渡时期，政府主导学前教育的资源配置而非学前教育机构自身。因此，农村学前教育质量的提升正处于内驱力不足、依靠外力扶持的时期。以政府顶层设计和质量管理为主的外部保障体系的力量尚大于内部保障系统，政府通过立法和寻求制度工具不断加大支持力度，进行贫困农村学前教育的供给侧结构性改革，从而通过外力的支持和"输血"不断改变农村学前教育的"处境不利"的现状。在外部保障系统的增权赋能下，贫困农村学前教育主体通过不断的资源开发，逐渐完善"造血"功能，从而使自身也具备质量保障的能力。

第二节　明确贫困农村学前教育质量保障的主体责任

贫困农村学前教育质量保障由谁来负责，关系到对多元保障主体支配学前教育质量保障要素和资源的权力分工，因此，对多元保障主体的权责和关系的探讨是一个无法回避的议题。前文通过透视中西部贫困农村学前教育质量保障的现状、调查中西部贫困地区幼儿家长的学前教育需求和满意度、剖析贫困农村幼儿教师的质量观，我们获得了如下事实依据：首先，政府主导下的农村学前教育发展在提高入园率方面成就显著，但当前中西部贫困农村学前教育质量保障处于起步的薄弱状态，特别在园舍基本条件、教师、一日活动等方面亟须外部力量加大学前教育资源的投入和规

---

① 黎玲，杨莉君. 中西部贫困农村学前教育基本质量保障的瓶颈与出路［J］. 学术探索，2019（05）：150-156.

范管理；其次，中西部贫困农村学前教育质量保障是一个多主体参与的系统工作，家长对质量需求有经验性、矛盾性和过程性的特点，教师的质量观正处于合城市规范与合农村家庭需求的张力之中，家长的需求和满意度、教师的质量观是影响学前教育质量保障和提升的内部要素，应予以科学的引导；最后，中西部贫困农村学前教育质量保障内力不足，本土资源的利用率不高，相关利益者的积极性尚未被调动。上述实际问题的解决，依赖于贫困农村学前教育质量保障主体责任的进一步明确，即在"弱势优先"的投入原则下，如何明确中央政府、省级政府和县级政府在学前教育质量保障中各自的责权和相互的补位关系；在办园结构上，如何在确保规范办园和丰富贫困农村普惠性学前教育资源的前提下，处理政府和社会力量的关系；在学前教育质量管理上，如何确定保障贫困农村学前教育质量的目标和手段，处理好外部支持和内部质量保障的关系。我们通过进一步分析发现，这些问题的解决将指向探讨如何协调政府、社会和学前教育机构在贫困农村学前教育质量保障中的责权关系。

一、政府：兜底财政投入，加强贫困农村学前教育质量监管

政府拥有对社会财富进行二次分配的权力，是中西部贫困农村学前教育保障的重要主体，应通过确保资源投入兜底和过程监管来履行贫困农村学前教育质量保障的责权。政府须在立法的基础上，进一步合理配置学前教育的资源，加强监管，瞄准学前教育主体对学前教育质量的合理需求，尊重文化和地区的差异，激活学前教育质量保障的内在动力，实现贫困农村幼儿家庭"幼有所育"的公平。贫困农村学前教育质量保障属于学前教育质量管理工作的范畴，不同级别政府主体权责和相互关系应与我国学前教育"国务院主导、省级统筹、以县为主"的管理思路一致。

（一）中央政府主导贫困农村学前教育质量保障的顶层设计

1. 推动立法兜底与专项扶助计划并行的财政经费投入

分阶段研制和明确贫困农村学前教育质量保障的目标，通过推动学前教育立法，建立民办普惠性幼儿园生均公用经费制度，明确家庭对学前教育成本分担比例的最高阈值。根据中西部各省份国民经济收入和人均可支配收入，合理规划中央、省市和县级政府对贫困农村学前教育财政的投入比例，提高贫困农村学前教育财政投入的重心。继续实施贫困农村学前教育专项支持项目，通过广泛的调研和政策评估与反思，精确瞄准目标，实

施需求导向的资金倾斜计划，确保贫困农村幼儿园办园条件的规范、新建及改扩建幼儿园的正常运转，对特困儿童和家庭的保教费进行分类减免。

2. 提高人员经费统筹重心，支持贫困农村幼教师资队伍建设

继续通过巡回支教、免费师范生、特岗教师等专项计划补充贫困地区专业幼儿教师数量；扩大贫困农村幼儿园教师定向培养规模，加大民族地区双语教师定向培养力度；中央乡村教师"特岗计划"名额分配更多向贫困农村倾斜，鼓励本地省份开展地方乡村教师"特岗计划"，为农村幼儿园提供更多师资。提升幼儿教师经费的统筹重心，科学测算县级财政承担学前教育人员经费的能力，地方人均生产总值和可支配收入较低的区县，中央和省级政府要给予更多的经费倾斜，承担更高的学前教育人员经费支持比例。

3. 协调三级政府的责权关系，减少贫困农村学前教育质量保障管理盲区

中央负责协调省、县、乡镇三级政府之间的权责关系，加强省、县和乡镇对贫困农村学前教育质量保障的职责，在强调"以县为主"的同时，注重地市级政府承上启下的功能发挥，明确乡镇政府对行政村和自然村幼儿园的日常管理职责，建立各级政府间纵向的问责机制和同级政府不同部门之间横向的问责机制。

4. 制定国家标准，规范贫困农村学前教育质量评价

从 2010 年开始，中央政府牵头出台了一系列规范学前教育质量的标准和制度，如 2012 年颁发的《幼儿园教师专业标准（试行）》《托儿所、幼儿园卫生保健工作规范》，2015 年颁发的《幼儿园园长专业标准》，2016年修订的《幼儿园工作规程》，2019 年修订的《托儿所、幼儿园建筑设计规范》，等等。此类法规文件对全国范围内学前教育质量的关键指标如幼儿教育机构准入标准、师资教育水平标准与教师专业发展、班额与师幼比标准、课程与活动要求等的最低要求作出明确的规定。地方层面也逐渐着手制定和尝试使用一些学前教育质量标准。但这些还不足以为各级政府进行学前教育质量兜底保障提供依据，因此亟须出台学前教育质量的国家标准，使贫困农村学前教育质量保障过程中的资源配置、施策帮扶和评价问责有章可循。

（二）省级政府负责贫困农村学前教育质量保障的区域统筹

1. 实施贫困农村学前教育质量保障经费转移支付

省级政府是具有中坚地位的区域行政单元，既有分担中央政府某些功

能的职责，同时担负着公共管理"中观"政策制定和组织执行的责任。省级政府应建立贫困农村学前教育帮扶财政单列制度，严格实行预算和决算，以年为单位，对地方贫困农村学前教育质量保障资金不足的部分进行转移支付和区域调配。

2. 补充贫困农村幼儿教师编制，提高教师的稳定性和专业水平

教师的事业编制问题是幼儿教师队伍建设的一个关键问题，也是提高农村贫困地区幼儿教师质量的保障。由省级政府对辖域内农村贫困地区现有幼儿园行政村级幼儿园教师的缺额情况进行精准摸底，依据《幼儿园教职工配备标准（暂行）》，联合人事、财政等职能部门，确定合理的师幼比，补充大村联合办园和小学附属幼教点教职员工的编制；建立全省范围内幼儿教师工资最低标准，逐年提高幼儿教师待遇。

3. 建立片区督学制度，为贫困农村学前教育提供专业指导

省政府统筹，以县为单位，实施学前教育片区督学制度。依据地域的广狭、人口的多少以及学前教育发展的情况将全省划分为不同的学前教育片区，每个片区设立督学职位。督学由地级市以上教育行政部门聘任，由具有一线工作经验的高级职称的园长和教研员担任。督学负责组织第三方机构对本片区内学前教育质量进行测评，负责制定学前教育质量计划，组织片区内幼儿园教师开展培训、教研等活动，进行质量观念的宣传等。

（三）县级政府负责贫困农村学前教育质量保障的具体执行

1. 落实贫困农村学前教育质量管理的各项规章制度和政策措施

县级政府应当承担起县域内贫困农村学前教育质量保障的领导、组织、协调、规划、监管等方面的管理职责，加快构建部门间协同合作机制，切实落实直接管理学前教育质量的主体责任。在中央和省级财政支持下，筹措学前教育质量保障资金，向薄弱园所和薄弱家庭精准倾斜，依据地方经济状况限定贫困家庭每年最高投入金额和比例，为特困家庭提供免费的学前教育。将农村学前教育经费纳入财政预算，按照教职工编制标准、工资标准、幼儿人均公用经费标准等，及时足额拨付贫困农村学前教育经费，确保幼儿园和学前教育机构的正常运转和园舍基本设施的到位，确保贫困农村幼儿园教师的工资待遇。

2. 吸纳专业的管理人员充实基层学前教育管理力量

针对基层学前教育质量管理人员数量与专业化程度和政策要求不匹配的情况，县级政府应及时设立管理学前教育的专职部门，为基层聘用学前

教育专业管理人员创造条件；对县域内现有非专业的基层专职管理人员，应聘请学前教育管理专家定期开展集中培训；适当聘用具有丰富管理经验的乡镇中心幼儿园园长兼职本镇和邻镇学前教育管理职务，发挥其基层管理经验丰富的优势。

二、社会：拓宽公益资助，组织专业团体深入一线调研和帮扶

社会作为学前教育的受益者之一，应通过捐赠、资助非营利性学前教育机构等形式，承担帮扶弱势群体接受有基本质量学前教育的责任，同时贫困农村学前教育质量保障的开展也离不开社会力量特别是专业团体的业务支持。首先，全社会若形成一个关注弱势群体、追求公益普惠的共同价值追求，将有助于吸纳更多的用以保障贫困农村学前教育质量的资源；其次，贫困农村学前教育价值观念的走向依赖于全社会正确学前教育质量观念和舆论的引领；最后，贫困农村学前教育质量保障是一项促进学前教育活动发展与突破的专业性活动，政府的行政权威不能代替社会专业团体的专业权威，它需要学前教育科研机构、高校等专业型主体通过科学研究确保贫困农村学前教育质量保障活动遵循学前教育发展的规律，通过价值中立的专业测量和评估确保贫困农村学前教育质量提升活动是基于事实诊断的"循证"路径。

相比于政府型保障主体，专业团体性质的保障主体的优势在于拥有对贫困农村学前教育质量最为理性的认识，能够帮助政府型主体找准阶段性的质量保障目标定位，并引领贫困农村学前教育质量保障的价值观念。此外，专业型保障主体能够利用学前教育专业知识，对机构和家庭的学前教育活动进行科学的问题诊断和精准的业务指导。专业型保障主体一方面可受政府委托，协助政府对贫困农村学前教育活动质量进行监控；另一方面也可以与幼儿园等学前教育机构进行合作，帮助幼儿园等机构开展科学的活动质量检测和评估、园所的规划和管理等工作；同时，专业型保障主体也能从科学研究的角度对学前教育活动进行独立的研究与评价，促进贫困地区学前教育质量的提升。

具体而言，社会专业团体在贫困农村学前教育质量保障过程中的主要责权有：积极宣传科学的学前教育质量观念，引导贫困农村家庭和社区重视学前教育质量，理解"小学化"教育对幼儿长远发展的危害；组织开展对贫困农村薄弱托幼机构的业务扶助和人员支持，以片区督学的形式对贫

困农村学前教育活动进行精准诊断和质量提升指导；督促学前教育机构和各级政府对贫困农村学前教育质量保障的信息公开，培育和促进贫困农村学前教育质量评价第三方机构的形成；及时公开和推广贫困农村学前教育质量研究的科研成果，为政府部门提供决策参考，参与贫困农村学前教育质量保障政策的评估和分析等。

三、学前教育机构：整合内外资源，不断优化保教活动质量

贫困农村学前教育机构是学前教育活动真实发生的场域，一方面，以幼儿园和幼教点为主要形式的机构向贫困农村幼儿提供教育活动，另一方面，机构又承担着基层教育管理的职责，可以成为自主型保障主体。无疑，中西部贫困农村学前教育机构是落实学前教育质量保障最核心的主体，也是应该被扶助和被激发活力的重要对象。

自主型保障主体主要为学前教育机构，它是学前教育质量保障的微观构成，是一种自下而上、由内而外的保障力量。具体而言，自主型保障主体在贫困农村学前教育质量保障过程中的主要责权有：根据贫困农村学前教育机构自身的发展需求，整合和利用学前教育资源对园内一日活动质量进行有效的管控，激发机构内部的自主保障力量，促进园所保教质量的不断规范和发展。如幼教点和小学附属幼儿班依据学前教育政策法规要求，规范办园条件；及时进行自评自建，提高一日活动质量；开展园内、园际教研活动，提升教师的专业水平；及时进行信息公开，接受家庭和社会的监督；引导和帮助家庭进行家园共育，树立科学育儿观念和学前教育质量观念；积极配合托幼机构的保教活动，不断更新学前教育质量观，提高科学育儿的能力；监督托幼机构和地方政府的学前教育质量保障行为。

第三节 构建贫困农村学前教育质量保障的机制模型

机制是系统结构功能得以实现的原理，它使系统内部的各组成部分和系统内部各个要素相互发生积极地联系，从而在动态平衡中支持系统功能的实现。[①] 学前教育质量保障机制是促进学前教育活动内部或外部资源功能的充分发挥，营造良好的内外环境，从而维护、支持、促进学前教育活动在相互作用、影响和制约的过程中形成良性动态平衡，并确保学前教育

---

① 祝新宇. 基础教育质量保障：区域研究的视角 [M]. 北京：教育科学出版社，2015：17.

质量保持的一系列模式、制度、策略、途径和方法的总和。[①] 社会活动机制的形成依赖于组成整体的结构与外界进行的能量交换，并需要满足一定的功能条件。

一、AGIL 功能条件模型与贫困农村学前教育质量保障的契合

20 世纪 50 年代，美国机构功能主义代表人物塔尔科特·帕森斯（Talccot Parsons）将社会行动和不同结构组成的系统相联系，提出社会行动理论。帕森斯基于社会行动理解系统功能，通过分析系统整体功能的实现诠释社会行动的结构。对于不同行动主体而言，依靠相互期待的社会心理维系稳定的关系，依据共同的行为动机来适应社会情景。[②] 在结构功能主义的影响下，帕森斯将社会行动运转及其功能的实现归功于特定环境结构，彼此联系的不同结构通过有序化的组织方式实现对系统整体的作用，并依赖于共同价值导向对不同行动规则的平衡。简而言之，社会行动理论主张协调不同社会结构从而维持社会环境整体的和谐，强调社会行动对系统最重要的功能之一就是整合。[③]

不同的社会行动系统有不同的功能，行动系统是在行动主体与行动客体即环境持续的相互作用下形成的稳定体系，任何行动系统都是由多种结构组成，只有在功能条件被满足的情形下系统才能正常运转。依据帕森斯的理论，为维持行动系统的动态平衡，不同结构须满足如下四种功能条件：适应（adaption）、目标达成（goal attainment）、整合（integration）、潜在模式维持（latency pattern maintenace）。适应指为了能够持续运作，系统必须要与外在环境发生一定联系，通过不断调试而形成从周围环境中获取自身所需资源的方式；目标达成指社会行动系统都具备明确的价值和目标导向，系统能通过自己的努力决定行动的价值序列并集中内部力量实现行动目标；整合指在系统调动内部力量完成系统目标之前，必须将系统各个部分组合成协调一致的整体，从而更好地促使整体功能的发挥；潜在模式维持指系统所具备的恢复功能，即在系统内部运行过程中可能出现多种原因导致系统暂时中止运作，为保证系统原有模式完整地保存下来并通过外界的能量输入能重新激活系统

---

① 祝新宇. 基础教育质量保障：区域研究的视角 [M]. 北京：教育科学出版社，2015：18.

② 塔尔科特·帕森斯. 社会行动的结构 [M]. 南京：译林出版社，2012：788-791.

③ 刘润忠. 社会行动·社会系统·社会控制：塔尔科特·帕森斯社会理论述评 [M]. 天津：天津人民出版社，2005：35-40.

的运行。一般而言，行动系统是通过行为有机体、人格系统、社会系统和文化系统四个子系统来满足其条件功能需求的。[1] 行为有机体是指行为须有一个行动者，即行为的主体；人格系统是人满足需求的动机和为达到目标而行动的欲望；社会系统指行动的具体情境，包含着行动者可控和不可控的要素；文化系统指行动的规范和价值取向。帕森斯认为，一般行动系统内部相对独立的子系统本身也可以看作一个独立系统，行动系统是子系统不同结构的嵌套，子系统同样需要满足四项条件功能才能维持系统的整体运行（如图 6-2 所示）。[2]

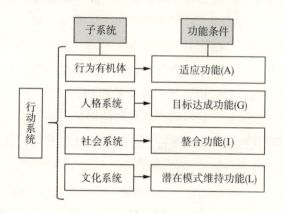

图 6-2　AGIL 功能条件模型[3]

就特性而言，中西部贫困农村学前教育质量保障具有完整社会行动系统的属性。学前教育质量保障行动系统是一个以制度为基础，由观念价值、制度设计、责权分配和文化背景等要素构成的相对独立的体系，要素与要素之间的适应和互动构成了影响社会系统运作的机制。同时，贫困农村学前教育质量保障行动系统，是学前教育质量保障系统的一个结构，而学前教育质量保障系统是社会系统的一个子系统。

就运行而言，作为社会系统的子系统，社会系统运行的规律和原则适用于中西部贫困农村学前教育质量保障行为系统。贫困农村学前教育质量保障行为系统功能的实现受到社会大系统和各子系统的制约。因此，

①　塔尔科特·帕森斯，尼尔·斯梅尔瑟. 经济与社会对经济与社会的理论统一的研究 [M]. 刘进，林午，等，译. 北京：华夏出版社，1989：107-108.
②　李芳. 集中连片特困地区义务教育精准扶贫制度模式探究：基于帕森斯的社会行动理论 [J]. 华东师范大学学报（教育科学版），2019，37（02）：116-126.
③　刘润忠. 社会行动·社会系统·社会控制：塔尔科特·帕森斯社会理论述评 [M]. 天津：天津人民出版社，2005：142-143.

AGIL 功能条件模型所支配的社会行为系统具有整体性和多元性的特征，经过不断调和社会大系统与不同结构子系统之间的关系维持整体动态平衡的"有机体"形式。

从实践上看，AGIL 功能分析模型与贫困农村学前教育质量保障高度契合。制度的运行机制是中西部贫困农村学前教育质量保障行动系统实现其功能的重要环节。2014 年，中共中央办公厅、国务院办公厅印发的《关于创新机制扎实推进农村扶贫开发工作的意见》明确提出精准扶贫的构想，"精准"的问题解决思路为当前我国贫困地区的学前教育扶助提供了启示，精准扶教的关键在于制度支配下的资源配置和监管的精准，即质量保障措施与贫困地区内外的教育环境的精准契合、质量保障政策措施的靶向精准瞄准家庭和幼儿的真实需求、学前教育评价和激励措施能精准地为贫困地区学前教育利益相关者增权赋能。贫困农村学前教育质量保障的制度设计包括教育扶助对象精准识别机制、教育扶助项目精准运行机制、教育扶助精准考核与监督机制等。[①]

中西部贫困农村学前教育质量保障行动系统功能的实现，需要一定的结构作为支撑，并满足具备 AGIL 功能模型的先决条件。从目前中西部贫困农村学前教育质量保障的状况来看，我国学前教育在农村地区尚未形成完整的质量保障行为系统，在贫困农村的质量保障意识和行为尚处于起步阶段，具体表现为：学前教育质量帮扶制度与城镇化背景下中西部贫困农村内外环境疏离（A）；幼儿教育"小学化"的家庭需求及教师"内卷"的质量观等使得贫困地区学前教育质量保障目标分散（G）；学前教育质量保障措施在各个行政部门协同性不强（I）；评价及激励机制与质量管理缺乏良性互动，质量保障的内力不足（L）。因此，中西部贫困农村学前教育制度建设在当前阶段的任务就是要发现和正视已有不足，探索精准解决现实问题、引导多元主体协同参与的制度模式，以实现外部的学前教育质量保障和内部的学前教育质量保障兼而有之的价值追求。

二、中西部贫困农村学前教育质量保障机制模型

帕森斯 AGIL 功能理论模型给我们带来了思考系统功能的启示，探寻构成系统结构与功能条件之间的联系能够为不断优化中西部贫困农村学前

---

① 李芳. 集中连片特困地区义务教育精准扶贫制度模式探究——基于帕森斯的社会行动理论[J]. 华东师范大学学报（教育科学版），2019，37（02）：116-126.

教育质量保障提供方向性指导。① 中西部学前教育质量保障从属性上来看，即涵盖"帮扶对象识别""帮扶举措决策""提质方案执行"和"保障成效评估"等内容的系列政策，而政策制定的依据为上位的学前教育制度，因此其保障机制的运转依赖于学前教育制度系统的内部关系和彼此联动。② 直接作用于学前教育质量保障的政策体系，应以满足 AGIL 功能条件为前提，达成"政策生态、价值取向、内容结构和实施过程"的有机整合，形成贫困农村学前教育质量管理的独特文化特征，最终实现学前教育质量的提升③（图 6-3）。

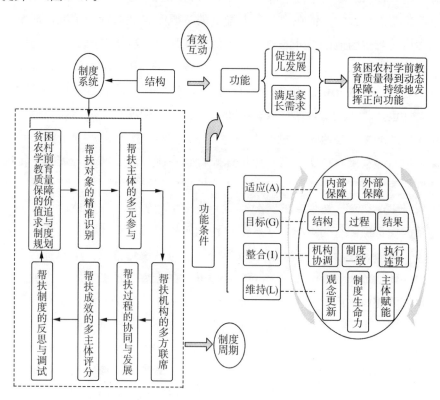

图 6-3　贫困农村学前教育质量保障机制模型图④

① ［美］塔尔科特·帕森斯著. 社会行动的结构（新版）［M］. 南京：译林出版社. 2012：832-834.

② 杨方. 论帕森斯的结构功能主义［J］. 经济与社会发展，2010，8（10）：116-118.

③ 高飞. 少数民族地区连片开发扶贫模式的实践与反思——以帕森斯 AGIL 功能分析模型为工具［J］. 云南民族大学学报（哲学社会科学版），2013，30（02）：73-80.

④ 李芳. 集中连片特困地区义务教育精准扶贫制度模式探究：基于帕森斯的社会行动理论［J］. 华东师范大学学报（教育科学版），2019，37（02）：116-126.

精准扶教

中西部贫困农村学前教育质量保障研究

中西部贫困农村学前教育质量保障是以政府为首席的多元主体对质量保障各要素的结构不断优化和功能不断促进发挥的过程，并以制度和政策的形式呈现（图 6-3）。它是在贫困农村学前教育质量保障的价值追求与制度规划的顶层设计推动下，通过精准识别需要帮扶的特困儿童、激发家长与社区的参与、促进政府、社会及学前教育机构自身的多方联席、推动注重保教过程的科学评价、进行帮扶制度的反思与调试的往返循环的过程。在不同的制度周期里，中西部贫困农村学前教育质量保障为促进幼儿发展和满足家长对学前教育质量需求，需要以如下条件为前提：内部保障和外部保障适应不断增长的质量需求；学前教育的结构、过程和结果以幼儿发展为核心的价值追求；整合管理力量实现制度的连贯执行；通过增权赋能引导多元主体的观念改变，激活制度的生命力，促进保障的持续运行。

（一）适应：适时探索内外环境，构建以需求为导向的学前教育质量保障框架

1. 建立贫困地区学前教育质量需求摸底制度

生态环境脆弱、教育资源短缺、内生力量不足是我国中西部贫困农村学前教育质量保障面临的共同问题。但是，中西部贫困地区地域辽阔，自然环境南北差异大，社会经济发展的状态绝非"千县一面"。不同地区对学前教育质量不同维度的需求程度不同，如在家庭的需求调研中，宁夏地区的幼儿家庭对称职稳定教师的需求最高，湘西地区幼儿家长对园舍基本条件的需求最高，云贵地区幼儿家长对幼儿入园的便利性要求最高。同一个地区不同家庭对学前教育质量的需求不同，如我国中西部贫困地区的经济困难儿童、留守儿童、残疾儿童及流动儿童的入园困难各不相同。

学前教育质量保障的制度设计须基于当地当时的实际需求。采用"循证"思维的贫困地区学前教育质量保障政策设计，追求制度的设计和政策的实施在内容、形式上与事实的拟合，应精准把握贫困地区学前教育质量需求的内容和需求的程度，建立探索需求事实的摸底制度，确保政策扶持的靶向精准，提高问题解决效益的同时防止资源的浪费。一方面，建立区域学前教育质量需求摸底制度。针对不同县区学前教育发展水平的不同，及时地把握当地幼儿和幼儿家庭对学前教育质量的需求，动态把握需求的满足程度，分阶段、有计划地对学前教育机构内部各个维度进行重点保障和评估，确保区县内学前教育质量供给能够满足基本的需求。另一方面，建立入园困难幼儿的摸底和分类制度。对入园困难的幼儿进行分类摸底和

识别，精准把握各类幼儿对学前教育质量的不同需求，分档次对贫困家庭幼儿进行保教费的减免和生活费用的补助，引导村民委员会实施"一幼一策""一户一策"的学前教育帮扶。

2. 采取辐射范围和力度不断增大的特殊优惠政策措施

中西部贫困地区存在大量具有特殊需要的适龄儿童，确保这一部分儿童能接受基本质量的学前教育，是打通学前教育"最后一公里"的关键所在。进一步扶助特殊需要幼儿和家庭，需要建立以需求为导向的特殊优惠政策体系，确保学前教育资源倾斜的精准，把有限的资源配置到最需要和最能解决现实问题的地方。贫困农村学前教育基本质量的保障需要以立法的形式兜底财政投入，国家和地方财政应通过自上而下的拨款机制，规范财政拨款的申请和使用程序，并以幼儿园为单位，采用生均经费下拨为主要形式，进一步保障贫困农村地区幼儿园的运行和基本质量；中央须设置面向贫困家庭的专项拨款，确保特困和特别偏远的家庭能够及时获取基本质量的学前教育资源，促进贫困家庭幼儿接受基本质量的学前教育，接受医疗服务，获得保险以及接受预防免疫的综合扶助，减少申请和使用经费的程序和时间，确保扶助对象的精准。这两种不同的拨款形式，能确保学前教育经费从面到点的充足。同时，增强特殊优惠政策的帮扶力度，确保资源的倾斜总量与政策要求匹配，并逐年按比例增长；拓宽和细化特殊优惠政策，满足农村贫困家庭多样化的学前教育质量需求。如对于农村贫困的家庭，尤其是务农家庭和游牧家庭，政府应提供"流动性和季节性"的专项拨款计划，审批设定该扶助项目的父母必须从事农业生产的相关工作，收入水平符合专项扶助所规定的整体水平；另外，服务的总体周期也更加灵活，从 2 个月到 10 个月不等，便于游牧家庭在不同地区之间的迁徙。与其他专项扶助计划不同的是，季节性和流动性的学前教育扶助项目服务应更加灵活，比如为了配合家长农忙时节的抢收抢种，应灵活调整幼儿园的开放时间，如某一周提供 6 天的学前教育服务。

（二）目标：明确促进幼儿身心持续发展的价值追求

教育具有个体发展和社会发展功能，教育的个体功能即教育促进个体身心发展的功能，是内部价值的体现；教育的社会发展功能又可分为政治功能、经济功能和文化功能，是外部价值的体现。如果没有个体发展功能，教育的社会发展功能将无从实现，因此教育的外部价值需要通过内部价值而实现。学前教育作为基础教育的重要组成部分，其个体发展功能是促进低龄幼儿体格与认知发展、情感与社会性的健全，帮助他们习得终身受益的习惯和学习品质。对于整个社会而言，学前教育的功能在于为社会的发展储备人力资源，为国家培养未来社会的良好公民。对于贫困农村地区来说，学前教育的社会功能在于对贫困地区处境不利儿童进行教育补偿，阻断家庭因贫穷和观念落后导致的处境不利的代际传递。可见，无论是对于儿童、家庭，还是对于社会，学前教育都是意义重大的。需要明确的是，学前教育对农村社会和农村家庭生活的积极作用的发挥是有前提的，即学前教育能够对幼儿的成长起到促进作用。倘若农村幼儿获取的学前教育是有质量的，那么其内部价值和外部价值都能在一定程度上实现。而无质量的学前教育非但不能实现其正向的功能，反而对幼儿的成长具有危害性，其社会功能也无从体现。因此，农村学前教育质量保障的核心目标应定位于保障儿童健康发展，其价值取向和衡量标准在于不断满足农村幼儿身心发展的要求。

促进贫困地区幼儿身心持续发展应成为贫困地区学前教育质量保障的核心价值追求，任何其他目标都得服务于此核心目标。树立幼儿发展为本的学前教育质量目标观，县级政府应抛弃自身的政绩观，把促进每一名幼儿健康成长的工作做实；幼儿园坚持普惠和公益的办园理念，承担起为适龄儿童和家长提供有质量学前教育服务的责任；家长和社会应转变观念，正视幼儿长大后升学的压力，从着眼眼前利益到立足长远，尊重幼儿成长的真实需求；政府、幼儿园、家庭和社会对学前教育质量保障措施应围绕促进幼儿身心发展的核心目标进行。

（三）整合：完善以协同为重点的学前教育质量保障措施

1. 资源的整合

目前，我国贫困农村地区学前教育公办资源有限，有质量的普惠性学前教育资源不足，政府在不遗余力扩充公办资源的同时，积极扶持社会力量办优质的幼儿教育，支持贫困农村地区，激励更多的社会资源转变成普惠性质的学前教育资源，鼓励致力于乡村学前教育质量提升的社会公益项目的不断发展和壮大。促进贫困农村用内生的学前教育资源观代替"等""靠""要"的学前教育资源观，尊重传统文化与现代文化的差异，充分从传统资源中汲取优秀的适合于幼儿的教育资源，引导幼儿在亲近自然和回归生活的操作中体验童年的美好；正视本土资源和外来资源的关系，帮助贫困农村幼儿园树立文化的自信，在根植本土文化的基础上，合理改造和利用外来的学前教育资源，有效开发本土幼教资源，让学前教育"活"起来的资源滋养幼儿的生命；整合正规资源和非正规资源，如在办园形式上，学前教育的供给方式有正规的幼儿园和非正规的幼教点、游戏小组等形式，资源的价值不在于其存在的形式，而在于与幼儿互动的意义。相比于正规的学前教育机构，非正规的游戏小组和幼教点更方便灵活，受时间和空间的限制较小。应发挥社会和社区的力量，接纳和引导非正规的学前教育资源充实到学前教育质量保障的力量中来。

2. 管理的联动

协调的整体能够增大部分的合力，贫困农村学前教育质量的管理需要有互动协同的制度和监管体制。加强政府、家庭、机构和社会的交流与合作，建立以政府为首席的学前教育利益相关者共同参与的管理体制。在政府内部，建立横向协同、纵向互补的合作关系，深化学前教育管理部门联席，促使各部门各取所长，从而实现政府职能的最大化。如在幼儿教师管理上，县级人事部门、财政部门和教育部门齐抓共管，对教师的数量、资质、编制和待遇水平进行联席决策，额定幼儿教师编制的同时保障幼儿教师的资质，杜绝"有编不补"；民办幼儿教师实行"县管园聘"的改革，县级人事部门和教育部门的联动促进县域内优质幼教师资的流动。在纵向上，各级政府部门增强"补位"意识，如贫困县县级财政收入薄弱，无法维持正常的资金运转，当年财政用于学前教育预算资金不足的现象经常出现，省财政应利用转移支付的方式针对性地补齐。在"需求调查、精准扶教规划、项目设计、实施、经费使用、评估"的过程中，充分引进技术形成记录事实的数据库，并通过启动科学研究和信息公开模块督促各个主体在不同环节进行及时的自我反思。引入具有学前教育学和教育管理学背景的专业团队作为贫困地区学前教育质量保障的第三方评估力量，探索由幼儿、幼儿家长、教师以及地方学前教育行政人员组成的多元主体监管模式。第三方评估力量提出科学化的监督方案，全面而中立地监管学前教育扶助中对象识别、学前教育扶助设计、扶助成效预判与评估、项目经费监管等环节，提高监督的有效性与可信度。

（四）维持：激发制度的文化活力，为学前教育主体增权赋能

1. 调动学前教育多元主体的积极性

有质量学前教育资源的扩充和学前教育质量保障依赖于社会主体的整合与社会中坚力量的调动。以政府为主导、由社会力量推动，是贫困农村

精准扶教制度有效执行的重要保障。同时，也要调动基层执行者与贫困农村幼儿家庭、村委会的力量，形成"自上而下"与"自下而上"相结合的推动体系。贫困农村学前教育质量保障的持续推动要放眼学前教育机构以外的力量，改变教育部门独揽责任、单一依靠教师"唱独角戏"的局面。注重发挥幼儿园教育的辐射作用，做好家园沟通与社会教育融合工作，推动家长逐渐成为精准扶教可依靠的力量。引导家长转变学前教育质量观念，并通过家园共育，帮助家长掌握育儿知识、提高育儿能力。中西部贫困农村学前教育质量保障需要突出对学前教育主体的关注和内生力量的激发，以促进适龄幼儿的发展为公共利益的价值起点和目标，以关注贫困农村家庭和幼儿的学前教育质量需求为执政依据，以调动多元化的学前教育主体民主对话和整合力量为途径，实现中西部贫困农村学前教育质量提高从"他为"到"自为"的转向。

2. 提高对贫困农村学前教育的文化观照

经过长期的社会发展，人们形成了对文化的两种不同的认识：一种认为文化是一种社会价值观和行为的封闭结构，不同文化具有不同的标准，只有在与之对应的文化背景下，某种文化行为才具有其特定的意义[①]；另一种认为文化具有主流性和非主流文化的特性，非主流的少数人的文化需要服从主流的多数人的文化，是种强势文化观[②]。

托幼机构形式的专业化学前教育，对于贫困农村而言，是现代文明渐染的产物。以托儿所、幼儿园为主的各种专门机构及社会组织对山区幼儿实施的启蒙教育，打破了偏远农村地区后代教育长期以来依靠长辈在家庭、院落、田间口耳相传的传统。[③] 学前教育从不论空间、不分时间地渗透在幼儿与成人、同伴交往中的模式，变成了有专职教师、教学资源以及固定的时间与场所的规范模式。长期的"被扶贫"和"被救济"，致使贫困农村失去了对自身文化的自信，同时也助长了其发展学前教育的惰性。有些人误认为农村幼儿园只有像高档城市园那样，环境富有"贵族气息"，教育内容充满"洋味"，才能达到高质量水平的学前教育。这种用城市模式的质量标准来衡量贫困农村的学前教育质量，无疑是城市利用技术理性

---

① 联合国教科文组织. 世界文化报告 2000：文化的多样性、冲突与多元共存 [M]. 关世杰，等，译. 北京：北京大学出版社，2002：35.

② 华爱华. 学前教育改革启示录 [M]. 上海：上海社会科学院出版社，2009：12.

③ 徐莉，陈时见. 论民族幼儿教育中传统与现代的断裂与对接：以广西融水苗族自治县民族幼儿教育为例 [J]. 学前教育研究，2005（04）：16-18.

和文化殖民对农村采取的"暴政"。这种观点模糊了城市和农村的界限，直接忽视了农村学前教育本该有的活力。城市的现代文化与农村的传统文化的差异亦是一种宝贵的资源，倘若用现代教育的观念来反思传统教育的不足，何尝不是发掘传统教育观念新的生长点？因此，提高对贫困农村学前教育的文化观照，应挖掘和探寻农村学前教育的优势，理性分析其劣势，并且尽可能多地尊重并彰显其优势。[①] 尊重贫困农村地区与非贫困农村地区、贫困农村地区与发达城市地区学前教育质量表现形式的差异，在目标统一而又充分考虑农村教育特质的基础上落实学前教育质量保障制度。

① 刘铁芳. 乡村教育是生活与生命的教育［N］. 中国社会科学报，2012-10-22（A07）.

第七章 中西部贫困农村学前教育
质量保障的实现路径

前文通过机制模型的构建阐明了精准保障贫困农村学前教育质量的原理，本章则探讨当下贫困农村学前教育质量保障的可行性操作措施，以把理论运用于实践，实现精确解决问题和精准达成目标。政府通过摸底了解急需帮扶的幼儿，实现精准投入保障幼儿有园可入，精准为中西部贫困农村幼儿教师专业发展增权赋能，开发农村本土幼儿园课程资源，构建中西部贫困农村学前教育基本质量监管体系，保障每个特困幼儿都能接受公平的、有质量的学前教育，从而整体提升中西部贫困农村学前教育的质量。

第一节 精准摸底：分类识别帮扶对象及其困难

一、定期入户分类识别入园困难幼儿

对于入园困难适龄幼儿的情形不能以家庭经济"贫困"一概而论，我们走访贫困农村幼儿家庭发现，入园困难的适龄幼儿主要有如下几类：第一，经济困难型，此类幼儿家庭为建档立卡贫困户和低保户，微薄的收入用于满足家庭成员正常的生存需求尚存在问题，没有负担幼儿接受学前教育的余力。第二，距离困难型，此类幼儿家庭住址多为地广人稀的偏远山村，由于幼儿园离家庭住址较远（通常在 15 千米以上），孩子入园的时间和经济成本花费大，特别是租房陪读的家长被迫耽误了自己的劳作时间，送孩子入园的意愿降低。第三，特殊困难型，幼儿生理上存在某些障碍（如智障、听障、自闭症等）或者幼儿为孤儿、残疾人子女或留守儿童，需要给予特殊的照顾。生理上有特殊需求的幼儿，有的家庭由于"因病致贫"而未入园，有的家庭由于家庭观念保守不愿意将孩子送入幼儿园和普通幼儿一起接受融合教育；家庭处境不利的幼儿，监护人送幼儿入园的意识和能力薄弱。经济困难型幼儿、距离困难型幼儿和特殊困难型幼儿是农

村地区学前教育的弱势群体，保障这一部分家庭处境不利的幼儿接受基本质量的学前教育，是打破贫困代际传递和实现"幼有所育"的关键所在。在做好特困和特殊幼儿入园工作之前，需要精准地识别和统计这一类幼儿，确保"不许一个孩子落下"。因此，需要县级教育行政部门牵头以自然村为单位，进行"拉网式"入户摸底和分类识别。入园困难幼儿入户分类识别工作应确保每年一次，时间在7—8月最为合适，这样能及时摸底最需要帮扶的3—4岁幼儿，又能够对已经帮扶对象的效果进行年度追踪和评估。对于经济困难型幼儿应通过减免保教费等帮扶措施，保障其能就近入园；对于距离困难型幼儿，应合理增加和分配学前教育资源，采用非正规学前教育方式弥补正规学前教育的不足；对于特殊困难型幼儿，应建立持久的帮扶机制，鼓励监护人送孩子入园接受学前教育。

二、健全县级特困幼儿档案动态数据库

为保障建档立卡贫困家庭儿童及学龄前残障儿童接受学前教育的权利，县级幼儿信息管理系统要建立完备、可查的学前家庭经济困难和特殊儿童档案库，并进行动态调整与管理。对入园困难幼儿"精准录入、精准识别、精准审核、精准追踪"，确保各类信息全面、客观、准确，并方便查询和分析，易于提取与统计。对于距离偏远的入园困难幼儿，县级政府应对其保教费予以相应的补助。为确保"精准减免""分类帮扶"，目前特困幼儿分类输入系统具体为孤儿、家庭经济困难幼儿（国家规定扶贫标准线为家庭人均年收入2300元）、家中无人照料的留守儿童和残疾人子女、具有接受普通教育能力的残疾儿童四类，对特困幼儿信息进行分类建档，同时进行动态更新和管理。如以3岁为入园年龄，录入特困幼儿信息；以年为单位更新信息；以6岁为年龄界线退出信息管理系统。数据库信息的采集和录入工作须在每年的8月份完成，一方面确保已满3周岁或9月份之前满3周岁的幼儿能顺利入园，同时也对已经上小学的年满6周岁的儿童信息进行剔除，补充入户摸底识别出的新增入园困难儿童信息。

第二节　精准投入：以需求为导向提供入园支持

一、建立学前教育成本分担机制，确保投入兜底

尽快制定和出台《学前教育法》，通过法律的形式，明确政府投入的

职责及国家财政性经费投入的比重，建立幼儿园办园成本测算和民办普惠性幼儿园生均公用经费拨付制度，保障贫困农村学前教育机构基本的公用经费，减轻贫困家庭对学前教育的成本分担比例。

加大中央财政性教育投入力度，采取多渠道筹措经费的措施，逐步实现政府对贫困农村学前教育"预算有科目""增量有倾斜""投入有比例""拨款有标准"和"资助有制度"①，建立政府主导、社会和家庭积极参与的投入体制，继续加大财政性教育资源向民办普惠性幼儿园、自然村寨园、幼教点和民族地区幼儿园进行倾斜②。另外，从纵横两个方向加大对地方政府的行政问责，在地方政府单列学前教育经费预算，保证对学前教育投入的持续性。③

二、持续投入，维持农村各类学前教育机构正常运转

为进一步满足贫困农村幼儿家长对幼儿园办园设施的刚性需求，确保兜住"幼有所育"的质量底线，一方面各级政府应进行学前教育的供给侧结构性改革，加大对贫困农村学前教育经费的倾斜，以专项拨款的形式"精准改善"和规范提质贫困农村幼儿园的基本建设，并建立幼儿园生均公用经费制度，补充贫困地区幼儿园日常办园经费，保障贫困农村幼儿园水电、取暖、玩教具及图书资料的购置和房屋、建筑物及设备的日常维修维护等方面的支出；另一方面，强化监管力度，加大对资源分配的监管和政策措施效果的分析，分配前有科学的实地调研，分配后有长期的效益跟踪评估，确保资源分配瞄准真实需求的"精准靶向"，避免供需错位和资源浪费。④

应继续加大投入，精准扶助贫困农村地区特别是偏远自然村幼儿入园，支持多元普惠性幼儿园的建设，在农村建立乡镇幼儿园服务体系，在乡镇所在地和大村建立独立园，小村设分园或自然村联合办园；利用流动幼儿园、巡回指导站、游戏小组等非正式的学前教育形式，满足人口分散

---

① 教育部解读学前教育三年行动计划：让入园不再难［EB/OL］. （2010-12-03）［2020-1-06］. www. gov. cn/jrzg/2010-12/03/content_1758599. htm.

② 闵维方. 加大投入力度确保优先发展［N］. 人民日报，2010-03-10.

③ 郁建兴，高翔. 地方发展型政府的行为逻辑及制度基础［J］. 中国社会科学，2012（05）：95-112.

④ 管华. 学前教育立法应处理好十大关系［J］. 湖南师范大学教育科学学报，2019，18（01）：6-12.

地区家庭的学前教育需求。① 从"面"上布局，从引导多元普惠性幼儿园尽可能多地惠及更多适龄幼儿开始，到小微幼儿园对居住分散的边远地区适龄幼儿的关照，最后到城乡教育一体。对于学前教育基础条件薄弱的偏远自然村，可采用"混龄式小园小班"的模式，利用乡村小学的富余校舍或公共活动室（如村委会），作为自然村幼儿园的开办地点。村委、小学、幼儿园"村、校、园"空间相连后，幼儿园所需的游戏室、活动室及图书室等简单功能室可以与村委或小学公用，降低改造难度的同时可以节约成本，灵活地打破偏远自然村幼儿园"空白点"的窘境。②

三、灵活拓宽供给方式，合理满足多元需求

集中连片的贫困农村地处偏远，除少数集镇坐落在地势平坦、水源稳定的山谷盆地，多数村庄位于干旱季节水源不足、地势崎岖、多地质灾害的低山丘陵甚至陡峭的山脊和高原地区。这些地区人口总数少，居住分散。当前，我国农村地区学前教育供给以半日或全日制幼儿园的形式为主，幼儿园作为一种正规学前教育的形式，强调固定的办园地点、统一的作息安排和有数量要求的班额。这种城镇标准的供给思路和办园模式，难免与贫困农村的地域特征不符。山区人口分布稀疏，适龄儿童数量少，每年都有一定比例的山村幼儿园由于达不到办园规模而被迫倒闭，导致家长只能送幼儿去路途遥远的大村上幼儿园，或举家搬迁至集镇附近租房"陪读"，这给家庭生产生活带来极大的不便，尤其加重了农忙季节需要"抢收抢种"的家长的负担。因此，由于贫困农村地形和人口分布特征不同，应创新山区学前教育供给方式，拓宽山区学前教育资源，提供诸如幼儿活动站、季节班、游戏小组、大篷车、巡回辅导站等多样的非正规学前教育供给方式，以灵活而有弹性的方式满足山村家庭的学前教育需求。③ 积极探索与人口稀少的边远山区、人口流动性大的季节性流动牧区相适应的学前教育供给方式，提高学前教育供给时间与空间的灵活性和针对性，解除幼儿家长在劳作季节的后顾之忧。

---

① 李宗露，蔡红梅. 构建民族地区学前教育质量保障机制的思考 ［J］. 中国民族博览，2015（8）：89-91.

② 孙敏坚，周丛笑. 破解"入园难"，出路在何方 ［N］. 湖南日报，2020-01-14（第6版）.

③ 贺红芳，刘天子. 农村学前教育供给侧改革的理论内涵和实现路径 ［J］. 教育与经济，2018（05）：90-96.

精准扶教：中西部贫困农村学前教育质量保障研究

第三节　精准监管：健全学前教育质量管理制度

一、明确贫困农村学前教育质量"扶""管"并举的管理思路

政府仅以投入和扶持的思路来保障贫困农村学前教育基本质量是不够的，公共政策的基层走偏容易导致执行效益的削弱。"扶"为保障贫困农村学前教育基本质量提供可能，"管"则是确保贫困农村学前教育质量保障方向正确和目标达成的必要条件，"扶""管"并举应成为政府主导贫困农村学前教育质量保障的方式。

政策监测能够反映政策实施的情况，能够对行动计划和早期干预项目的实施过程、质量及效果进行严格的管理、督导和评估。只有通过对政策的审计、评估和反思，才能确保投入的资源能够用于提供有质量的教育服务，发挥预期的补偿教育功能。如果对政策的执行缺乏控制和引导，很难把握政策执行的效果和效益。① 对贫困农村学前教育帮扶政策的反思和监测一直是我国学前教育政策执行过程中的薄弱环节。为保证贫困农村地区稀缺的学前教育资源聚焦于保障基本的质量，尽最大可能利用现有资源促进幼儿成长，强化政策倾斜过程中的监管意识、加大监管力度是必要之举。

贫困农村地区学前教育质量的监测必须要消耗一定的人力和物力，并依赖于专业的管理力量，在一定程度上会给管理部门和学前教育机构增加负担。首先，当地应培养和培训业务能力强、具有实干精神的学前教育专业管理人才；其次，应通过完善制度提高监管效率，尽量优化评估方案、精简评估程序、提高工作效率，变革以往查档案翻资料的质量评价模式，利用现代互联网和数字化的监管技术，严把学前教育资源的使用关口；最后，应将质量评价的指标聚焦到学前教育机构的活动过程中来，建立基于过程性的基本质量评价标准，关注班级与情感氛围、师幼互动、环境创设、家园共育等方面，践行评价促进发展的理念。

① 钱雨. 公平·质量·反思：全球化视野下的学前教育政策研究［M］. 南京：南京师范大学出版社，2015：67-69.

二、建立县（区）—乡镇—行政村—自然村四位一体的幼儿园质量监管办法

新公共服务理论认为，政府对公共生活的管理不是掌舵而是服务。[①]中西部农村幼儿园教育质量的监管，政府应秉承"以管提质"的理念，以促进农村学前教育质量提升为目标，强化对中西部贫困农村学前教育质量的监管，为多元主体参与学前教育基本质量管理提供可能，从而保障其基本质量。首先，以自然村为单位，建立托幼机构保教质量信息公开平台，引导家长和村民对托幼机构质量的关注，为监督当地机构供给有质量的学前教育创造条件。其次，以"面—线—点"的思路出台县（区）—乡镇—行政村—自然村四位一体的幼儿园及幼教点基本质量监管办法，进一步完善县（区）、乡镇、行政村、自然村学前教育管理网络。在县（区）政府的主导下，建立乡镇中心园为"辐射台"、行政大村为"中转站"、自然村为"延伸点"的管理线路，形成信息公开、交流畅通、相互促进、共同进步的监管面，帮助和引导家庭和村委会参与学前教育的共同决策和监督。针对贫困农村学前教育政府转移支付落实不到位、挤压和挪用学前教育发展经费现象及少数贫困农村幼儿园在建设过程中出现的盲目攀比浪费现象，应加强政策制定和出台之前的现状调研和需求预测，县级政府应设置专业岗位，强化贫困农村学前教育使用经费的审计工作，确保计划内用于学前教育机构、幼儿或贫困家庭等对象的资金及资源真正到位，并增建统筹学前教育质量管理的专门机构，简政放权的同时增加各个部门之间的协调性。

三、开展县级公民办幼儿园保教质量的督导评估

（一）明确发展视角的督导评估目的

目前，贫困农村学前教育的督导评估目的是以为公众和家长提供幼儿园质量等级为主，同时通过幼儿园等级的评定对幼儿园进行奖惩，从而激励幼儿园进行办园质量的提升。此种由自评数据支撑的终结性外部评估，对幼儿园办园质量的提升有一定的促进作用，但是并未重视幼儿园教育质量。督导评估结果应作为幼儿园年检、确定级类和园长评优评先的重要依据，更关注对资源的分配，而不关注对薄弱园所的支持，在一定程度上偏

① 舒振琴. 新公共服务理论对我国建设服务型政府的启示 [D]. 北京：首都经济贸易大学，2015.

离了国家的要求。对学前教育质量督导评估主要有如下三个视角：以为公众和家长提供绩效效果表现、有效性及是否物有所值的数据为目的，评估参与人员主要为幼儿园管理者、第三方机构的问责视角；以为幼儿园管理者和教师提供园所文化、领导力、一日生活质量等方面的新见解，评估参与人员主要为教师、幼儿家长、幼儿和幼儿园管理者的知识视角；旨在强化教师、幼儿家长、幼儿、幼儿园管理者和教育行政人员的自我改进能力，评估参与人员主要为教师、幼儿家长、幼儿、幼儿园管理者和行业专家的发展视角（表7-1）。为保障贫困农村学前教育质量，须明确发展视角的督导评估目的。

表7-1　学前教育质量督导评估的三个视角①

维度	问责视角	知识视角	发展视角
评估目的	提供绩效效果表现、有效性及是否物有所值的数据	提供园所文化、领导力、一日生活质量等方面的新见解	强化幼儿园的自我改进能力
服务对象	公众和家长	幼儿园管理者和教师	教师、幼儿家长、幼儿、幼儿园管理者和教育行政人员
参与人员	幼儿园管理者、第三方机构	教师、幼儿家长、幼儿、幼儿园管理者	教师、幼儿家长、幼儿、幼儿园管理者和行业专家
内外关系	由自评数据支撑的终结性外部评估	自评性质的诊断性评估	外部支持作用下，自评性质的形成性评估

（二）研制过程导向的评估标准

有质量的学前教育并不是通过翻文件、查档案就能进行评价的，而是需要多元评价主体现场考察和参与幼儿园的活动。幼儿的学习不是一个对知识的被动接受的过程，而是幼儿自主建构知识的过程。幼儿园教学不是教师把知识灌输给幼儿的过程，而是幼儿教师引导幼儿自主学习和体验探究的过程。幼儿园教育的过程具体包括材料投放与使用、课程、生活与保健、师幼互动、家园共育、班级管理与情感氛围以及儿童在环境中的体验

① ZIV A K，LECHRER K，SCHMID H B．Self-Evaluation［M］．Berlin：Springer Science&Business Media B. V.，2011：65-68.

等方面。因此，有质量的学前教育过程是教育者在充分的学前教育资源的支持下，利用合理的教育方法和手段，积极影响学习者成长和生活的过程。要引导教师、幼儿家长、幼儿园管理者和行业专家等评价参与者理解学前教育质量的内涵，明确和理顺教育过程和结果的关系，树立以过程为主导、结果和过程兼顾的学前教育质量观念，共同研制和不断完善过程导向的本县学前教育质量督导评估标准，提高过程性质量在评分中的权重。评估过程中善于倾听幼儿的声音，严格按照标准采用与过程评价相适应的一日生活环节考察、集体活动和区域活动师幼互动考察、保教人员访谈等形式。

（三）建立纵横问责的质量评估制度

托幼机构的活动质量直接影响幼儿身心发展的过程和结果，贫困农村学前教育基本质量的保障要依靠多种途径优化托幼机构活动质量。应以县为单位，因地制宜研制农村幼儿园基本质量评价标准，定期对农村幼儿园基本质量进行分类监测，有针对性地提出保教质量改良方案，并指导农村幼儿园制定和施行园内保教质量自查制度，及时发现问题并予以纠正；应以县为单位，对不同性质的托幼机构基本质量进行评估与监管，制定县级主导的公民办幼儿园保教质量的督导评估制度。

树立"以评促进"的理念和"以督导提升质量"的目标，对县（区）内幼儿园进行每年定期的教育质量督导评估，采取逐级问责制，对贫困农村不规范的公办幼儿园进行限期整改和专业指导。如省级教育督导机构根据本办法制定本省（区、市）《幼儿园办园行为督导评估实施方案》，对全省（区、市）幼儿园督导评估工作进行抽查，督促市、县两级教育督导机构按要求开展督导评估工作；市级教育督导机构对所辖县（市、区、旗）幼儿园办园行为督导评估工作情况进行监督和指导，督促县级政府及有关部门及时研究解决幼儿园办园存在的困难和问题。[1] 另外，考虑到贫困农村学前教育质量保障需要各部门合力，监督问责除了垂直问责方式之外，还应积极探索平行问责方式。探索学前教育督导机关对同级各政府部门进行督政的模式，通过问责激励各部门提高共同治理的实效。[2]

---

① 教育部关于印发《幼儿园办园行为督导评估办法》的通知［EB/OL］．（2017-05-11）［2020-01-09］．http：//www. moe. gov. cn/srcsite/A11/s6500/201705/t20170512 _ 304460. html.

② 高杭. 以整体性治理助力学前教育改革发展［J］. 清华大学教育研究，2019（05）：112-118.

精准扶教：中西部贫困农村学前教育质量保障研究

第四节　精准帮扶：多途径优化幼儿园活动质量

一、因地制宜改善贫困农村幼儿园环境创设

杜威在《经验与教育》中写道："环境就是那些同个人的需要、愿望、目的和能力发生交互作用，以创造经验的种种情况。"教育要促进幼儿的发展，应为幼儿创设适宜的环境。[①] "适宜"意味着提供的环境要和幼儿的需要、愿望、目的和能力发生联系，既符合幼儿的生长需要、心理特点，又符合幼儿的兴趣，为幼儿生活经验的深化和扩展提供有形的载体和无形的氛围。[②] 因此，幼儿园环境创设应尊重幼儿的主体性，改变环境创设由教师包办代替的做法，引导幼儿主动参与到环境创设的过程中来，用渗透环境的教育内容吸引幼儿与环境的积极互动。

幼儿正处于身体、情感和社会性迅速发展的关键时期，幼儿园环境创设应适应幼儿身心发展的特点和需要。如幼儿知识经验少，需要积累感性知识，教师就应多为幼儿提供接触实物、实景的机会。[③] 贫困农村幼儿教师应鼓励幼儿大胆参与和体验环境的创设，与幼儿共同商量环境创设的主题，选择创设环境的材料，并在教学活动的组织过程中创造性地利用创设的环境，充分发挥环境的教育价值。如在活动室内，教师可和幼儿商量留出一部分环境创设的空白处作为班级的"自由墙"。教师可根据主题的不同，引导幼儿运用山区丰富的材料，如各种颜色的石块、形状各异的种子、不同大小的树叶等，进行粘贴、涂鸦、拓印等形式的创作来丰富"自由墙"。

二、依托乡镇中心园教研引领，教育理念"去小学化"

幼儿作为学前教育的价值主体，其身心发展需求是否得到满足应是衡量学前教育质量标准的关键。长期以来，随着"质量"概念内涵的发展，教育质量也开始关注消费主体的满意程度，包括教育质量是否满足国家需

---

① 杜威. 我们怎样思维：经验与教育［M］. 姜文闵，译. 北京：人民教育出版社，2005：262.

② 蒋雅俊. 杜威《儿童与课程》中的教育哲学问题探析［J］. 南京师大学报（社会科学版），2018（01）：67-74.

③ 杨文. 当前幼儿园环境创设存在的问题及解决对策［J］. 学前教育研究，2011（07）：64-66.

要、社会需要、高一级学校需要、家庭需要、个人需要等。[①] 学前教育质量标准的合需要性转变，使得学前教育质量与消费主体的期待和需求密切相关。幼儿以外的其他主体的质量需求主观而多元，有的与幼儿身心发展的规律不符甚至相悖，然而这些质量需求却能直接或间接影响到学前教育质量。因此，对于与幼儿身心发展规律不符的质量观和质量需求，不能以被动地默许和满足，应予以科学引导和纠正。

目前贫困农村幼儿家长的学前教育质量观虽然有了一定的更新，但是仍处于理性缺乏的朴素状态，尤其是对"小学化"教育的需求严重偏离了幼儿身心发展规律。政府部门应多渠道向贫困农村家庭宣传和普及学龄前儿童身心发展规律的知识，引领科学的育儿观念和正确的家庭教育价值导向，如综合利用互联网、大众媒体及现场公益活动等形式，重点对贫困农村家庭进行《3—6 岁儿童学习与发展指南》等法规文件的宣传教育。引导山区幼儿园坚持以幼儿为本的科学理念，研究幼儿学习的兴趣和需求，倡导以游戏为基本活动，促进幼儿在一日生活中通过亲身体验、直接感知和实践操作进行自主游戏和学习探究。在确保安全的前提下，幼儿园要综合利用室内和室外空间，创设符合幼儿年龄特点的活动区域，并科学配备必要的玩教具、游戏材料、图画书；充分利用本地生活和自然资源，梳理、挑选和设计适宜幼儿的游戏活动，丰富游戏资源，满足幼儿开展游戏活动的基本需要。[②] 同时，幼儿园为家长参与各类家园共育活动创造条件，引导家长在充分了解幼儿园教育过程的基础上，理解游戏化、生活化教育对学龄前儿童身心发展的重要意义，正视"小学化"教育对幼儿长远发展的危害，用幼儿在身心状态、学习兴趣、习惯和学习品质的培养等方面发展的事实纠正家长对"小学化"教育的不合理诉求。

因此，更新贫困农村幼儿教师的教育质量观，应继续推进和深化国培、省培以及送培下乡帮扶工作的开展，向贫困农村幼儿教师解读《幼儿园教育指导纲要（试行）》《3—6 岁儿童学习与发展指南》等政策文件蕴含的教育质量观的内涵；并结合科学的学前教育质量观，让山区教师观摩优质的幼儿园教育教学活动，在此基础上开展教研活动，引导其比较、分

① 田娟，孙振东. 改革开放 40 年我国基础教育质量观的演进与反思：基于国家教育政策文本的分析 [J]. 现代教育管理，2018，344（11）：25-31.

② 教育部. 关于开展幼儿园"小学化"专项治理工作的通知 [EB/OL]. (2018-07-05)[2019-07-18]. http://www. moe. gov. cn/srcsite/A06/s3327/201807/t20180713 _ 342997. html.

析不同质量观指引下的不同教育行为，从而在认知矛盾的产生过程中通过专家引领、同伴互助和自我反思实现教育质量观的转变。

三、建立扶贫专家引领的贫困农村游戏资源开发团队

大量购置玩具和材料，建设高规格的园舍，对于地处国家级贫困县的山区幼儿园来说，不能从根本上解决幼教资源缺乏的问题。山区本土自然和文化资源与幼儿生命成长有着紧密的联系，乡土资源能为幼儿生命成长提供天然养分。开发山区特色学前教育资源，需要教师、专家、幼儿等主体的创造性合力。在组建资源开发共同体的基础上，幼教专家理论联系实际，引领贫困农村幼儿教师树立本土资源开发和运用意识，充分认识到生活即资源、自然即资源、社区即资源，形成山区特色课程，以此促进贫困农村学前教育质量观念和行为的转变，逐步建立一支创新型山区学前师资队伍。专家要引导教师挖掘山区民俗文化特色，梳理和挑选有价值的教育内容，丰富幼儿园民俗文化教育。如云南傣族的泼水节习俗中的章哈、白象舞等独具特色的民族艺术，能帮助傣族幼儿感悟自然，感受温婉沉静的民族特性，这是云南地区得天独厚的人文资源；宁夏的回族和汉族都会用汉语唱民歌"花儿"，内容不仅涉及回族生活，也与汉族生活相关，[①] 是能够培养幼儿良好民族心态和民族认同感的宝贵民族资源。

儿童心理发展在早期基于天性，而天性的展开又依赖于自发的游戏，传统游戏形式中所包含的那种初级的活动方式，也许更符合幼稚的心理特征，而正是随着游戏的不断成熟，儿童心理才日渐成熟起来。[②] 以本土幼教资源的开发和利用为突破口，进一步变革和创新农村幼儿园教师的培训内容和方式，促进教师重构科学合理的资源开发和利用观念，并使之付诸行动。如要改变山村幼儿园户外活动少、户外体育活动缺乏的现实，一方面在于提高教师对幼儿户外体育活动的认识，另一方面在于提高教师因地制宜制作户外体育活动玩具的能力。为此，应变革农村幼儿园园长和教师职后培训的方式，增加户外体育活动玩具制作的实操内容，这样既能引导教师在体验和学习的过程中改变教学活动的组织必须依靠现成教具的思维方式，也能带领教师利用当地易得的各种材料自制户外体育活动材料，并

① 武宇林. "花儿"乡土文化与学校教育传承方式的思考 [J]. 民族教育研究，2011，22 (01)：113-116.

② 华爱华. 学前教育改革启示录 [M]. 上海：上海社会科学院出版社，2009：12.

学会观察和分析，如观察和分析幼儿如何使用自制的材料，以及在活动中所获得的发展。

四、实施示范帮扶贫困农村幼儿园一日活动提质计划

托幼机构的活动质量直接影响幼儿身心发展的过程和结果，贫困农村学前教育基本质量的保障依靠多种途径优化托幼机构活动质量。政府应以县为单位，因地制宜研制农村幼儿园基本质量评价标准，定期对农村幼儿园基本质量进行分类监测，有针对性地提出保教质量改良方案，并指导农村幼儿园制定和实施园内保教质量自查制度，及时发现问题并予以纠正；进行农村幼儿园一日活动基本质量现状调查研究，找出农村学前教育质量存在的问题及阻碍其发展的因素。

提升贫困农村学前教育质量可从如下三个方面着手：第一，规范贫困农村幼儿园的一日生活作息安排，幼儿园作息时间的制定应严格依据《幼儿园工作规程》，应体现地域特点、季节特点和幼儿的年龄特点，如小班幼儿自我控制能力较弱，注意力集中时间短，集体活动时间以不超过20分钟为宜，幼儿正餐间隔时间为3.5—4小时；第二，引导贫困农村幼儿园班级建立常规，明确来园、晨检、喝水、盥洗、午睡等一日生活环节，培养幼儿良好的规则意识，养成良好的习惯，帮助幼儿教师提升班级管理能力；第三，丰富一日活动的内容，为幼儿提供喜闻乐见的游戏活动形式，动静交替地安排室内外活动，引导幼儿通过直接感知、实际操作和亲身体验获得有益的经验。

进一步规范和明确县域范围内省级、市级示范性幼儿园的社会服务义务，承担帮扶薄弱农村幼儿园提高一日生活质量的责任。如以县为单位，省市级示范性幼儿园与贫困农村幼儿园一一结对，施行对薄弱园所环境创设、一日活动提质的对口帮扶；以股或片区为单位，向贫困农村薄弱园所送教，重点诊断和改善其一日生活流程和作息制度；明确片区督学的岗位责任，规定督学对片区内幼儿园一日活动质量的监督和整改义务，以季为周期、以县为单位进行全县幼儿园一日活动规范督查，对一日活动规范的整改实行逐级负责制。

第五节 精准赋能：引领幼教师资队伍专业发展

一、扩大定向招收免费师范生委托培养，服务农村

幼儿教师是学前教育发展的第一资源，教育部数据统计显示，2017年我国幼儿教师的缺口为70万，到2020年，要达到毛入园率85％的目标，幼儿教师的缺口为100万。[①] 经实地调研发现，贫困农村经过已完成两期学前教育发展三年行动计划，新建和改扩建了一批幼儿园，但很多幼儿园由于师资不够只能压缩班级数量，甚至存在"有园无师"的现象。师资队伍的稳定和专业是学前教育质量的重要保障，补齐数量确保贫困农村地区"有园有师"的同时，还要着力于提升质量。要在数量上补充合格的幼儿园教师队伍，首先须扩充贫困农村内生的幼儿教师资源、持续发挥地方师范院校的作用，扩大定向招收公费师范生委托培养，通过"公费定向培养、到岗退费"等多种方式，培养和鼓励更多的学前教育专业毕业生为师资队伍薄弱的贫困农村地区服务。同时，县或乡镇可与师范院校采取合作方式，根据师范生生源地对教师实际的需求量，实施生源地农村幼儿园教师定向招生和定向培养方案。持续改善贫困农村的公共设施和生活条件，鼓励贫困农村生源回归原籍充实幼儿园教师队伍，扎根家乡引领幼儿教师的发展，招募山村幼儿教育志愿者，充实山村幼教资源，为专业的幼教师资储存后备力量。

二、城乡幼儿教师轮岗置换，支持集中连片贫困农村学前教育

城乡二元结构形成的社会文化差异亦是一种宝贵的教育资源，城乡幼儿教师通过轮岗置换，能够实现专业发展的"双赢"。城市教师为农村带去科学的学前教育理念，为农村幼儿教师分享成熟的班级管理和教研经验，激发农村教师专业发展的内在活动；农村幼儿教师前往城市优质幼儿园，学习规范的保教活动，挑战自我的岗位体验，能够激发他们学前教育的认知矛盾，引导他们在不断反思和实践中获得专业能力的锤炼。城乡幼儿教师的轮岗置换能减缓和平衡城乡幼教师资质量的差距，为贫困农村学前教育注入活力；同时，贫困农村成为磨炼优秀城市幼儿园教师的"熔

① 朱永新. 打破学前教育的师资瓶颈 [EB/OL]. （2018-07-05）［2019-02-15］. http：//epaper. gmw. cn/wzb/html/2018-11/27/nw. D110000wzb＿20181127＿4-06. htm.

炉"。由于城乡幼儿教师所处园所和岗位的基本稳定性，教师的思维和教育方法趋于单一和平稳，缺乏对于幼儿教育现状和不同幼儿群体的把握，不利于教师综合素质和多方面教学实践能力的提升。城乡教师轮岗交流任职，有效地弥补了这块短板，使城市幼儿教师在不同教育对象、不同环境理念、不同实践体验中，丰富了多层次、多环境教学经验的积累，整体素质和教育教学能力也获得磨炼。

城乡教师轮岗置换，支持集中连片贫困农村学前教育。通过提高待遇、职称评定等机制，建立城镇优秀幼儿教师向贫困农村幼儿园流动制度，鼓励优秀教师为贫困农村学前教育服务。为确保城乡幼儿教师轮岗置换的实际效果，县级教育部门和幼儿园应为轮岗幼儿教师提供服务，减少轮岗教师的后顾之忧：在轮岗时间上，以1—2年为宜；完善农村幼儿园轮岗教师的食宿条件，通过增发交通和生活补贴的形式为轮岗教师提供便利。

三、依托贫困农村幼师培训计划，组织定期送培送研下乡

陶行知先生认为普及小学教育及幼稚园教育非行徒弟制不可，倘以优良幼稚园为中心，每所每年训练两三位徒弟，那么多办一所幼稚园即是多加一所训练师资的地方，这是再好没有的办法。[①] 在努力补充贫困农村幼儿园教师的同时，应注重教师质量的提升。县级教育部门承担送研送培下乡的服务责任，组织幼教专家定期深入集中连片贫困农村进行教育帮扶，依托国家各类贫困农村教师培训计划，组织定期送培下乡；因地制宜改革幼儿园教研制度，培养区域内幼儿园的专任教研员，加强对贫困农村幼儿园科学保教的专业指导，组织完善以县级优质园为龙头、以乡镇中心幼儿园为骨干，带动村一级幼儿园齐头并进的业务指导网络。

相比组织贫困农村教师外出培训，送教送研下乡有着贴近需求和节约成本的双重优势，更能因地制宜，解决贫困农村学前教育问题。送教送研内容应基于前期的需求调研，除了常见的集体活动和区域活动的组织和教研，送教内容应拓展至生活活动、环境创设及主题活动的组织等贫困农村幼儿园教师的薄弱之项；送教送研时间应与幼儿园教师外培时间错开，尽量不占用工作日；送教送研地点选择应以方便自然村幼儿点教师参与的乡镇中心幼儿园和大村联合办园为主；送教送研形式应切合乡村幼儿园教师

① 陶行知. 中国教育改造［M］. 北京：商务印书馆，2017：111.

的认知水平，引导教师主动参与和反思，并建立长久答疑解惑和反馈机制，帮助乡村幼儿教师学以致用。

四、科学引导贫困农村幼儿教师质量观念的转向

杜威认为，"教育的目的在教育的过程中，教育即生活，而生活就是发展；不断发展、不断生长就是生活"[①]。教育的目的是促进幼儿生长，但教育却并非为了追求幼儿德、体、智、美等生长的最终结果，而就是生长的过程本身。强调幼儿对基本知识的记忆和基本技能的掌握，目标指向眼前的结果，是将幼儿视为被动接受知识和技能的容器，而非生活和生长的主体，忽视了儿童成长过程的连续性和长期性，使教育走向知识的重复学习和技能的反复训练，割裂了知识和幼儿生命成长的联系。

正如艾伦·凯所说，"一切课程都是儿童自己的"，要有效教育儿童，"须完全走进儿童的思想和想象的世界里去才行"。幼儿的学习不是一个对知识的被动接受的过程，而是幼儿自主建构知识的过程。幼儿园教学不是教师把知识灌输给幼儿的过程，而是幼儿教师引导幼儿自主学习和体验探究的过程。因此，有质量的教育过程是教育者在充分的学前教育资源支持下，利用合理的教育方法和手段，积极影响学习者生长和生活的过程。应通过理论联系实际的培训和教研活动，引导教师理解学前教育质量的内涵，明确和理顺教育过程和结果的关系，树立过程为主导、结果和过程兼顾的学前教育质量观念。幼儿园教育的过程具体包括材料投放与使用、课程、生活与保健、师幼互动、家园共育、班级管理与情感氛围以及儿童在环境中的体验等方面，贫困农村幼儿教师应把握当下贫困地区学前教育发展的现实，掌握一日生活环节组织和观察理解幼儿的能力，从而支持幼儿在有意义的操作和体验过程中获得经验的自我构建。引导贫困农村幼儿教师更多关注教育行为与幼儿生活成长过程的关系，是纠正其"小学化"教育行为的明确指引。

①　赵祥麟，王承绪. 杜威教育论著选［M］. 上海：华东师范大学出版社，1981：143.

附　录

附录一　贫困农村学前教育质量保障访谈提纲

（幼儿教育管理人员）

1. 近几年来，为了提高幼儿园教育质量，县（乡镇、村）采取了哪些保障措施？具体有哪些？

具体从经费投入、监管措施、活动质量和师资水平四个方面展开。

2. 县（乡镇、村）财政对学前教育投入占教育经费总量的比例是多少？是否有专项经费？怎样拨款？

经费投入：投入的主体是谁？是否有专项拨款？数量有多少？下拨条件和程序有哪些？

经费使用：使用途径有哪些？差额多少？怎样补齐差额？

经费管理：经费使用过程中有哪些监管措施？

3. 县（乡镇、村）幼儿园有教师资格证的教师比例是多少？带编教师的比例是多少？教师的工资水平和福利待遇如何？学前教育免费师范生的数量是多少？稳定幼儿园教师队伍的措施有哪些？

4. 监管幼儿园保教质量的措施有哪些？

具体为幼儿园准入、安全、卫生保健、营养膳食、保育教育、经费使用和收费等方面的监管措施；家长满意度调查等形式的动态监管；幼儿园的分类定级质量评估等。

5. 为更好地保障学前教育基本质量，您认为还可以采取哪些措施？

附录二　贫困农村学前教育质量保障访谈提纲

（园长和教师）

1. 幼儿园是怎样获取政府、社会（社区）和家庭的帮助与支持来保障教育质量的？

（具体从经费支持、人员支持和物资支持的争取三个方面展开。）

2. 幼儿园采取怎样的措施提高硬件设施和环境创设的质量？（具体从改造小学闲置校舍、因地制宜运用自然资源、整合社区和家长提供的帮助展开。）

3. 幼儿园采取了哪些措施提高一日活动质量？（如：园内怎样对一日活动进行评价与指导？游戏材料和课程资源怎么开发？幼儿园怎样利用家长和社区资源丰富一日活动内容？）

4. 幼儿园采取了哪些措施保障教师质量？（如：园长聘任教师的要求有哪些？教师工资水平是怎样的？在编教师的比例是多少？园内教师日常考核的形式和内容有哪些？）

5. 幼儿园采取哪些措施评价孩子发展？（如：保教人员对孩子进行观察记录、对孩子进行体质测查等。）

附录三 贫困农村幼儿家长对学前教育质量的需求访谈提纲

1. 请问您为什么会选择孩子现在就读的幼儿园？具体原因有哪些？

2. 您对孩子现在就读的幼儿园满意吗？您觉得幼儿园哪些方面做得好？您认为幼儿园哪些方面应该改进？

3. 对于幼儿园环境设施和保育教育方面您比较关注哪些内容？您认为哪些是基本的要求？为提升幼儿园保教质量，您有什么需要和建议？

4. 对于幼儿园教师，您认为应该是怎样的？您有什么意见或建议？（教师对待孩子的态度如何？教师对幼儿的生活照顾如何？根据您的观察和孩子的日常言语，您觉得教师的方法如何？）

5. 您对孩子在园学习的内容满意吗？您希望孩子在幼儿园学到什么呢？具体有哪些内容？

6. 您经常与幼儿园、幼儿教师交流吗？是通过什么方式交流的？

7. 您认为幼儿园应该为家长提供哪些服务和教育？

精准扶教：中西部贫困农村学前教育质量保障研究

附录四 贫困农村幼儿家长对学前教育质量满意度调查问卷

（初始）

亲爱的家长：

您好！本问卷的主要目的在于了解您对幼儿园教育质量的满意度。本问卷采用不记名方式，您所填写的信息仅作为研究使用，我们对您填写的内容绝对保密，请您放心填写。感谢您的支持！

* * * * * *

一、基本资料（请在所要选择的方框中打钩）

1. （1）您的家庭现居住于省市县（区）：

乡镇/街道村/社区：

（2）孩子户口所在地性质为：□城市　　□农村

2. （1）您是孩子的：□妈妈　　□爸爸　　□爷爷　　□奶奶

□外公　　□外婆　　□其他亲属（请注明）

（2）您的孩子与谁生活在一起（可多选）：

□爸爸　　□妈妈　　□爷爷　　□奶奶

□外公　　□外婆　　□其他亲属（请注明）

3. （1）孩子父亲的年龄：□22—25岁　　□26—29岁

□30—33岁　　□34—37岁　　□37岁以上

孩子父亲的学历：□小学　　□初中　　□高中　　□中专

□大专　　□大学本科　　□硕士及以上

孩子父亲的职业：□农民　　□在外务工人员

□自由职业者　　□企业、政府职员

□专业技术人员（如教师、医生、司机等）

□个体经营户（如理发店、饭店、养殖店等）

□待业/失业/退休人员

（2）孩子母亲的年龄：□20—23岁　　□24—27岁

□28—31岁　　□32—35岁　　□35岁以上

孩子母亲的学历：□小学　　□初中　　□高中　　□中专

□大专　　□大学本科　　□硕士及以上

孩子母亲的职业：□农民　　□在外务工人员

□自由职业者　　□企业、政府职员

□专业技术人员（如教师、医生、司机等）

□个体经营户（如理发店、饭店、养殖店等）

□待业/失业/退休人员　　□家庭主妇

4.（1）孩子的性别为：□男　　□女

（2）孩子的民族为：□汉族　　□少数民族（请注明）

（3）孩子是否为独生子女：□是　　□否

（4）孩子若不是独生子女，他（她）在家中排行第几：

□第一　　□第二　　□第三　　□第四　　□第五　　□第六

5.（1）您的孩子所在幼儿园的性质是：

□乡镇中心园　　□村办园　　　　□非普惠民办园

□民办普惠园　　□小学附设幼儿园　　□教学点

（2）孩子所在班级是：□小班　　□中班　　□大班　　□混龄班

6. 您的家庭年人均纯收入约为：

□2300 元以下　　□2300—3200 元　　□3201—4100 元

□4101—5000 元　　□5001—5900 元　　□5900 元以上

二、家长的学前教育质量满意度调查

满意度项目	非常不满意	不满意	一般满意	比较满意	非常满意
1. 幼儿园室内外活动空间充足，便于幼儿开展活动	1	2	3	4	5
2. 如有需要，周末和寒暑假也可以把孩子送到幼儿园	1	2	3	4	5
3. 幼儿园教幼儿学习拼音读写	1	2	3	4	5
4. 如有需要，幼儿园允许家长早送晚接	1	2	3	4	5
5. 孩子在园学习弹唱跳画等特长	1	2	3	4	5
6. 如果孩子身体不方便（如自己吃饭或上厕所有困难），教师能提供专门的帮助	1	2	3	4	5
7. 孩子每天有充足的户外运动和体育锻炼的时间，动作发展良好	1	2	3	4	5

续表

满意度项目	非常不满意	不满意	一般满意	比较满意	非常满意
8. 幼儿园定期对园内各类设施、设备进行检查、维修或更换、确保使用时的安全	1	2	3	4	5
9. 幼儿园教幼儿认字和写字	1	2	3	4	5
10. 孩子变得专注、有耐心、不怕困难	1	2	3	4	5
11. 孩子在园的个人物品干净卫生、专人专用，并及时消毒、晾晒，如毛巾、水杯、被褥等	1	2	3	4	5
12. 幼儿园离家近，方便接送	1	2	3	4	5
13. 幼儿园教师有教师资格证、健康证	1	2	3	4	5
14. 幼儿园开设小主持人特色班	1	2	3	4	5
15. 孩子在园食用的饭菜安全卫生、营养搭配合理	1	2	3	4	5
16. 幼儿园选址考虑周边安全，无噪声和污染源	1	2	3	4	5
17. 幼儿园教幼儿算术	1	2	3	4	5
18. 幼儿园有规范保教人员言行的严格制度	1	2	3	4	5
19. 班级人数在 35 人以下，每班最多不超过 40 名小朋友	1	2	3	4	5
20. 幼儿园善于利用本地自然资源，丰富园内环境创设和幼儿活动	1	2	3	4	5
21. 幼儿园办公设施齐全，使用方便	1	2	3	4	5
22. 教师注意孩子的安全，防止孩子发生意外	1	2	3	4	5
23. 孩子养成好的生活习惯和生活自理能力，如自己整理玩具、餐具；自己脱衣穿衣、上厕所、洗手等	1	2	3	4	5
24. 幼儿在园开心快乐，愿意和其他小朋友玩	1	2	3	4	5
25. 幼儿园组织开展帮助幼儿了解家乡的文化活动，如参观家乡名胜古迹、邀请民间艺人来园表演等	1	2	3	4	5
26. 幼儿园配备有园车接送孩子	1	2	3	4	5
27. 孩子的不良情绪，教师能及时发现并疏导	1	2	3	4	5
28. 孩子乐意用普通话与老师和同伴交流，能交到自己的好朋友	1	2	3	4	5

附录

满意度项目	非常不满意	不满意	一般满意	比较满意	非常满意
29. 幼儿园配备有木工坊、舞蹈室、乐器坊等功能室	1	2	3	4	5
30. 幼儿园教室有充足的玩教具、游戏材料和图画书	1	2	3	4	5
31. 幼儿园开设英语特色班	1	2	3	4	5
32. 孩子在园能够适应集体生活，在集体活动中学会有礼貌、守规矩	1	2	3	4	5
33. 教师能理解幼儿需要，并及时回应	1	2	3	4	5
34. 幼儿园班级里有安全卫生的取暖降温设备，如风扇、空调、暖气等	1	2	3	4	5
35. 教师平等对待孩子，孩子喜欢教师	1	2	3	4	5
36. 孩子在园经常参与自己喜欢的民间游戏活动	1	2	3	4	5
37. 幼儿园班级教师稳定，不随意更换和流动	1	2	3	4	5
38. 幼儿园教师认真负责，对幼儿有耐心	1	2	3	4	5
39. 幼儿园有适合孩子使用的卫生间、盥洗室	1	2	3	4	5
40. 幼儿园有篮球、足球或跑步等体育特色班	1	2	3	4	5
41. 幼儿园教师有"教育能手""高级教师"等称号	1	2	3	4	5
42. 幼儿园户外有种植区、沙池、戏水池等设施	1	2	3	4	5

问卷填写结束，再次感谢您的支持！

附录五　贫困农村幼儿家长对学前教育质量满意度调查问卷

(正式)

亲爱的家长：

您好！本问卷的主要目的在于了解您对幼儿园教育质量的满意度。本问卷采用不记名方式，您所填写的信息仅作为研究使用，我们对您填写的内容绝对保密，请您放心填写。感谢您的支持！

＊　＊　＊　＊　＊

一、基本资料（请在所要选择的方框中打钩）

1.（1）您的家庭现居住于省市县（区）：

乡镇/街道村/社区：

（2）孩子户口所在地性质为：□城市　　□农村

2.（1）您是孩子的：□妈妈　　□爸爸　　□爷爷　　□奶奶

□外公　　□外婆　　□其他亲属（请注明）

（2）您的孩子与谁生活在一起（可多选）：

□爸爸　　□妈妈　　□爷爷　　□奶奶

□外公　　□外婆　　□其他亲属（请注明）

3.（1）孩子父亲的年龄：□22—25岁　　□26—29岁

□30—33岁　　□34—37岁　　□37岁以上

孩子父亲的学历：□小学　　□初中　　□高中　　□中专

□大专　　□大学本科　　□硕士及以上

孩子父亲的职业：□农民　　□在外务工人员

□自由职业者　　□企业、政府职员

□专业技术人员（如教师、医生、司机等）

□个体经营户（如理发店、饭店、养殖店等）

□待业/失业/退休人员

（2）孩子母亲的年龄：□20—23岁　　□24—27岁

□28—31岁　　□32—35岁　　□35岁以上

孩子母亲的学历：□小学　　□初中　　□高中　　□中专

□大专　　□大学本科　　□硕士及以上

孩子母亲的职业：□农民　　□在外务工人员

□自由职业者　　□企业、政府职员

□专业技术人员（如教师、医生、司机等）

□个体经营户（如理发店、饭店、养殖店等）

□待业/失业/退休人员　　□家庭主妇

4.（1）孩子的性别为：□男　　□女

（2）孩子的民族为：□汉族　　□少数民族（请注明）

（3）孩子是否为独生子女：□是　　□否

（4）孩子若不是独生子女，他（她）在家中排行第几：

□第一　　□第二　　□第三　　□第四　　□第五　　□第六

5.（1）您的孩子所在幼儿园的性质是：

□乡镇中心园　　□村办园　　　　□非普惠民办园

□民办普惠园　　□小学附设幼儿园　　□教学点

（2）孩子所在班级是：□小班　　□中班　　□大班　　□混龄班

6. 您的家庭人均年收入约为：

□2300元以下　　□2300—3200元　　□3201—4100元

□4101—5000元　　□5001—5900元　　□5900元以上

二、家长的学前教育质量满意度调查

满意度项目	非常不满意	不满意	一般满意	比较满意	非常满意
1. 教师平等对待孩子，孩子喜欢教师	1	2	3	4	5
2. 幼儿园定期对园内各类设施、设备进行检查、维修或更换，确保使用时的安全	1	2	3	4	5
3. 幼儿园开展帮助幼儿了解家乡的文化活动，如参观家乡名胜古迹、邀请民间艺人来园表演等	1	2	3	4	5
4. 孩子养成好的生活习惯和生活自理能力，如自己整理玩具、餐具；自己脱衣穿衣、上厕所、洗手等	1	2	3	4	5
5. 如果孩子身体不方便（如自己吃饭或上厕所有困难），教师能提供专门的帮助	1	2	3	4	5
6. 幼儿在园开心快乐，愿意和其他小朋友玩	1	2	3	4	5
7. 班级人数在35人以下，每班最多不超过40名幼儿	1	2	3	4	5

满意度项目	非常不满意	不满意	一般满意	比较满意	非常满意
8. 孩子乐意用普通话与老师和同伴交流，能交到自己的好朋友	1	2	3	4	5
9. 如有需要，幼儿园允许家长早送晚接	1	2	3	4	5
10. 教师能理解幼儿需要，并及时回应	1	2	3	4	5
11. 孩子动作发展良好，情绪稳定	1	2	3	4	5
12. 幼儿园离家近，方便接送	1	2	3	4	5
13. 孩子在园的个人物品干净卫生、专人专用，并及时消毒、晾晒，如毛巾、水杯、被褥等	1	2	3	4	5
14. 幼儿园教幼儿学习拼音读写	1	2	3	4	5
15. 孩子在园学习弹唱跳画等特长	1	2	3	4	5
16. 幼儿园配备有园车接送孩子	1	2	3	4	5
17. 幼儿园组织幼儿外出亲近自然，利用本地植物、气候、地貌等资源丰富幼儿活动	1	2	3	4	5
18. 幼儿园教幼儿认字和写字	1	2	3	4	5
19. 幼儿园室内外活动空间充足，便于幼儿开展活动	1	2	3	4	5
20. 幼儿园开设小主持人特色班	1	2	3	4	5
21. 幼儿园班级里有安全卫生的取暖降温设备，如风扇、空调、暖气等	1	2	3	4	5
22. 孩子在园食用的饭菜安全卫生、营养搭配合理	1	2	3	4	5
23. 幼儿园教室有充足的玩教具、游戏材料和图画书	1	2	3	4	5
24. 幼儿园教师有教师资格证、健康证	1	2	3	4	5
25. 孩子在园能够适应集体生活，在集体活动中学会有礼貌、守规矩	1	2	3	4	5
26. 孩子在园经常参与自己喜欢的民间游戏活动	1	2	3	4	5
27. 幼儿园教幼儿加减运算	1	2	3	4	5
28. 幼儿园有适合孩子使用的卫生间、盥洗室	1	2	3	4	5

附录

满意度项目	非常不满意	不满意	一般满意	比较满意	非常满意
29. 教师注意孩子的安全，防止孩子发生意外	1	2	3	4	5
30. 孩子变得专注、有耐心、不怕困难	1	2	3	4	5
31. 孩子的不良情绪，教师能及时发现并疏导	1	2	3	4	5
32. 幼儿园教师认真负责，对幼儿有耐心	1	2	3	4	5
33. 幼儿园班级教师稳定，不随意更换和流动	1	2	3	4	5
34. 如有需要，周末和寒暑假也可以把孩子送到幼儿园	1	2	3	4	5

问卷填写结束，再次感谢您的支持！

精准扶教

中西部贫困农村学前教育质量保障研究

附录六　小组访谈内容摘录

B：您这儿教师工作日出去培训的时候，怎么解决班上人手不足问题的呀？

P13：这个我想了个办法，请家长来举办活动，昨天我们幼儿园就举行了家长进课堂活动，非常成功，之前有些家长觉得幼儿事情太多不愿意配合，有一次我就下决心让家长们知道幼儿园这样是为了孩子们好，把小朋友的爷爷奶奶一个个都叫过来看我们教师精心准备的活动。看到孩子们在活动中表现得很开心后，家长参加幼儿园的亲子活动也变得特别踊跃。

B：幼儿园孩子是留守儿童的多吗？比例大约是多少？

P14：百分之七十是留守儿童，只有百分之三十孩子的爸爸妈妈在家。现在有些家庭二胎一生，妈妈就回来了，留守儿童相对少了一些。还有的妈妈大孩子上小学了，小孩子一两岁过一年就要上幼儿园了，和我联系想要来幼儿园当老师。她们有了两个孩子后不能再外出打工了，老人顾不过来，于是留在家里专门带孩子，喜欢孩子的于是就问到我这儿来了，一举两得的事情。（B：那您怎么聘任她们呢？）首先也要看看她们的个人素质，然后就鼓励她们学习，能够考取幼师资格证的就让她们先去考证后再上岗。

B：那这些留守儿童的父母对孩子在幼儿园的生活了解吗？他们提出过什么要求没有？

P16：我们老师建立了微信群，把孩子们在幼儿园活动的照片传到群里，家长们就能看到孩子在幼儿园吃了些什么菜，干了些什么事。家长们提的意见很少，有个别的是提醒注意安全呀，不打架啊等。现在家长们也很开明了，慢慢地了解"小学化"要不得，不再要求孩子在幼儿园学拼音写字之类的了。

P14：我们园除了开会给家长们宣传《指南》精神外，还组织家长观看幼儿园的活动，只有让家长们特别是爷爷奶奶辈指导孩子在幼儿园玩游戏比写字算术更开心，他们才会慢慢接受，我们经常举办大型户外活动，吸引家长参加，只不过这样老师前期的准备工作很多，确实也很辛苦。

参考文献

一、中文参考文献

（一）译著

[1] 阿克塞尔·霍耐特. 为承认而斗争 [M]. 胡继华，译. 上海：上海人民出版社，2005.

[2] 康德. 判断力批判 [M]. 邓晓芒，译. 北京：人民出版社，2002.

[3] 马克思，恩格斯. 马克思恩格斯文集：第 3 卷 [M]. 北京：人民出版社，2009.

[4] 赫尔曼·哈肯. 大自然成功的奥秘：协同学 [M]. 凌复华，译. 上海：上海译文出版社，2018.

[5] 亚里士多德. 政治学 [M]. 吴寿彭，译. 西安：西北大学出版社，2016.

[6] 达尔伯格. 超越早期教育保育质量：后现代视角 [M]. 朱家雄，译. 上海：华东师范大学出版社，2006.

[7] 杜威. 我们怎样思维：经验与教育 [M]. 姜文闵，译. 北京：人民教育出版社，2005.

[8] 珍妮特·V. 登哈特，罗伯特·B. 登哈特，新公共服务：服务，而不是掌舵 [M]. 丁煌，译. 3 版. 北京：中国人民大学出版社，2016.

[9] 玛里琳·里奇曼. 方法的逻辑：教育科学研究中的质性研究 [M]. 张园，译. 北京师范大学出版社，2017.

[10] 梅雷迪斯·D. 高尔，教育研究方法导论 [M]. 许庆豫，等，译. 南京：江苏教育出版社，2009.

[11] 塔尔科特·帕森斯，尼尔·斯梅尔瑟. 经济与社会对经济与社会的理论统一的研究 [M]. 刘进，林午，等，译. 北京：华夏出版社，1989.

[12] 塔尔科特·帕森斯. 社会行动的结构（新版）[M]. 张明德，等，译. 南京：译林出版社，2012.

[13] 威廉·邓恩. 公共政策分析导论 [M]. 谢明，等，译. 2 版. 北京：中国人民大学出版社，2002.

[14] 约翰·杜威. 确定性的寻求：关于知行关系的研究 [M]. 傅统先，译. 上海：上海人民出版社，2004.

[15] 约翰·罗尔斯. 正义论 [M]. 何怀宏，何包钢，译. 北京：中国社会科学出版社，2003.

[16] 乔治·贝克莱. 人类知识原理 [M]. 张桂权，译. 北京：商务印书馆，2011.

[17] 联合国教科文组织编. 世界文化报告 2000：文化的多样性、冲突与多元共存 [M]. 关世杰，等，译. 北京：北京大学出版社，2002.

[18] 杜威. 杜威教育论著选 [M]. 赵祥麟，王承绪，译. 上海：华东师范大学出版社，1981.

[19] 陈玉琨. 发展性教育质量保障的理论与操作 [M]. 北京：商务印书馆，2006.

[20] 辞源修订组. 辞源（上）[M]. 北京：商务印书馆，1988.

[21] 费孝通. 乡土中国 [M]. 北京：北京出版社，2011.

[22] 冯晓霞主编. 中国教育改革大系·学前教育卷 [M]. 武汉：湖北教育出版社，2016.

[23] 顾明远. 教育大辞典：第 2 卷 [M]. 上海：上海教育出版社，1990.

[24] 汉语大词典编写组. 汉语大词典简编（上）[M]. 北京：汉语大词典出版社，1998.

[25] 华爱华. 学前教育改革启示录 [M]. 上海：上海社会科学院出版社，2009.

[26] 金瑜. 心理测量 [M]. 上海：华东师范大学出版社，2001.

[27] 梁小丽，樊婷婷. 农村幼儿教师质量保障机制研究：基于贵州普及学前教育进程中的调查 [M]. 成都：西南交通大学出版社，2019.

[28] 梁志燊. 学前教育学 [M]. 北京：北京师范大学出版社，1998.

[29] 刘昌亚，中国教育统计年鉴 [M]. 中国统计出版社，2016.

[30] 刘润忠. 社会行动·社会系统·社会控制：塔尔科特·帕森斯社会理论述评 [M]. 天津：天津人民出版社，2005.

[31] 刘焱. 学前教育原理 [M]. 大连：辽宁师范大学出版社，2006.

[32] 刘占兰. 幼儿园教育质量的现状研究 [M]. 北京：北京师范大学出版社，2013.

[33] 刘占兰. 中国幼儿园教育质量评价：十一省市幼儿园教育质量调查 [M]. 北京：教育科学出版社，2011.

[34] 刘祖云. 当代中国公共行政的伦理审视 [M]. 北京：人民出版社，2006.

[35] 潘开灵，白列湖. 管理协同理论及其应用研究 [M]. 北京：经济管理出版社，2005.

[36] 庞丽娟. 中国教育改革 30 年：学前教育卷 [M]. 北京：北京师范大学出版社，2009.

[37] 裴娣娜. 教育研究方法导论 [M]. 合肥：安徽教育出版社，1995.

[38] 钱雨. 公平·质量·反思：全球化视野下的学前教育政策研究 [M]. 南京：南京师范大学出版社，2015.

[39] 秦金亮. 基于证据的学前教育需求与质量研究［M］. 北京：北京师范大学出版社，2018.

[40] 陶行知. 中国教育改造［M］. 北京：商务印书馆，2017.

[41] 吴明隆. 问卷统计分析实物：SPSS 操作与应用［M］. 重庆：重庆大学出版社，2010.

[42] 徐中舒. 汉语大字典［M］. 武汉：湖北辞书出版社，1992.

[43] 张焕庭. 教育词典［M］. 南昌：江西教育出版社，1988.

[44] 周洪宇，等. 教育公平论［M］. 北京：人民教育出版社，2010.

[45] 周三多. 管理学：原理与方法［M］. 3 版. 上海：复旦大学出版社，1993.

[46] 祝新宇. 基础教育质量保障：区域研究的视角［M］. 北京：教育科学出版社，2016.

[47] 曾晓东，范昕，周惠. 入园何时不再难：学前教育困惑与抉择［M］. 南京：江苏教育出版社，2011.

（二）期刊论文

[48] 曹雁飞. 政策研究、配置与支持：学前教育政策分析的立场［J］. 北京教育学院学报，2018，32（02）：8-12.

[49] 程天君. 以人为核心评估域：新教育公平理论的基石——兼论新时期教育公平的转型［J］. 华东师范大学学报（教育科学版），2019，37（1）：116-123，169-170.

[50] 陈波波，齐佳音，黄逸珺，等. 对 KANO 模型中质量要素评价倾向判定方法的改进［J］. 北京邮电大学学报（社会科学版），2007（02）：51-54.

[51] 崔世泉，袁连生，田志磊. 政府在学前教育发展中的作用：来自经济学理论和实践经验的分析［J］. 学前教育研究，2011（5）：3-8，39.

[52] 代蕊华，于璇. 教育精准扶贫：困境与治理路径［J］. 教育发展研究，2017，37（07）：9-15，30.

[53] 丁芳，李其维，熊哲宏. 一种新的智力观：塞西的智力生物生态学模型述评［J］. 心理科学，2002（05）：541-543，638.

[54] 董素芳. 澳大利亚《学前教育及儿童保育国家质量框架》的产生、内容与特点［J］. 学前教育研究，2013（02）：14-20.

[55] 封清云，郭炯，郑晓俊. 大数据支持的甘肃省教育精准扶贫科学决策研究［J］. 电化教育研究，2017，38（12）：21-26.

[56] 冯建军. 后均衡化时代的教育正义：从关注"分配"到关注"承认"［J］. 教育研究，2016，37（04）：41-47.

[57] 冯文全，徐松妮，高静. 我国学前教育发展不均衡问题的成因和解决路径［J］. 西南大学学报（社会科学版），2016，42（06）：75-84，190.

[58] 付兴国. 论亚当·斯密的教育经济思想［J］. 北京师范大学学报，1988（4）：

精准扶教

∴

中西部贫困农村学前教育质量保障研究

90-93.

[59] 傅安国，吴娜，黄希庭. 面向乡村振兴的心理精准扶贫：内生动力的视角 [J].
苏州大学学报（教育科学版），2019，7（04）：25-33.

[60] 高飞. 少数民族地区连片开发扶贫模式的实践与反思：以帕森斯 AGIL 功能分析
模型为工具 [J]. 云南民族大学学报（哲学社会科学版），2013，30（02）：73-80.

[61] 高杭. 以整体性治理助力学前教育改革发展 [J]. 清华大学教育研究，2019，40
（05）：112-118.

[62] 龚欣，李贞义. 贫困地区农村学前教育的发展困境与突围策略：基于 41 所农村幼
儿园的实证研究 [J]. 行政管理改革，2019（6）：28-34.

[63] 葛水林. 权利·贡献·需要：马克思对自由主义正义理论的批判及其超越 [J].
湖北社会科学，2013（10）：5-8.

[64] 管华. 学前教育立法应处理好十大关系 [J]. 湖南师范大学教育科学学报，2019，
18（01）：6-12.

[65] 郭良菁. 以"系统"思路解决学前教育质量的保障与提升问题 [J]. 学前教育研
究，2013（09）：8-14.

[66] 郭晓娜. 教育阻隔代际贫困传递的价值和机制研究：基于可行能力理论的分析框
架 [J]. 西南民族大学学报（人文社科版），2017，38（03）：6-12.

[67] 韩玉梅，杨晓萍，宋乃庆，等. 美国优质学前保教资源获取性测评：内涵、指标
与策略 [J]. 学前教育研究，2018（10）：22-35.

[68] 贺翠香. 承认与蔑视：霍耐特的社会批判理论评析 [J]. 现代哲学，2007（03）：
55-60.

[69] 贺红芳，刘天子. 农村学前教育供给侧改革的理论内涵和实践路径 [J]. 教育与
经济，2018（05）：90-96.

[70] 洪秀敏，庞丽娟. 学前教育事业发展的制度保障与政府责任 [J]. 学前教育研究，
2009（01）：3-6.

[71] 胡平，秦惠民. 择校意愿的心理机制：义务教育服务满意度模型与实证研究 [J].
北京大学教育评论，2011，9（4）：118-132，187.

[72] 蒋雅俊. 杜威《儿童与课程》中的教育哲学问题探析 [J]. 南京师大学报（社会
科学版），2018（01）：67-74.

[73] 李芳. 集中连片特困地区义务教育精准扶贫制度模式探究：基于帕森斯的社会行
动理论 [J]. 华东师范大学学报（教育科学版），2019，37（02）：116-126.

[74] 李红霞，张邵军. 西部贫困地区普惠性民办幼儿园扶持政策现状分析 [J]. 基础
教育研究，2018（1）：75-78.

[75] 李伟涛. 基础教育阶段学生家长满意度的影响因素：来自上海的调研证据 [J].
教育发展研究，2014，33（22）：76-81.

[76] 李兴洲，邢贞良. 我国教育扶贫的理论与实践创新研究 [J]. 中国教育发展与减贫研究，2018（02）：7-20.

[77] 李召存. 探寻文化回应性的学前教育质量评价 [J]. 教育研究，2017（04）：64-71.

[78] 李正清. 学前教育个人机会成本探析：以江苏省三城市低保家庭为例 [J]. 幼儿教育，2013（18）：10-13.

[79] 李宗露，蔡红梅. 构建民族地区学前教育质量保障机制的思考 [J]. 中国民族博览，2015（8）：89-91.

[80] 刘鸿昌，徐建平. 从政府责任的视角看当前我国学前教育的公益性 [J]. 学前教育研究，2011（2）：3-7.

[81] 刘军豪，许锋华. 教育扶贫：从"扶教育之贫"到"依靠教育扶贫" [J]. 中国人民大学教育学刊，2016（02）：44-53.

[82] 刘昆，郭力平，钟晨焰. 美国学前教育质量评级与提升系统：实施现状及面临的挑战 [J]. 外国教育研究，2016，43（05）：110-128.

[83] 刘天子. 学前教育市场的信息不对称及其影响对策 [J]. 当代教育论坛，2017（05）：18-24.

[84] 刘晓红. 我国农村学前教育发展中的问题、困难及其发展路向 [J]. 学前教育研究，2012（03）：30-33.

[85] 刘占兰. 农村贫困地区幼儿园教育质量现状与提升建议 [J]. 学前教育研究，2015（12）：13-21.

[86] 刘占兰. 农村学前教育是未来十年发展的重点：《规划纲要》确定普及学前教育的重点与难点 [J]. 学前教育研究，2010（12）：3-6.

[87] 刘泽照，朱正威. 地方政府"稳评"政策操纵行为动态影响机制：基于博弈仿真实验研究 [J]. 社会科学，2018（5）：21-31.

[88] 卢迈，方晋，杜智鑫，等. 中国西部学前教育发展情况报告 [J]. 华东师范大学学报（教育科学版），2020，38（01）：97-126.

[89] 罗妹，李克建. 基于全国428个班级样本的学前教育质量城乡差距透视 [J]. 学前教育研究，2017（06）：13-20.

[90] 吕利丹，阎芳，段成荣. 新世纪以来我国儿童人口变动基本事实和发展挑战 [J]. 人口研究，2018，（03）：67-80.

[91] 马健云，陈恩伦. 我国教育扶贫政策的执行困境与治理路径 [J]. 教育与经济，2019（06）：10-17.

[92] 马雪琴，杨晓萍. 学前教育质量保障与实现路径：基于质量文化的视角 [J]. 河北师范大学学报（教育科学版），2019，21（05）：114-119.

[93] 孟照海. 教育扶贫政策的理论依据及实现条件：国际经验与本土思考 [J]. 教育

研究，2016，37（11）：47-53.

[94] 南剑飞，熊志坚，张鹏，等. 试论顾客满意度的内涵、特征、功能及度量 [J]. 世界标准化与质量管理，2003（09）：11-14.

[95] 牛桂红. 西部农村贫困地区幼儿保育和教育现状研究：以甘肃省宕昌县为例 [J]. 陕西学前师范学院学报，2017，33（07）：10-14.

[96] 彭泽平，姚琳. 香港学前教育质量保障体系的构架及其特征分析 [J]. 学前教育研究，2010（11）：56-60.

[97] 屈智勇，何欢，张秀兰，等. 从企业/社区服务到国家公共服务体系：学前教育的政府责任 [J]. 北京师范大学学报（社会科学版），2011（06）：106-113.

[98] 宋丽芹. 挪威高质量普及学前教育的制度保障及启示 [J]. 外国中小学教育，2019（04）：10-18.

[99] 孙丽辉. 顾客满意理论研究 [J]. 东北师大学报，2003（04）：18-23.

[100] 田娟，孙振东. 改革开放 40 年我国基础教育质量观的演进与反思：基于国家教育政策文本的分析 [J]. 现代教育管理，2018（11）：19-25.

[101] 王海英. 新中国 70 年我国学前教育管理变革的回顾与反思 [J]. 南京师大学报（社会科学版），2019（04）：40-52.

[102] 王红，邬志辉. 国外乡村教育生态转型的在地化实践 [J]. 比较教育研究，2019，41（09）：98-105.

[103] 王举. 教育公平：教育政策合法性的价值前提 [J]. 当代教育论坛，2015（01）：58-61.

[104] 王军辉，王海英. 从"政治上同意"到"经济上同意"：论政府学前教育成本分担的意识觉醒与意愿践行 [J]. 幼儿教育，2015（15）：15-17，38.

[105] 王新生. 马克思是怎样讨论正义问题的？ [J]. 中国人民大学学报，2010，24（05）：62-70.

[106] 王敏. 教育质量的内涵及衡量标准新探 [J]. 东北师大学报，2000（2）：20-23.

[107] 王善迈，袁连生，刘泽云. 我国公共教育财政体制改革的进展、问题及对策 [J]. 北京师范大学学报（社会科学版），2003（6）：5-14.

[108] 王声平，杨晓萍. 构建学前教育质量保障体系的国际经验及其对我国的启示 [J]. 外国中小学教育，2017（05）：51-58.

[109] 望海军，汪涛. 顾客参与、感知控制与顾客满意度关系研究 [J]. 管理科学，2007（3）：48-54.

[110] 吴雅杰. 试论教育的正外部性及政府作用 [J]. 民族教育研究，2009，20（01）：17-21.

[111] 吴遵民，黄欣，屈璐. 我国学前教育立法的若干思考 [J]. 复旦教育论坛，2018，16（1）：35-41.

参考文献

［112］夏双辉. 西藏学前教育供给侧结构性改革的理性思考［J］. 西藏教育，2017
（11）：4-7.

［113］向雪琪，林曾. 改革开放以来我国教育扶贫的发展趋向［J］. 中南民族大学学报
（人文社会科学版），2018，38（03）：74-78.

［114］向延平，陈友莲. 教育精准扶贫绩效评价研究：以湖南省为例［J］. 中州大学学
报，2016，33（05）：112-114.

［115］谢新水. 公共领域合作的初始条件和发展变量：一个定性研究［J］. 中国行政管
理，2010（03）：118-123.

［116］谢治菊. 教育五层级阻断贫困代际传递：理论建构、中国实践与政策设计［J］.
湖南师范大学教育科学学报，2020，17（01）：91-102.

［117］熊春文. 论教育公平与社会公平：基于帕森斯理论视角的一个反思［J］. 中国教
育学刊，2007（07）：5-10.

［118］胥兴春，胡月，彭进. 处境不利儿童的教育补偿：美国"Title I学前项目"的发
展及启示［J］. 外国教育研究，2014，41（10）：38-46.

［119］徐晓. 普惠性学前教育成本测算及分担方案构建：基于H省J县的调研案例分析
［J］. 学前教育研究，2018（07）：3-12.

［120］严仲连，何静. 我国农村学前教育政策的实施现状与执行策略［J］. 东北师范大
学学报（哲学社会科学版），2012（05）：196-200.

［121］严仲连，斯维特拉娜·索科洛娃. 俄罗斯农村学前教育质量保障的经验［J］. 比
较教育研究，2013，35（06）：82-86.

［122］杨方. 论帕森斯的结构功能主义［J］. 经济与社会发展，2010，8（10）：116-118.

［123］杨风禄，潘啸松. 当前社会中高等教育投资意愿降低的研究：收益不确定性与人
力资本投资［J］. 劳动经济评论，2010，3（01）：64-75.

［124］杨莉君，胡洁琼，杜暑辉. 农村幼儿园集体教学活动质量的现状与对策研究：以
湖南省部分幼儿园为例［J］. 教师教育研究，2013，25（05）：37-42.

［125］杨莉君，黎玲. 精准扶教：合理满足贫困山区对学前教育质量的需求［J］. 湖南
师范大学教育科学学报，2019，18（06）：100-106，115.

［126］杨莉君，黎玲. 贫困山区幼儿教师的教育质量观及其转向［J］. 教师教育研究，
2019（02）：84-89.

［127］杨莉君，彭荣. 论过程性的学前教育基本质量评价观［J］. 湖南师范大学教育科
学学报，2017（06）：110-115.

［128］杨文. 当前幼儿园环境创设存在的问题及解决对策［J］. 学前教育研究，2011
（07）：64-66.

［129］杨晓萍，李敏. 焦点与转向：我国学前教育质量研究述评［J］. 教育研究，2016，
37（04）：74-80，104.

[130] 杨晓萍，周文婕，杨雄. 走向和合：学前教育质量话语的转向 [J]. 教育评论，2017 (11)：3-7.

[131] 姚松，曹远航. 新时期中央政府教育精准扶贫政策的逻辑特征及未来走向：基于政策工具的视角 [J]. 湖南师范大学教育科学学报，2019，18 (04)：73-80.

[132] 姚伟，许浙川. 构建学前教育质量保障体系的国际趋势研究 [J]. 东北师大学报（哲学社会科学版），2019 (01)：148-153.

[133] 易红郡. 西方教育公平理论的多元化分析 [J]. 湖南师范大学教育科学学报，2010，9 (04)：5-9.

[134] 郁建兴，高翔. 地方发展型政府的行为逻辑及制度基础 [J]. 中国社会科学，2012 (05)：95-112，206-207.

[135] 袁利平，丁雅施. 教育扶贫政策实施效果评估指标体系构建 [J]. 教育研究，2019，40 (08)：139-149.

[136] 原晋霞. 对把家长满意度作为幼儿园教育质量评价最主要依据的质疑 [J]. 学前教育研究，2011 (12)：6-9.

[137] 原晋霞. 构建有质量的学前教育基本公共服务体系 [J]. 教育学术月刊，2013 (01)：84-88.

[138] 张寰. 美国学前教育弱势补偿机制及其启示 [J]. 陕西师范大学学报（哲学社会科学版），2019，48 (03)：149-160.

[139] 张绘. "十二五"时期我国学前教育经费投入评价分析及改革建议 [J]. 经济研究参考，2016 (50)：84-92.

[140] 张家勇，朱玉华，肖毅. 农村贫困地区幼儿保育和教育现状及其发展政策建议：以中部某省某国家级贫困县 N 镇为个案 [J]. 学前教育研究，2010 (4)：23-28＋33.

[141] 张娜. 公众对区域基础教育满意度影响因素研究：基于北京市公众教育满意度调查 [J]. 中国教育学刊，2012 (08)：22-25.

[142] 张翔，刘晶晶. 教育扶贫瞄准偏差与治理路径探究：基于政府行为视角分析 [J]. 现代教育管理，2019 (03)：51-55.

[143] 张卫伟. 论人民"获得感"的生成：逻辑规制、现实困境与破解之道：学习习近平关于人民获得感的重要论述 [J]. 社会主义研究. 2018 (06)：8-15.

[144] 张亚妮，程秀兰. 基于"学习故事"的行动研究对幼儿园教师实践智慧生成与发展的影响 [J]. 学前教育研究，2016 (06)：50-59.

[145] 赵晨，陈思，曹艳，等. 教育精准扶贫："一村一园"计划对农村儿童学业成绩的长效影响研究 [J]. 华东师范大学学报（教育科学版），2020，38 (02)：114-125.

[146] 赵彦俊. 美国学前教育质量保障体系架构摭探 [J]. 现代教育管理，2012 (11)：

115-119.

[147] 郑恒峰. 协同治理视野下我国政府公共服务供给机制创新研究 [J]. 理论研究, 2009 (04)：25-28.

[148] 钟秉林. 发展学前教育要坚持抓好普及与提高质量并重 [J]. 中国教育学刊, 2014 (03)：5.

[149] 周雯. 新公共服务视角下的行政文化建设 [J]. 经营管理者, 2016 (9)：97-103.

[150] 周欣. 建立全国性学前教育质量监测体系的意义与思路 [J]. 学前教育研究, 2012 (1)：23-27.

（三）学位论文

[151] 包水梅. 我国研究生教育宏观结构的发展与改革研究 [D]. 兰州：兰州大学, 2007.

[152] 陈健生. 生态脆弱地区农村慢性贫困研究 [D]. 成都：西南财经大学, 2008.

[153] 崔丽. 偏远贫困地区山村幼儿园存在价值的研究 [D]. 上海：华东师范大学, 2017.

[154] 葛峥. 以互动体验为核心的智能化教学辅具设计研究 [D]. 北京：北京理工大学, 2016.

[155] 韩楚云. 美国基础教育质量保障研究 [D]. 西安：陕西师范大学, 2017.

[156] 何涛. 结构方程模型 PLS 算法研究 [D]. 天津：天津大学, 2006.

[157] 贺红芳. 幼儿园保教质量监测标准的研制 [D]. 长沙：湖南师范大学, 2016.

[158] 刘佩佩. 农村家庭式幼儿园办园条件质量研究 [D]. 重庆：西南大学, 2013.

[159] 李敏. 学前教育机构质量督导研究 [D]. 重庆：西南大学, 2016.

[160] 林强英. 我国财政专项扶贫资金绩效评价问题研究 [D]. 福州：福州大学, 2018.

[161] 凌晓丽. 人工短语结构语法的内隐学习研究 [D]. 上海：华东师范大学, 2016.

[162] 孟艳. 公务员角色的重新定位 [D]. 长沙：湖南师范大学, 2010.

[163] 倪晓. 贫困农村家长对幼儿园保教质量需求和满意度的调查研究 [D]. 长沙：湖南师范大学. 2016.

[164] 舒振琴. 新公共服务理论对我国建设服务型政府的启示 [D]. 北京：首都经济贸易大学, 2015.

[165] 孙艳艳. 儿童与权利：理论建构与反思 [D]. 济南：山东大学, 2014.

[166] 田文文. 大学生心理健康教育课程的实效性调查研究 [D]. 西安：西安电子科技大学, 2019.

[167] 王翠. 大学课堂中的 SPOC 教学模式构建与应用研究 [D]. 保定：河北大学, 2016.

[168] 王彦峰. 幼儿教师的师幼观研究 [D]. 长沙：湖南师范大学. 2016.

精准扶教
::
中西部贫困农村学前教育质量保障研究

[169] 吴辉. 公共服务型政府构建中的公民参与问题与对策研究 [D]. 北京：中央财经大学，2008.

[170] 夏双辉. 国家级贫困县学前教育三年行动计划实施成效的个案研究 [D]. 重庆：西南大学，2014.

[171] 徐发秀. 民族地区农村学前教育发展中政府责任研究：以恩施州为例 [D]. 武汉：中南民族大学. 2017.

[172] 杨建平. 政府投资项目协同治理机制及其支撑平台研究 [D]. 徐州：中国矿业大学，2009.

[173] 尹兰英. 农村幼儿教师培训课程适切性研究：以河南 N 县为例 [D]. 重庆：西南大学，2014.

[174] 员春蕊. 澳大利亚联邦政府学前教育质量保障发展研究（1983—2014）[D]. 长春：东北师范大学，2015.

[175] 张亚妮. 论幼儿园教师实践智慧生成 [D]. 西安：陕西师范大学，2016.

[176] 钟典. 幼儿家长学前教育质量需求的调查研究 [D]. 南昌：江西师范大学. 2018

[177] 朱璟. 幼儿园教育质量监控系统的构建策略研究 [D]. 长春：东北师范大学，2013.

（四）电子公告

[178] "互满爱人与人"（Humana People to People China）项目官网. 未来希望幼儿班综合介绍 [EB/OL]. （2016-09-20）[2019-11-19]. http：//www. hppchina. org. cn/article/index/index/？id＝345.

[179] 2010—2017 年农村居民人均可支配收入及增长速度 [EB/OL]. （2018-4-3）[2019-11-18]. http：//www. wuzhong. gov. cn/sywz/wzgk/jjshfzqk/201804/t20180403 _ 731173. html.

[180] 财政部：中央财政将拨 500 亿元支持学前教育 [EB/OL]. （2011-09-27）[2019-07-25]. http：//www. moe. gov. cn/s78/A26/s5205/201109/t20110927 _ 125029. html.

[181] 国家统计局. 2017 年全国农村贫困人口明显减少贫困地区农村居民收入加快增长 [EB/OL]. （2018-02-01）[2020-02-01]. http：//www. gov. cn / shuju /content _ 5262903. htm.

[182] 国务院办公厅关于印发国家贫困地区儿童发展规划（2014—2020 年）的通知国办发〔2014〕67 号 [EB/OL]. （2015-01-15）[2019-12-20]. http：//www. gov. cn/zhengce/content/2015-01/15/content _ 9398. htm.

[183] 教育部、财政部. 关于印发《中央财政支持学前教育发展资金管理办法》的通知 [EB/OL]. （2015-07-15）[2020-01-09]. http：//www. moe. gov. cn/jyb _ xxgk/moe _ 1777/moe _ 1779/201507/t20150716 _ 194057. html.

[184] 教育部. 2018 年教育事业发展有关情况介绍 [EB/OL]. (2019-02-26) [2019-06-27]. http：//www. gov. cn/xinwen/2019-02/26/content _ 5368916. htm.

[185] 教育部. 2018 年全国教育事业发展统计公报 [EB/OL]. (2019-07-24) [2019-09-21]. http：//www. moe. gov. cn/jyb _ sjzl _ sjzl _ fztjgb/201907/t20190724 _ 392041. html.

[186] 教育部. 关于开展幼儿园"小学化"专项治理工作的通知 [EB/OL]. (2019-07-05) [2020-01-15]. http：//www. moe. gov. cn/srcsite/A06/s3327/201807/t20180713 _ 342997. html.

[187] 教育部办公厅、财政部办公厅. 关于做好 2013 年中西部农村偏远地区学前教育巡回支教试点工作的通知 [EB/OL]. (2013-03-06) [2018-11-29]. http：//www. moe. gov. cn/srcsite/A10/s7151/201306/t20130607 _ 153023. html.

[188] 教育部办公厅、财政部办公厅关于做好 2019 年中小学幼儿园教师国家级培训计划组织实施工作的通知 [EB/OL]. (2019-03-29) [2020-01-25]. http：//www. moe. gov. cn/srcsite/A10/s7034/201903/t20190315 _ 373529. html.

[189] 教育部关于印发《幼儿园办园行为督导评估办法》的通知 [EB/OL]. (2017-05-11) [2020-01-09]. http：//www. moe. gov. cn/srcsite/A11/s6500/201705/t20170512 _ 304460. html.

[190] 教育部解读学前教育三年行动计划：让入园不再难 [EB/OL]. (2010-12-03) [2020-1-06]. www. gov. cn/jrzg/2010-12/03/content _ 1758599. htm.

[191] 临沧市教育局. 云南省临沧市学生资助政策体系公示 [EB/OL]. (2018-09-07) [2019-12-18]. http：//www. lincang. gov. cn/lcsrmzf/11237/11257/99149/index. html.

[192] 陕西省人民政府办公厅关于印发省学前一年免费教育实施方案的通知 [EB/OL]. (2011-06-07) [2018-09-02]. http：//www. jingbian. gov. cn/gk/zfwj/szfwj/40594. htm.

[193] 新华社. 中共中央、国务院办公室印发意见支持深度贫困地区脱贫攻坚 [EB/OL]. (2017-11-21) [2019-06-15]. http：//www. gov. cn/zhengce/2017-11/21/content _ 5241334. htm.

[194] 新华社. 中共中央国务院关于学前教育深化改革规范发展的若干意见 [EB/OL]. (2018-11-15) [2019-07-09]. http：//www. gov. cn/zhengce/2018-11/15/content _ 5340776. htm.

[195] 张文凌. 云南偏远农村：幼儿园拖住小学的"腿" [EB/OL]. (2018-01-29) [2019-02-28]. http：//zqb. cyol. com/html/nw. D110000zgqnb _ 20180129 _ 1-09. htm.

[196] 中国发展研究基金会. "第六届反贫困与儿童早期发展国际研讨——迈向没有贫

精准扶教

中西部贫困农村学前教育质量保障研究

困的未来"会议摘要 [EB/OL]. (2019-07-19) [2019-11-10]. http: //m. sohu. com/a/274062941 _ 154345.

（五）报刊类

[197] 闵维方. 加大投入力度确保优先发展 [N]. 人民日报, 2010-03-10 (02).

[198] 刘铁芳. 乡村教育是生活与生命的教育 [N]. 中国社会科学报, 2012-10-22 (07).

[199] 王海英. 学前教育成本分担机制亟待完善 [N]. 中国教育报, 2014-11-02 (1).

[200] 刘木林、苏楠. 临翔区基本实现"一乡一中心、一村一幼"全覆盖 [N]. 云南经济日报, 2019-01-25 (09).

[201] 孙敏坚, 周丛笑. 破解"入园难", 出路在何方 [N]. 湖南日报, 2020-01-14 (03).

二、外文参考文献

（一）著作

[202] BUZZELLI C A. How Human Capital Theory Sells Early Education Short: Revaluing Early Education through the Capabilities Approach [M]. Palgrave Macmillan US, 2015.

[203] EVANGELOU M, GOFF J, SYLVA K, et al. Children's Centres: An English Intervention for Families Living in Disadvantaged Communities [M]. Handbook on Positive Development of Minority Children and Youth, 2017.

[204] HECHMAN J J. Giving Kids a Fair Chance [M]. Cambridge: The MIT Press, 2013.

[205] LIM D. Quality Assurance in Higher Education: A Study of Developing Countries [M]. Burlington, VT: Ashgate Publishing Ltd, 2001.

[206] ZIV A K, LEHRER K, SCHMID H B. Self-Evaluation [M]. Springer Science&Business Media B. V. 2011.

（二）期刊论文

[207] BARNHARDT R, KAWAGLEY A O. Indigenous knowledge systems and Alaska Native ways of knowing [J]. Anthropology & education quarterly, 2005 (1): 8-23.

[208] BURCHINAL M, VERNON-FEAGANS L, VITIELLO V, et al. Thresholds in the association between child care quality and child outcomes in rural preschool children [J]. Early Childhood Research Quarterly, 2013, 29 (1): 41-51.

[209] BURCHINAL M, XUE Y, et al. Testing for quality thresholds and features in early care and education [J]. Monographs of the Society for Research in Child Development, 2016 (2): 46-63.

[210] CAMPBELL F A, PUNGELLO E P, BURCHINAL M, et al. Margaret. Adult outcomes as a function of an early childhood educational program: An Abecedarian Project follow-up [J]. Developmental Psychology, 2012 (4): 1033-1043.

[211] CUERVO H. Problematizing the relationship between rural small schools and communities: Implications for youth lives [J]. Alberta Journal of Educational Research, 2014 (4): 643-655.

[212] FREDE E, JUNG K, BARNETT W S, et al. The APPLES Blossom: Abbott preschool program longitudinal effects study (APPLES) preliminary results through 2nd grade interim report [J]. National Institute for Early Education Research, 2009 (3): 46-59.

[213] SAKURA F. School monitoring and quality assurance in the New Zealand school system [J]. Educational Research for Policy and Practice, 2007 (6): 229-234.

[214] GALIANI S, SCHARGRODSKY E. Property rights for the poor: Effects of land titling [J]. Journal of Public Economics, 2010 (10): 700-729.

[215] GALLAGHER K C, KAINZ K, VERNON-FEAGANS L, et al. Lynne. Development of student-teacher relationships in rural early elementary classrooms [J]. Early Childhood Research Quarterly, 2011 (3): 520-528.

[216] BARNETT S, BENNETT J, KAGA Y. Integration and coordination of early childhood care and education in the republic of Korea [J]. International Journal of Child Care and Education Policy, 2012 (2): 12-20.

[217] GAMY C E. How Preschool Fights Poverty [J]. Educational Leadership Journal of the Department of Supervision & Curriculum Development, 2013 (8): 32-36.

[218] HECKMAN J J, MATZKIN R L, NESHEIM L Simulation and Estimation of Hedonic Models [J]. Cesifo Working Paper, 2003 (1): 60-109.

[219] WIND J, RANGASWAMY A. Customerization: The next revolution in mass customization [J]. Journal of Interactive Marketing, 2001 (1): 5.

[220] MCLNERNEY P, SMTTH J & DOWN B. 'Coming to a place near you?' The politics and possibilities of a critical pedagogy of place-based education [J]. Asia-Pacific journal of teacher education, 2011 (1): 3-16.

[221] PIANTA R C, BARNETT W S, BURCHINAL M, et al. The Effects of Preschool Education: What We Know, How Public Policy Is or Is Not Aligned With the Evidence Base, and What We Need to Know [J]. Psychological Science in the Public Interest, 2009 (2): 49-88.

[222] GELDEREN B V. Growing our own: A 'two way', place-based approach to Indigenous initial teacher education in remote Northern Territory [J]. Australian

and International Journal of Rural Education, 2017 (1): 14.

[223] ZASLOW M, ANDERSON R, REDD Z, et al. Quality Dosage, Thresholds, and Features in Early Childhood Settings: A Review of the Literature. [J]. Administration for Children & Families, 2010 (8): 27-37.

(三) 电子公告

[224] Colorado Qualistar Early Learning [EB/OL]. (2016-10-25) [2018-11-29]. http://www. qualistar. org.

[225] Council of Australian Government, Early Years Learning Framework [EB/OL]. (2016-10-16) [2019-10-20]. http://www. deewr. gov. au/Earlychildhood/Policy-Agenda/Quality/Pages/home. aspx.

[226] Iowa Department of Human Services, Quality Rating System [EB/OL]. (2016-11-10) [2020-02-12]. http://www. dhs. state. ia. us/iqrs/enviro-rating/index. html.

[227] Ministry of Education and Science of the Russian Feder—ation. Early Childhood Care and Education CountryReport-Russian Federation. [EB/OL]. (2012-03-25) [2019-09-02]. http://un—esdoc. unesco. org.

[228] National Childcare Accreditation Council. Putting Children First [EB/OL]. (2018-11-20) [2020-02/05]. http://www. ncac. gov. au/pcf/pcf-mar08. pdf.

[229] OECD. Starting StrongⅡ: Early Childhood Education and Care [EB/OL]. (2016-10-12) [2019-11-14]. http://www. oecd. org/edu/school/startingstrongiiearlychildhoodeducationandcare. htm,

[230] Performance Indicators Framework Pre-primary Institutions [EB/OL]. (2018-10-20) [2018-11-20]. http://www. edb. gov. hk/,

[231] Statutory Framework for the Early Years Foundation Stage [EB/OL]. (2016-10-02) [2019-03-04]. http://www. foundation-years. org. uk,

(四) 报告

[232] Early Childhood Development Steering Committee. National Quality Standard for Early Childhood Education and Care and School Age Care [R]. Council of Australian Governments, 2009.

[233] Miho Taguma, Ineke Litjens and Kelly Makowiecki. Quality Matters in Early Childhood Education and Care: Sweden [R]. OECD Publishing, 2013.

[234] Organization for Economic Co-operation and Development OECD. Starting Starting II [R]. Early Childhood Education and Care, 2006.

[235] World Bank. Early childhood development and education in China: breaking the cycle of poverty and improving future competitiveness [R]. World Bank Report. 2012.

参考文献

后　记

　　"幼有所育"是重要的民生事项，中西部贫困农村学前教育质量能否满足适龄幼儿身心发展的需求和家庭对有质量学前教育的需要，是关系到中西部贫困农村打通学前教育发展"最后一公里"的重要举措。能否接受有质量的学前教育，直接影响中西部贫困农村数万名适龄幼儿的健康成长，关系到中西部贫困农村和幼儿家庭出现"减贫"和防止"返贫"的成效。本书聚焦于中西部贫困农村学前教育质量保障的探究，回答了"学前教育需要怎样的质量""学前教育质量保障包含了哪些内容（要素）"以及"如何保障贫困农村学前教育质量"的问题，其初衷是探寻中西部贫困农村学前教育质量保障的应然状态，即如何确保每一名适龄儿童接受有质量的学前教育，最大限度地提升他们过上美好生活的可能性。但学前教育质量保障是一个复杂的系统工程，质量保障的程度和进度被裹挟在社会、经济、文化、制度和历史的大背景中，我们必然要深入思考"哪些因素会制约学前教育质量的保障"以及"如何制约学前教育质量的保障"等实际问题，展现贫困农村学前教育质量保障的实然状态。

　　贫困既是一个地域间的横向相对概念，也是历史时间轴上的纵向相对状态，因此对贫困进行补偿的教育公平也应是发展变化而不脱离客观条件的。研究秉承动态的教育公平观念，精确瞄准我国中西部贫困农村学前教育发展的主要矛盾，以"承认正义"视角的学前教育公平来解构"分配正义"视角的学前教育公平，阐释了贫困农村学前教育质量保障的"精准目标"，即兜住贫困农村学前教育结构性质量规范的底线，以尊重主体需求、提高对主体的文化观照为切入点，保障贫困农村学前教育的过程性质量。研究明确了当下我国贫困农村学前教育质量应采取"管扶并举"的方法来保障，即扶助尚未入园的特困幼儿，对现有学前教育机构进行质量的规范管理使其达到国家制定的相关学前教育政策法规的要求。这既符合我国当下的国情，也符合我国学前教育质量从合规范到合需求、从合需求到合发展的发展规律。

中西部贫困农村学前教育质量保障的制度安排应倾听利益相关者的价值诉求，才能防止质量话语的偏离和资源的浪费；学前教育质量保障制度属于公共政策的范畴，其形成过程须经过严格的论证，才能避免决策过程中价值选择的单一和主观化。一方面，研究利用访谈和问卷调查等方法考察了中西部贫困农村学前教育质量保障的现状、幼儿家长对学前教育质量的诉求和幼儿教师的学前教育质量观，本书贴近实践的一手资料，鲜活地呈现出现实状况，为精准施策提供依据；另一方面，研究利用政策分析的框架构建了精准帮扶贫困农村学前教育质量的保障机制，在扎根实践的同时不断寻求理论的指引和支持，形成调研资料分析和政策分析理论框架之间的交叉联动。"自下而上"的调研资料分析弥补了政策分析理论框架脱离具体情境和信效度不足的缺点，"自上而下"的政策分析理论框架提高了从调研资料分析中得出研究结果的深度，二者相辅相成。

本书希望能为精准帮扶我国中西部贫困农村学前教育质量提供政策建议，聚焦于现实中最迫切的问题提供解决思路，体现着教育政策研究的现实意义和时效性。书中关于贫困农村学前教育质量保障的要素分析、体制和机制构建除了对当下的贫困农村学前教育质量保障具有启发意义，对我国农村学前教育质量的保障机制的完善具有长远的参考价值，特别是建构的贫困农村学前教育质量保障机制能为我国欠发达地区学前教育发展提供借鉴意义。

本书是国家社会科学基金"十三五"规划 2017 年度教育学一般课题《精准扶教：中西部贫困农村学前教育基本质量保障研究》课题的最终成果，更是一次寻求学前教育质量发展之道的探索过程。在"寻道"的过程中，我们在价值与事实的张力中上下求索，何为好的学前教育？何为有质量的学前教育？如何在保持科学理性质量标准的同时，不失对中西部贫困农村地区幼儿和家庭文化、习俗和价值的尊重？让大山深处的研究对象感觉到不被我们叨扰，而是以一个价值共同体的身份在一同探讨所遭遇的问题和寻求出路。同时，虽然研究的样本县都为 2017 年认定的国家级贫困县，但贫困的地区并不能界定贫困的人们，样本县的人们并不是大多数人中的"弱者"，而恰恰因为生存条件的"弱势"，反而显得他们是何等的坚韧、强大。因此，本书的价值导向从一开始的"分配正义"视域转向了"承认正义"视域，这也源自田野走访中西部贫困农村时那些可爱可敬的

后记

人们令人感动的一举一动。

在本书即将出版之际，感谢云南师范大学曹能秀教授、云南师范大学王凌教授、湖南师范大学田景正教授、长沙市教科院薛婷婷老师、湖南师范大学幼儿园谭湘府老师对本课题问卷编制和调研提供的帮助。感谢湖南大学出版社教育分社刘锋社长、罗红红编辑、欧阳仲元编辑。还有参与访谈却不便透露姓名的幼教行政人员、幼儿园园长、老师和家长们，感谢你们拨冗相助和真挚支持！

由于时间和精力有限，本书尚存在不足之处：研究中对国家级贫困县幼教行政人员、幼儿教师和家长等调查对象的抽样以目的性抽样为主，未严格地进行随机抽样。由于研究样本的可获取难度较大，加上研究的精力和经费有限，不能严格考虑目的性抽样中样本的最大差异，只能尽最大可能扩充可得的样本数量来弥补抽样的不足。研究借鉴的 AGIL 功能分析模型是国外公共政策的经典理论，虽然此理论的高度已脱离了意识形态和政治体制的界限，但依然带着不同文化的烙印。本书在结合该理论模型阐述我国贫困农村学前教育质量保障机制的过程中，尚未详细分析其文化背景和适用范围，这是研究需要进一步深化之处。

杨莉君　黎　玲

2021 年 3 月记于岳麓山下

精准扶教：中西部贫困农村学前教育质量保障研究